古代歷史文化研究輯刊

九 編

王明蓀 主編

第21冊

近代香港外來移民與香港社會文化發展

蘭 靜 著

國家圖書館出版品預行編目資料

近代香港外來移民與香港社會文化發展／蘭靜 著—初版—
新北市：花木蘭文化出版社，2013〔民102〕
目 4+266 面；19×26 公分
（古代歷史文化研究輯刊 九編：第 21 冊）
ISBN：978-986-322-202-6（精裝）
1. 移民史 2. 香港特別行政區
618 102002680

ISBN-978-986-322-202-6

古代歷史文化研究輯刊
九 編 第二一冊　　　　　　　ISBN：978-986-322-202-6

近代香港外來移民與香港社會文化發展

作　　者　蘭靜
主　　編　王明蓀
總 編 輯　杜潔祥
出　　版　花木蘭文化出版社
發 行 所　花木蘭文化出版社
發 行 人　高小娟
聯絡地址　235 新北市中和區中安街七二號十三樓
　　　　　電話：02-2923-1455／傳眞：02-2923-1452
網　　址　http://www.huamulan.tw 信箱 sut81518@gmail.com
印　　刷　普羅文化出版廣告事業
初　　版　2013 年 3 月
定　　價　九編 27 冊（精裝）新台幣 45,000 元

近代香港外來移民與香港社會文化發展

蘭　靜　著

作者簡介

蘭靜，1976 年生，歷史學博士，畢業於暨南大學文學院。現任教於暨南大學外國語學院。主要從事移民與語言文化研究。曾參與多項國家級社科項目和省部級社科項目，並在國家社科核心類期刊和海外學術期刊發表十餘篇學術論文。

提　　要

　　近代香港的外來移民構成了香港城市人口的絕對主體部分。香港在近代時期的城市發展與香港的外來移民是密切相關的。

　　本書嘗試對 1841 年至 1941 年期間，香港的主要外來移民運動進行縱向梳理，復原移民路線，分析不同時期的移民類型和移民動因；同時對近代香港外來移民的人口構成和人口分佈做橫向分析。

　　基於人是城市發展建設的原動力這一點，本書分析了近代香港外來移民對香港城市港口的發展和城市交通運輸系統形成的推動和促進作用，以及城市工商業中心的分佈與外來移民分佈的關係；同時，書中對近代香港外來移民對香港的城市文化的塑造進行探討，著重分析外來移民對近代香港語言文化的影響、近代香港宗教建築的分佈與外來移民聚居點分佈的關係、近代香港外來移民在香港城市教育文化的發展和香港獨具特色的地名等方面發揮的作用等。

目次

圖目錄

緒　論

　　1842 年香港開埠至今，已有將近 160 年的歷史了。在這漫長的歲月裏，香港的社會發展經歷了租借新界、辛亥革命、省港大罷工、日占時期、中國解放……直至 1997 年主權回歸等幾次大的社會變動，香港史研究也越來越受到社會與學界的重視關注。現有的研究可謂是錯綜複雜，涉及香港本身的政治、經濟、文化、社會發展等。本書旨在基於這些研究的基礎上，在目前還比較薄弱的近代香港人口史研究方面做一梳理和歸納，並嘗試探討近代香港外來移民對城市社會發展的作用。

一、香港史研究成果回顧

　　在香港一個半多世紀的歷史期間，香港史的研究亦吸引了眾多國內外學者的目光。研究成果包括專著、論文以及文獻資料和掌故傳記式著述，數目巨大。研究範圍涉及香港的政治、經濟、社會、軍事、地方史以及考古等方面。總體來說，研究成果可以分爲香港專門史和香港通史兩大類別。

1、香港專門史

　　所謂香港專門史是指研究香港某一領域或方面的發展歷史。有關香港的專門史又可以分爲香港的政治史、經濟史、社會史和軍事史等。

（1）香港政治史

　　目前學術界有關香港政治史研究的主要從三個方面進行，即香港的政治體制，歷史時期的香港的政治運動以及中港關係，其中以中港關係的研究成果數量最爲豐碩。

以香港的政治體制為主題的研究成果比較多，如魯凡之的《香港——從殖民地到特別行政區》（香港：廣角鏡出版社 1982 年），劉曼容的《港英政府政治制度論（1841～1985）》（香港：香港文教企業出版有限公司 1998 年），以及 Tsang Yui-sang Steve 主編的 A documentary history of Hong Kong：government and politics（香港大學出版社 1995 年）等著述可以作為系統研究英國殖民地香港的政治體制不同於中國大陸這一論題的代表性成果。這一類著作或論文尤其在香港回歸前大量問世。此外，還有不少成果研究某一時期港英政府對不同群體的政策及政治改革情況。

關於香港政治運動的論著主要集中在省港大罷工、九龍騷動事件以及香港海員罷工等影響較大的政治事件。其中主要有香港社會民主黨編撰的《九龍騷動事件調查報告》（香港社會民主黨 1966 年），蔡格等的《省港大罷工》（廣東人民出版社 1980 年），廣東哲學社會科學研究所歷史研究室編寫的《省港大罷工資料》（廣東人民出版社 1980 年），章洪的《香港海員大罷工》（廣東人民出版社 1979 年）等都詳細地記錄了各個政治運動的實況。

此外還有不少學位論文也都涉及此類主題，如倫敦大學的 Kwan，Yat-kau Daniel 的博士論文 Deng Zhongxia and the Shenggang General Strike（1925～1926）（香港大學存本 1985 年），密歇根大學的 Motz，Earl John 的博士論文 Great Britain，Hong Kong，and Canton：the Canton-Hong Kong strike and boycott of 1925～1926（香港中文大學存本 1972 年）等從不同角度研究省港大罷工。Waldron，Stephen Edward 的博士論文 Fire on the rim：a study in contradictions in left-wing political mobilization in Hong Kong〔1967〕（香港大學存本 1976 年）分析了 1922 年香港海員罷工的起源與影響，尤其是對中國大陸的勞動條件和政治的影響。

學術界關於中港關係的研究是比較成熟和深入的，其中不乏有分量的著述和學術論文。如薩本仁等的《二十世紀的中英關係》（上海人民出版社 1996 年）論及了省港大罷工等事件對中英關係的影響，梁炳華的博士論文《中英就九龍城寨治權之交涉（1898～1948）》（香港中文大學 1993 年），余繩武的《割占香港島》（香港三聯書店 1995 年），劉蜀永的《割占九龍》（香港三聯書店 1995 年），香港出版的《香港與中國——歷史文獻資料錄編》（香港：廣角鏡出版社 1984 年），Carton，Gary Wayne 的博士論文 China and Hong Kong（1945～1967）（香港大學存本 1971 年）等都是研究中港關係的典型著作。

其中 Chung，Po-yin Stephanie 的 Chinese business groups in Hong Kong and political change in South China（1900～1925）（香港大學存本 1996 年）論證了香港的廣東商人的政治觀點的改變，頗有創新。在香港回歸前，國內外學者對中港關係的研究都投入了比較大的力量，因此有諸多成果問世，其中英文研究成果較中文研究成果為多。

（2）香港經濟史

由於香港的經濟地位和它特有的經濟轉型經歷，眾多學者對香港的經濟發展特別關注。有關香港經濟史的研究主要從四個方面進行：香港的經濟概況（主要不同歷史時期香港的經濟狀況及經濟政策，香港在中國、遠東以及在全球的經濟地位等）、香港的工業、香港的金融業以及香港的商業貿易。

有關香港經濟概況的主要論著有麥顯揚的《香港華僑工商業》（香港：南華通訊出版社 1950 年），Bedikton 編撰的 Commercial & industrial Hong Kong：a record of 94 years progress of the coloney in commerce，trade，industry，& shipping（1841～1935）（Hong Kong：Bedikton Co.1935），Youngson，Alexander John 的 Hong Kong：economic growth and policy（Oxford Univesity Press，1982）；此外我國還有不少學者發表了相關學術論文，如劉蜀永的《香港百年政治經濟發展概述》（載於《城市質量監督》1997 年第 7 期），趙炳章的《香港經濟發展的歷程、主因及未來》（載於《當代經濟科學》1997 年第 4 期），張脈強的《戰後香港經濟發展的軌迹及因素探析》（載於《世界歷史》1996 年第 3 期）等，這些文章都從宏觀的角度對香港經濟的歷史發展做出了述評。

有關香港工業的論著有莊重文的《香港工業之成長》（香港三聯出版社 1986 年），吳昊的《香港服裝史》（香港服裝史籌備委員 1992），Tuner Matthew 的 Made in Hong：a history of export design in Hong Kong〔1900～1960）（Hong Kong：Urban Coucil，1988）以及一些日本學者的著作和文獻，如橫山昭市的《香港工業化的研究》（東京大名堂 1969 年），小林進的《香港的工業化》（東京經濟研所 1970 年），日本外務省調查局編撰的《最近香港的貿易與工業》（東京外務省 1948 年）等。

關於香港金融業的研究主要是對金融的相關行業如銀行業、保險業等以及香港貨幣，香港金融現象等進行研究。這其中的代表有饒餘慶的《香港的銀行與貨幣》（上海翻譯出版社 1985 年），余德麟的《保險業的發展》（香港

商務印書館 1997 年）等。還有關於香港金融的宏觀研究，如姚啓動的《香港金融 1940 年》（香港：泰晤士書屋 1962 年），Ho，Chun-yuen Henry 的 The Fiscal System of Hong Kong（London：Croom Helm，1979）等。

有關香港商業貿易的著述在香港經濟史研究中占最多數，主要研究方向為鴉片貿易、苦力貿易、走私以及商貿概況，也有研究中外商人的成果問世。主要的著述有麥世源的《華僑商業概況》（香港：南華通訊出版社 1948），英國 1974 年出版的 The Opium Trade（1910～1941），Bard 的 Traders of Hong Kong（1841～1899），張曉輝的《香港華商史》（香港：明報出版社 1998 年）和《香港與近代中國的對外貿易》（北京：中國華僑出版社 2000 年）等。

（3）香港社會史

比較起香港的政治和經濟，學術界對香港的社會史研究起步較晚，研究成果數量也略少於前兩者，但仍有不少頗有價值的著述問世。對於香港社會史的研究主要從四方面進行：香港的社會問題和社會運動、婦女問題、社會風俗和醫療。反映社會問題和社會運動的成果如丁心豹的博士論文《香港早期之華人社會（1841～1870）》（香港大學 1988 年），魯言的《香港賭博史》（香港：廣角鏡出版社 1978 年），張正平的《香港學生運動》（香港大學生活社 1970 年）等。婦女問題是香港社會史研究中的熱點，尤其以西方人所做研究為多，這是因為在開埠之初，香港的華人社會仍沿用中國的蓄婢制度，這在中西文化環境下的香港引起廣泛的社會爭議，也由此引起了學者的注意。其中可作代表的有早期的麥梅生的《反對蓄婢史略》（香港：福興中西印務局 1933 年），以及近期的 Jaschok Maria 的博士學位論文 A social history of Mooi Jai institution in Hong Kong（1843～1938）（London University，1991）等。反映香港社會風俗的成果大都是二十世紀八十年代以後問世，相關論題有香港的婚俗、服飾、節日等。概論性代表作可以張瑜等的《中西合璧——香港居民的社會生活》（北京：中國文聯出版公司 1996 年）為例，涉及具體論題的有司徒嫣然的《羅衣百變——香港服飾演變》（香港市政局 1992 年）和林炳輝的《本地華人傳統婚禮》（香港市政局 1987 年）等。有關香港的醫療方面的研究大都以文獻記載和掌故式居多，比如一些醫院的週年紀念特刊和一些回憶錄等，但也有相關的學位論文完成，如冼玉儀的 The Tung Wah Hospital（1869～1896）：a study of medical，political and social institution in Hong Kong（香港大學 1986 年）。

（4）香港軍事史

在香港軍事史的研究領域，主要研究課題大都集中在香港清代的海防、海盜，以及歷史上在香港發生的重要戰爭，如鴉片戰爭、香港保衛戰和日軍佔領時期。其中尤以論述鴉片戰爭的著述爲最多，包括有鴉片戰爭史料檔案、研究鴉片戰爭和香港的關係、鴉片戰爭和中英關係的等很多著作。其中有黃宇和的《兩次鴉片戰爭與香港的割讓──史料和史實》（臺北國史館 1998 年），中國第一歷史檔案館編撰的《鴉片戰爭檔案史料》（天津古籍出版社 1992 年），廣東省文史研究館編譯的《鴉片戰爭史料選譯》（北京：中華書局 1983 年）等。

（5）香港考古

香港史研究中香港考古研究雖然起步晚，但是成果非常豐富。主要著述有簡又文的《宋皇臺紀念集》（香港趙族宗親總會 1960 年），馮志明的《元朗文物古迹概覽》（香港元朗區議會 1996 年），秦維廉編撰的《南丫島深灣──考古遺址調查報告》（香港考古學會 1978 年）以及一些香港風物志等。這些著作或報告文集從考古的的角度探究了香港的前代史，從而進一步豐富了香港史領域的研究。

2、香港通史

所謂香港通史主要是指以整個香港地區或者以香港地區的某一地理區域的綜合發展爲研究對象的研究成果。

以整個香港地區爲研究對象的通史代表作英文方面有 Winifred A. Wood 的 A brief history of Hong Kong（香港南華早報 1940 年），Gwenneth Stokes 的 Hong Kong in history（Hong Kong：Government Printer，1965）及 Frank Welsh 的 A history of Hong Kong（London：Harper Collins Publishers，1993）等。中文方面有劉國英的《香港百年》（香港：友聯出版社 1941 年），羅香林的《一八四二以前之香港及其對外交通──香港前代史》（香港：中國學社 1963 年），蕭國健的《香港前代社會》（香港中華書局 1990 年），余繩武和劉存寬主編的《十九世紀的香港》（北京中華書局 1994 年），余繩武和劉蜀永主編的《二十世紀的香港》（香港：麒麟書業有限公司 1995 年）以及王賡武主編的《香港史新編》（香港三聯書店有限公司 1998 年）等多本著作。

　　研究香港某一地域的通史相對集中於新界史。由於二十世紀六七十年代期間，大陸相對較爲封閉，開放性較差，外國學者無法進入大陸內地調查，因而進駐香港地區離大陸最近的新界展開研究。選題設計水上居民、女工等，其中關於水上居民的文獻和論著有 Kani Hiroaki 的 A general survey of the boat people in Hong Kong（香港中文大學新亞研究院東南亞研究所 1967 年），Anderson Eugene N 編撰的 Essays on South China's boat people（臺北東方文化公司 1972 年）等；關於香港近代早期的「妹仔」制度的研究有 Jaschok Maria 的博士學位論文 A social history of the Mooi Jai insititution in Hong Kong（1843～1938）（倫敦大學 1991，香港大學存本），Haslewood Hugh Lyttleton 的 Child slavery in Hong Kong：the Mui Tsai system（London：Shelton Press，1930）等；Constable Nicole 則主要做二十世紀香港的菲律賓女傭的研究，其著作爲 Maid to order in Hong Kong：stories of Filipina workers（Ithaca：Cornel University Press，1997）。

　　由上可見，有關香港史的研究可謂是碩果累累。但我們從上述回顧也可以發現大量研究集中在香港的經濟史和政治史領域，尤其是對中港關係和香港的商業貿易的研究是比較成熟的。其次在新界史、婦女史以及考古等方面也有較多的研究成果。可見目前的香港史研究雖範圍廣，數量大，但是有其側重點的。因此，我們可以看到香港史研究並未窮盡，還有許多空間可以填補，比如香港的移民史。香港是一個移民城市。從開埠之初的一個人口小漁村發展成爲一個人口密度極高的國際大都市，短期內人口的自然增長是無法實現這種人口增長變化的。從 1841 年到 1941 年這一百年也是香港城市發展和建設的起步期和關鍵期。在這個巨變過程中，香港的外來移民起到了不可忽視的作用。因此本書將嘗試研究近代（1841～1941）香港外來移民及其對香港城市社會發展的歷史作用這一選題。

3、與香港人口和香港城市發展相關的研究

　　在目前香港史研究中關於香港人口的研究雖不及政治史、經濟史方面深入，但也有研究成果出現。其中研究香港華人的著作有日本學者下條義克的《香港華僑概說》（東京東亞研究所 1939 年），丁新豹的《香港早期之華人社會（1841～1870）》（香港大學博士論文 1988 年）等。如果將香港華人再分類，則其中以研究香港疍民的成果居多，如謝憤生的《香港漁民報告》（上海中國漁民協進會 1939 年），張壽祺的《疍家人》（香港中華書局 1991 年）等；其

次也有研究香港的福佬和客家人的，如 Guldin 的博士論文「Overseas」at home：the Fujianese of Hong Kong（University of Wisconsin Madison，1977）和 Constable Nicole 編寫的 Guest people：Hakka identity in China and abroad（1996）等。對華人之外的其他種族的研究比較系統的有涉及近代在香港的印度人和日本人等。比如 K.N.Vaid 的 The Overseas Indian Community in Hong Kong（1972）以及陳湛頤編譯的《日本人與香港——十九世紀見聞錄》（香港教育圖書公司 1995 年）和《日本人訪港見聞錄（1841～1941）》（香港三聯書店有限公司 2005 年）等。關於其他外籍族群的專門研究幾乎沒有，只是一些數據和描述散落在各處的資料和文檔中。

　　國內學者也有相關論文發表，主要有李若建的《香港人口遷移及其社會問題》（載於《南方人口》1997 年第 4 期）和《中國大陸遷入香港的人口研究》（載於《人口與經濟》1997 年第 2 期）。前者主要是對二十世紀七十年代至九十年代香港人口遷移的情況進行研究，後者則主要關注第二次世界大戰以後香港從中國大陸遷入香港的人口概況，著重研究了 70 年代以來進入香港的合法移民與非法移民情況。二者皆是對某一時期香港移民人口的縱向分析。此外還有張振江的《早期香港華人流出地試析》（載於《南方人口》2008 年第 1 期）和徐日彪的《近代香港人口試析（1841～1941）》（載於《近代史研究》1993 年第 3 期）。前者只是論述了早期香港華人的地緣構成，而後者僅是對近代香港的人口情況做了橫向分析，重點考察人口增長率、性別比例、婚姻狀況等。二者都是對某一時期香港外來移民人口的橫向的某一方面進行論證。

　　由上述成果，我們可以看到，目前學界內對香港人口的研究都是比較片面地集中在某一歷史時期的某一移民群體或一個群體的某一個側面，尚沒有對近代百年間香港外來移民有系統完整地論述。本課題將著重於對近代香港的整個一百年間的移民運動進行梳理，嘗試進行系統的論述。

　　目前有關香港城市發展的學術論文主要有張曉輝的《滬港近代城市關係史研究之我見》（載於《檔案與史學》2001 年第 1 期），閻曉培等的《穗港澳都市連綿區的形成機制研究》（載於《地理研究》1997 年第 6 期）等。這些成果大都從香港的城市化角度進行研究的；主要著述有薛鳳旋等編寫的《屯門——古代海港到將來城市之演變》（香港地理學會 1982 年），張在元等的《香港中環城市形象》（北京中國計劃出版社 1997 年），陳壽彭翻譯的香港海軍海圖官局保存的《香港澳門古輿圖說》（廣州廣雅書局）等。這些大都從地理學

角度探討城市建設中的港口的發展，街道的形成等，對移民的人爲影響以及移民對城市文化的影響少有涉及，更沒有系統的論述。

綜上所述，目前學界關於香港史的研究成果內容廣泛，數目巨大，但尙無有關近代（1841～1941）這一百年間的外來移民的歷史及其對近代香港城市社會發展的影響的系統的完整的論述。本書選題爲近代香港外來移民及其對香港城市社會發展的歷史作用（1841～1941），旨在對目前研究相對較爲薄弱的方面作更多的探討與補充。

二、本書研究對象、目的和意義

香港作爲我國的一個特別行政區，有著它特別的歷史。不同於中國其他地域，香港由一個人煙稀少的島嶼較迅速地發展成一個國際都市，這背後是無數外來移民的共同努力。因此本書將從人口角度探討香港城市發展的的歷史進程，把研究對象定位在支撐香港發展的原始動力，即這個城市中生活的普通民眾。

本書的研究對象是近代香港一百年間的外來移民，主要呈現他們動態的移民過程，以及探討他們在近代香港的城市發展中起到的作用。

對於「移民」這個概念的定義，不同歷史時期、不同的學科領域和不同的學者都有不一樣的觀點，目前學術界尙未統一關於「移民」的定義。本書要論述的是近代香港歷史上的外來移民，所以文中對於「移民」的界定，偏重於歷史角度，主要是採用葛劍雄等人在《中國移民史》中對「移民」所下的定義：一般來說，移民是指遷離了原來的居住地而在其他地方定居或居住了較長時間的人口。任何參加了這一遷移過程的人都是這次移民中的一員，都具有移民的身份。但作爲研究對象或一種社會現象，移民一般是指人口，即一群人或一個群體。因爲除了極個別的特殊例子外，即使是一個人爲單位的遷移，也可以歸納爲某一類型的移民（註1）。基於以上的定義，本書中的近代香港外來移民就是指在 1841 年至 1941 年間離開原居地，來到香港地區定居或居住了一段時間的人口。這個遷移過程中，人口的遷移包含以群體爲單位和以個人爲單位。至於人口的量化方面，我們主要是基於近代香港政府的人口統計報告中的數字來進行分析。

〔註 1〕 葛劍雄主編，吳松弟、曹樹基著：《中國移民史》第一卷，福州：福建人民出版社 1997 年，第 10 頁。

　　對於研究對象的定義，我們還有必要在這裏做一清晰說明。由於政治上的原因，香港地區被割占是一個歷史的過程。香港地區在歷史上不同時期的所涵蓋的地理區域是不同的，因此我們不能籠統地定義「近代香港外來移民」就是在 1841 年 1941 年之間來到香港地區的人。本書所涉及的近代香港外來移民的概念按照時間的分段，涵義不同。1841 年至 1860 年，外來移民是僅指在這段時間來到香港島工作和生活的人；1860～1898 年，書中所提的外來移民是指在該時間段內進入香港島和九龍半島的人；1898～1941 年，我們所指的外來移民是在該段時間內進入整個香港地區（含香港島、九龍半島和新界及離島區）的人。書中呈現出的相關年份的人口的統計數據均按以上的定義得出，書中不再一一說明。

　　關於移民類型的劃分是指把歷史時期的移民，根據他們的歷史發展狀況，按照一定的標準歸納為若干類型，以更好地總結不同類型的移民在歷史上的發展特點或歷史作用。移民類型的劃分，或者可以從人口流動的方位及移動區域範圍歸納之，或可以從人口流動的發展時段而劃分之，也可以從移動的歷史動機、歷史性質及歷史影響區別之，並沒有很嚴格的標準。本書主要參照葛劍雄等著的《中國移民史》〔註 2〕中的關於移民的主要類型作出的分類。人口遷移是多種因素共同作用的結果。來港移民的動機大致可分為獲取生機和經濟機會吸引兩大類。葛劍雄等將前者稱為生存型移民，後者稱為發展型移民。所謂生存型移民，就是為維持自身的生存而遷移的人口，或者說是以改變居住地點為維持生存之手段的遷移。產生這類移民的主要原因是遷出地的推力，如生存環境的惡化，等等。移民主要考慮的是生存問題，是擺脫原居住地的生存壓力，而較少考慮遷往何處，或遷移的條件。所謂發展型移民是為了改善物質生活或精神生活而遷入其他地區定居的人口，者說是以提高生活水平為目的的遷移行為，他們在原住地並未受到生存威脅，遷移只是為了獲得更多的財富，尋求更大的發展機會。此類移民遷移的主因是遷入地的吸引力。還有一種就是由於政府的政策強制性的迫使一些人離開原居地到他鄉生活，這是強制性移民。根據以上對移民類型的分類，本書研究的近代香港外來移民也分為生存型移民、發展型移民和強制性移民三類。

〔註 2〕葛劍雄主編，吳松弟、曹樹基著：《中國移民史》第一卷，福州：福建人民出版社 1997 年，第 49～53 頁。

　　本研究的時間範圍限定在 1841 年至 1941 年。選定 1841 年這個時間起點是因爲 1841 年是英國佔領香港之時，也是城市建設初始時，同時也是外來移民開始大批進入香港的時間。以 1941 年爲止，首先是因爲 1941 年香港淪陷，進入戰爭時期，城市發展不僅沒有進步，反而成倒退趨勢。大批中外移民離港，城市建設處於停滯期.選定這個時間範圍，是著眼於城市發展的持續狀態下的外來移民的情況；其次是因爲在 1898 年英國佔領新界後，香港的版圖最終落定，我們的研究範圍也擴大到整個香港地區，保證了地域的完整性。

　　研究香港移民史有其重要的理論意義。近代香港由一個小漁村逐漸發展成爲一個國際大都市，導致其發展興盛的因素很多，但移民的不斷湧入應該說是具有重要的歷史意義。因爲人口是地區興起發展的基本因素。所以關於香港移民史的研究也是香港史研究的重要課題。

　　研究香港移民史的現實意義在於它與當前香港的城市發展有密切的關係。通過復原移民過程，分析不同時期、不同群體的移民對香港城市發展及城市文化形成的影響因素，總結該地區移民運動的規律，展望未來香港的人口發展趨勢。希望這些研究能爲現在及未來香港城市人口規劃和城市發展提供歷史的科學的依據。

三、本書的研究方法和研究思路

　　本研究課題以歷史唯物主義辯證法爲指導原則，在運用歷史地理學方法的同時，注意借鑒人口學、人類學、社會學、語言學、教育學的方法；在運用定性分析與定量分析的同時，注意個案研究與綜合研究相結合，並注意吸取國內外的重要研究成果。

　　本書以歷史事件發生的時間順序爲主線，描述與背景評析並舉，突出典型現象，盡力揭示成因；同時各章節內容既相對獨立又具歷史地理學關聯性。筆者在參考現成成果的同時，盡可能採用詳盡而完整的史料和第一手資料（尤其是檔案資料和外文資料），使之符合當今史學論文的標準。

　　全論文分一緒論、五大章及一結語。

　　緒論是文獻總結和論文目標的確定。筆者就當前學術界的香港史研究成果作評述，找出現有研究的不足，明確和定義本書的研究對象爲近代香港外來移民，確定論題爲 1841～1941 年間香港外來移民及其對香港城市發展的作用和影響。

　　第一章主要是對近代香港的外來移民的人口流動做縱向分析。本章將近代香港移民分爲開埠前的外來移民、十九世紀後半葉的外來移民和二十世紀上半葉的外來移民三個時間段，之後復原每一時段內的主要移民運動，如遷移路線等，並對其遷出原因做出分析。

　　第二章主要是對近代香港的外來移民的人口流動做橫向分析。本章重點分析整個近代百年間外來移民的地緣構成、種族構成和職業構成，探討當時外來移民的基本情況和生活動態。

　　第三章是對近代香港外來移民的分佈區域進行討論。根據文檔和記載，用地圖等展示當時人口的分佈狀況，主要是不同族群的分佈地和不同職業的聚居地，並且根據討論結果分析近代香港外來移民分佈特點和分佈趨勢則。

　　文章前三章主要是對近代香港的外來移民活動從動態流動到靜態構成做全面的分析。

　　第四章主要是闡述近代香港外來移民在香港城市建設中的影響和作用。外來移民最開始是形成聚居點，隨著移民到來的增加，這些聚居點不斷擴大，由此產生的旺盛的生活需求和豐富的人力資源使得城市的基本建設逐步完善，最先開始的就是城市交通系統的建立，這包括港口和陸地交通的建設；有了便利的交通，向主要聚居點的商品物質的流動加快，這些聚居點就自然形成了城市的工商業中心。這一章分別討論近代香港外來移民在港口建設、城市交通系統形成和工商業中心的形成過程中所發揮的作用。

　　第五章是近代香港外來移民對香港城市文化的塑造的作用。這一章主要從語言、宗教、教育和地名四個方面去論述。外來移民的到來帶來的受教育的需求刺激了香港教育的發展；不同種類的外來移民聚居香港使香港社會的語言呈現特別的百花齊放的現象。同時語言的交彙形成的混合語也是香港語言界的特有現象，另外多語的現象也促使一些附屬產物的出現，比如字典、英文報紙等，這些都是爲滿足移民的語言需求出現的產物；不同的移民帶來了各自文化中的宗教信仰，由於香港移民的種類繁多，導致香港的宗教信仰的多樣化。論文通過廟宇的分佈來分析各種信徒的的聚居狀態，同時也指出了香港出現的宗教融合的現象；最後本章討論了香港的地名和移民的關係，因爲地名是移民活動留下的歷史痕迹。

　　最後是結語，主要對全書進行概括總結及對近代香港外來移民的特點和歷史作用進行更深入的探討，並對香港移民的未來方向提一些不成熟的想法，旨在拋磚引玉，希望能爲學界對香港移民研究的深化做更多的推動。

　　由於有關香港移民的資料非常豐富，並且散落於各種文檔資料當中，雖已盡力搜集，但是仍有許多材料沒能掌握。隨著日後對於材料的進一步完善和分析，筆者將會做更大的改進和修正。

第一章　近代香港外來移民運動

　　近代香港人口從開埠初期官方人口普查得到的 7450 人〔註1〕增長到 1941 年香港淪陷前的 160 多萬人〔註2〕。一百年間，人口的漲幅達到 200 多倍。這種人口變化顯然是人口的自然增長無法達到的〔註3〕。因此我們可以說近代香港的人口增長主要是外來移民的湧入帶來的機械增長。在整個近代期間，隨著時間段和歷史背景的不同，來到香港的移民的種類、動機以及路線都有差異。本章將在簡單回顧前代香港的外來移民情況後，分別討論十九世紀和二十世紀的近代香港的外來移民活動，分析移民種類、移民動因以及盡力復原移民路線。

〔註 1〕 Hong Kong Government Gazette，1841 年 5 月 15 日。這是香港官方第一次人口普查記錄。

〔註 2〕 數據來源：陳康棣《香港人口地理》，載於《經濟地理》1986 年第 1 期，文中具體數據是 1639357 人，作者注明是非官方人口統計數據。

〔註 3〕 我們這裏僅以香港二十世紀 30 年代後半期的人口增長為例。根據香港政府的 1936 年至 1939 年的人口普查報告(載於 1936～1939 年的 Hong Kong Sessional Paper)，1936 年至 1939 年的登記在冊的新出生的人口分別為 27383 人、32303 人、35893 人、46675 人，這些數字體現出當年的人口自然增長數量。但是香港政府的人口統計報告中在 1938 年和 1939 年的人口基數上分別加上難民數量 200000 和 500000 作為兩年的人口總數。相比較來看，香港當時的人口自然增長數量是以萬計，但是總人口增長數量以十萬計，這種差別足以證明香港該段時間內的人口增長主要因素在於外來移民的湧入，而不是人口的自然增長。在近代香港的其他階段，我們也可以通過人口統計數字的比對，得到相似的論斷。

第一節　開埠前的移民運動

　　1841 年英國憑藉一紙《南京條約》，使香港成為遠東的又一英屬殖民地。與此同時，也揭開了香港近代歷史的序幕。但是早在英國人踏上這片土地之前，就有不少居民已經移居於此地並世代生活在這裏了。從各種文獻資料的記載中可以得知，開埠前來到香港的移民主要在宋代和清代。

一、前代香港的移民活動記載

　　香港開埠前，有文字可考的最早的移民活動始於東晉。東晉末年，盧循領導的浙東起義軍曾經攻陷廣東城。《晉書（卷一百）》曾有這樣的記載：

> ……元興二年正月，寇東陽，八月，攻永嘉。劉裕討循至晉安，循窘急，泛海到番禺，寇廣州，逐刺史吳隱之，自攝州事，號平南將軍，遣使獻貢。〔註4〕

但後來又失利，史書云：

> 因自蔡洲南走，復據尋陽。裕先遣群率追討，自統大眾繼進，又敗循於雷池。循欲遁還豫章，乃悉力柵斷左里。裕命眾攻柵，循眾雖死戰，猶不能抗。裕乘勝擊之，循單舸而走，收散卒得千餘人，還保廣州。裕先遣孫處從海道據番禺城，循攻之不下。道覆保始興，因險自固。循乃襲合浦，克之，進攻交州。至龍編，刺史杜慧度譎而敗之。〔註5〕

起義失敗後，盧循被殺，他領導的起義軍多退至大嶼山一帶的島嶼。明朝東莞人鄧淳著的《嶺南叢述》就有提：「到大奚山，三十六嶼，在莞邑海中，水邊岩穴，多居屹蠻種類，或傳係盧循遺種，今名盧亭，亦曰盧餘」〔註6〕。

　　這些人以漁業及製鹽為業，其後成為疍民的一支。又有一說，盧循之部下自水路出逃，在大嶼山（早期又名「大魚山」）據地自立，自稱「盧亭」，人稱「盧餘」（盧的餘部），這種說法聽來也是合理。〔註7〕沿海之土著日後也

〔註4〕〔唐〕房玄齡，《晉書》，北京：中華書局 1974 年，第 2634 頁。

〔註5〕〔唐〕房玄齡，《晉書》，北京：中華書局 1974 年，第 2635～2636 頁。

〔註6〕http://zh.wikipedia.org/zh-cn/盧亭。

〔註7〕http://zh.wikipedia.org/zh-cn/盧亭。另外胡阿祥：《5000 年來香港人口的變遷》（載於紫金歲月 1997 年第 1 期）中也提到這一點，「東晉末年有盧循起義軍餘部之退守、定居大嶼山，至今大嶼山仍有地名喚作『盧亭』。

許便以「盧亭」稱呼海上來的異族或怪客。還有民間流傳一大澳之傳說，謂盧亭部下倉皇南下，人人裸體，但熟悉水性，於是被當做人魚異類，因此將島上的半人半魚的生物是稱爲盧亭。總之這些記載和傳說都顯示了早期大嶼山一代的外來移民和盧循起義是有關係的。

之後還陸續有記載顯示漢人移入香港地區，但都是比較零星的，沒有成大規模的移入，或是政府方面促成的被動移民。

《新安縣志》記載：「杯渡禪師，不知姓名，當嘗木杯渡水，因而爲號⋯⋯遂以木杯渡海，憩息屯門山，後人因名曰杯渡山。」〔註8〕後人在這位杯渡禪師曾經修道的地方建造了杯渡庵，後來改爲青山古寺，至民國初年改建成青山禪院。

《輿地紀勝》記載：「媚川都，屬東莞縣，南漢置，隸凡三千人，入海採珠，開寶五年間，詔廢媚川都」〔註9〕。這裏的媚川都是南漢王朝珍珠生產的管理機構，它下轄的兩個採珠場之一就設置在東莞及合浦，作業區是大步海（今香港大埔及其鄰近水域）。

南宋初年，當時政府在現時的九龍灣西北及西南沿岸，即尖沙咀與茶果嶺之間一帶，設立了一個名爲「官富場」的官方鹽場，範圍覆蓋今日的觀塘區、九龍城區及油尖旺區，派造鹽官並駐兵。當時該處屬於南海郡東莞縣，該鹽場也曾成爲縣內四大鹽場之一。該鹽場幾經廢棄和恢復，終因爲後來的「遷界」和「復界」事件而被廢置。〔註10〕

以上的記載都零星的顯示出開埠前有移民來到香港。進入宋代以後，開始出現規模性的移民活動。

〔註8〕〔清〕舒懋官：《嘉慶新安縣志》，卷二十一〈人物志・仙釋〉，《深圳舊志三種》，深圳：海天出版社2006年，第994～995頁。

〔註9〕〔宋〕王象之，《輿地紀勝》第六卷，成都：四川大學出版社2005年，第3062頁。

〔註10〕隆興元年（1163年），由於「官富場」的產鹽量未如理想，曾一度廢置並併入另一個官方鹽場「疊福場」（位於今沙頭角東北、大鵬灣西南）。後來因「官富場」產鹽量回升，於是再度恢復設置。元朝時期，「官富場」被改爲「官富巡司」，於明朝時則被改爲「官富巡檢司」，設有巡檢及司吏各一，並駐弓兵50名，以打擊販賣私鹽。清朝康熙元年（1662年），清朝政府爲了防止沿海居民接濟位於臺灣的鄭成功政權，因此實行遷界令，逼使沿海居民向內地遷界50里，鹽場亦因而被廢置。雖然遷界令於康熙八年（1669年）取消，但由於遷來的居民不熟煮鹽，鹽場無法恢復昔日的規模，其後最終也被廢置。

二、宋代的「五大家族」的遷入

在香港成為殖民地前，規模較大的移民運動之一是宋代的「五大家族」相繼遷入新界。

據鄧氏族譜記載：

> 宋朝開寶六年（973年），江西吉水人，承務郎鄧漢黻宦遊至粵，定居於東莞圭角山下的岑田（今香港新界的錦田），為鄧族遷粵始祖。」

〔註11〕鄧氏四世祖鄧符協生於錦田，為熙寧（1063年）進士，也是宋承務郎，授陽春（今廣東陽春縣）縣令，卸職後「卜居邑之錦田桂角山下，創力瀛書齋，以招徠學者。……子孫世居錦田、龍躍頭、屏山、竹村、廈村等處，至今推為望族。〔註12〕

至十九世紀，鄧族不僅擁有新界的富庶地段，在大嶼山也有不少田地，成為本區內勢力最大的地主；據《新安縣志》載：「桂角山在縣東南四十里，多產桂，兩山競秀如角，一名龍潭山，宋鄧符築力瀛書院講學於其下，今基址尚存」。〔註13〕鄧符協於宋崇寧五年（1105）至大觀間在香港新界錦田桂角山創辦的力瀛書齋是香港地區最早的教育機構。

繼鄧族之後，彭、侯、文、廖等族也相繼遷入。先是北宋末年，新界侯氏宗族祖先進士侯五郎從番禺遷居東莞，搬至東莞縣，其子侯單峰遷往今日河上鄉築茶僚，做小生意。其子孫先後遷入河上鄉、谷田、金錢、燕崗、吉田、丙崗等鄉村入居。〔註14〕而約在同時期，彭氏宗族先祖之子孫先後在粉嶺、粉壁嶺立圍而居。至南宋末年，文氏宗族先祖文天祥之弟文天瑞遷居東莞，其子孫於明初遷入新界屯門，繼遷屏山、大埔、泰坑，。據《嘉慶新安縣志》人物志裏記載：

> 文應麟，宋丞相文天祥從孫，倜儻尚志節，景炎（1276～1278）中，丞相弟璧守惠州，兵至，璧以城降。應麟恥之，攜二子起東、起南，遁於邑之東渚，遂家焉，今稱名族。〔註15〕

〔註11〕《錦田鄧氏族譜》，手抄影印本，香港大學圖書館藏，出版年代缺。

〔註12〕〔清〕舒懋官：《嘉慶新安縣志》，卷二十一〈人物志・流寓〉，《深圳舊志三種》，深圳：海天出版社2006年，第993頁。

〔註13〕〔清〕舒懋官：《嘉慶新安縣志》，卷四〈山水略〉，《深圳舊志三種》，深圳：海天出版社2006年，第699頁。

〔註14〕《香港新界金錢村侯氏族譜》，道光壬辰十二年（1832），香港大學圖書館藏。

〔註15〕〔清〕舒懋官：《嘉慶新安縣志》，卷二十一〈人物志・流寓〉，《深圳舊志三種》，深圳：海天出版社2006年，第993頁。

又元代末年，新廖氏宗族先祖廖仲傑從福建永定的洋塘下遷東莞，初居屯門，後遷福田、雙魚境內；其子孫先後在上水鄉、樟木頭、富溪沙等地定居。〔註16〕

以上鄧、彭、侯、文、廖五大宗族，作爲較早遷入新界地定居的漢人的代表，後來被並稱爲「新界五大族」。「新界五族」及其他居民艱苦經營，發展教育，促進了當地社會經濟的繁榮與文化事的進步，迄今仍有較大的影響。

五大家族的遷港基本上可以看作是移民的自主遷出，這些移民在遷出地本來即是殷實的官宦之家，在原居住地家族的發展受到抑制，爲了擴大其家族，並且受遷入地的自然條件吸引遷來香港新界發展，比如五大家族所遷居的新界的這些村莊都是土地富饒，易於耕種的地方。

在香港前代，歷史上沒有關於香港地區的人口統計。我們僅能從一些方志的記載中可以大概的估算。有學者根據清朝《康熙新安縣志》中的新安縣的人口數量推算出「由於外來移民的不斷增加，明萬曆元年（1573 年）析置新安縣時，今香港地區的人口密度已大致相當於廣東全省的平均水平，即每平方公里約 10～11 人。全港著籍戶數約 2500 戶，男女約 11000 口（以新安縣總戶口數的 30%計，下同）。萬曆十年，戶數增至 2580 餘，口數增至 11500 餘。到明朝末年，香港的人口數量都在繼續增長」〔註17〕。由於明代的新安縣包括深圳的大部分和香港，《新安縣志》中的戶口的記載也是整個新安縣的統計數據。上述引文中的作者不加說明的將香港地區的人口按照新安縣總戶數的 30%計算，筆者有些存疑。但是從新安縣人口的整體增長趨勢來看，儘管不能得出精確的數字，我們還是可以推斷出一直到崇禎十五年，香港的人口數是穩步增長的。

三、清代的「復界事件」

入清，香港人口出現波動起伏。清代康熙年間的「復界事件」推動了香港開埠前的另一次規模比較大的移民活動。

順治十八年（1661 年），清政府開始實施內遷沿海居民的政策，目地是對峙臺灣鄭成功的反清勢力。到了康熙初年更是嚴厲執行堅僻清野的遷界政策，以斷絕閩粵沿海居民和鄭氏的交通聯繫。

〔註16〕《廖氏族譜》，香港中文大學創辦香港歷史與社會網站
　　　　http://elearn9.itsc.cuhk.edu.hk/history/node/4285。
〔註17〕胡阿祥：《5000 年來香港人口的變遷》，載於《紫金歲月》1997 年第 1 期。

由於民眾的離去，大片土地荒蕪，生產停滯。康熙八年（1669年），清政府展開復界，招回內遷的居民發展生產。《康熙新安縣志》卷6中記載：

> 康熙十一年屆……招復遷移人丁一千六百四十八。康熙十一年，招
> 復遷移人丁一百九十二。康熙十二年，招復遷移人丁二百三十五。
> 康熙十三年，招復遷移人丁二十五。康熙十七年，招復遷移人丁一
> 十七。康熙十八年，招復遷移人丁五十九。康熙十九年，招復遷移
> 人丁二十。康熙二十年，新增人丁五丁……內自十二年至二十年止，
> 招復遷移及新增人丁共五百二十六……。〔註18〕

從這一部分的記載可以看到從康熙十一年至康熙二十年間，只有康熙二十年提到新增人丁數目為五人，其餘從康熙十一年至康熙十九年都只是記錄了移入人口，沒有提及新增人口，可見這近十年間香港地區人口的增加是因為復界遷移而來。

康熙二十二年（1683年），臺灣鄭氏集團降清，清朝同意沿海地區全面展界復業；由於在遷界過程中人口的流失以及一部人人不願再回到原居地，回遷的人口十分有限。為了加速恢復沿海經濟，廣東沿海各縣出臺了諸多獎勵移民招墾的政策。具體到香港地區，除部分原居民回遷外，來自廣東和福建、江西等地的外來移民源源不斷地大批遷入。

羅香林先生《客家源流考》即指出：

> 在今日香港、九龍、新界等沿海地區居住的客家人士，其最先成批
> 移入的，也是因清初遷海復界而引至的。因這些地帶，原為新安縣
> 屬，正是順治十八年到康熙元年會一次二次為滿清政府所迫遷的，
> 而其他地域又東與惠州沿海相接，所以在康熙二十三年盡復舊界而
> 招致各地農民前往墾殖的時候，江西、福建和廣東惠、潮等地的客
> 家，便很多經由惠州淡水（場）而至沙魚湧、鹽田、大梅沙、西鄉、
> 南頭、梅林，或更至沙頭角、大埔澳、沙田、西貢、九龍城、官富
> 場、筲箕灣、荃灣、元郎等地，從事開墾的。〔註19〕

如表1-1，及清中葉至少已有二十多姓遷入今香港地區（且多數遷移時間在「盡復舊界」後）。此後，隨著人口繁衍進行再遷移，從而遍佈區內各地。

〔註18〕〔清〕靳文謨：《康熙新安縣志》，卷六〈田賦志・戶口〉，《深圳舊志三種》，
　　　　深圳：海天出版社2006年，第335頁。
〔註19〕羅香林：《客家源流考》，北京：中國華僑出版公司1989年，第29頁。

表1-1　香港部分客家氏族遷移情況表 [註20]

族　名	遷移時間	遷出地	始遷地或主要聚居地
李	順治末	惠州	船灣深水角
鍾	康熙初年		林村坪朗
鄭	康熙十九年	粵東	荃灣城門圍
鄧	康熙二十七年		大嶼山、福塘、橫臺
葉	康熙四十九年		蓮麻坑
文	康熙五十八年		大埔梧桐寨
胡	康熙年間		馬鞍崗
溫	康熙年間		沙頭角、柴灣角
張	康熙年間	博羅	大嶼山杯澳
楊	康熙年間		十八鄉水蕉圍
黃	清初	惠州	沙頭角
陳	清初		社山下汀角
羅	清初		橫臺山羅屋村
林	清初		屏山石埔村
馮	雍正初年		青龍頭東鄉村
吳	乾隆初年	嘉應州	沙頭角
傅	乾隆初年	惠州	大欖湧深井村
蘇	乾隆四年		長沙灣蘇屋村
侯	乾隆末年		谷田
藍	乾隆年間		塔門
丘	乾隆年間		荃灣
翁	嘉慶十六年		白沙澳海下村
刁	清中葉		荃灣新村
俞	清中葉		大埔新角

　　這次移民潮的持續時間很長，從康熙中期開始，歷雍正朝和乾隆朝，直到嘉慶末年仍未已。此次移民潮形成的原因主要是遷出地和遷入地以外的作用力造成的，即朝廷的復界政策導致。雖然不屬於強制性移民，但是政府在遷入地出臺了許多獎勵招墾的政策，使得一些流離失所或者是在家鄉沒有土地的民眾願意背井離鄉來此謀求生計。

―――――――――――――――――――
〔註20〕 資料來源：胡阿祥《5000年來香港人口的變遷》，《紫金歲月》1997年第1期。

外來移民的大量遷入，使得香港地區的人口數量迅速增加。據《嘉慶新安縣志》記載，雍正九年（1731 年）時全縣約有丁口 7289；乾隆三十七年（1772 年）增加到 30373，較前者增加了 317%；嘉慶二十三年（1818 年）又比乾隆三十七年增加了 644%餘，達到 225979 人。〔註21〕由此可以推斷出香港地區的人數也是以相似幅度增長的，這樣的人口數量爲此後香港經濟與文化的發展，打下了基礎。

香港在開埠前，就有居民生活在這裏。

第一，這一階段外來移民進入香港的時間跨越很大。香港外來移民從最早的有文字記載的東晉時代到清代鴉片戰爭前都有出現。但是從歷史記載來看，比較大規模的移民規模是在宋代和清代。

第二，香港開埠前，外來移民的構成比較簡單。由於香港在 1841 年以前一直是中國的領土，因此來此的移民幾乎全部是華人，偶爾有過港的外籍人，大都是商船上的商人或水手，亦或是傳教士，但都沒有長時間停留。

第三，這一時期來到香港的移民的職業主要是漁民和農民。因爲香港地區大部分臨海，因此從很早以前就有漁民在此出沒，靠打漁、採珠、製鹽謀生。和大陸連接的新界相比較香港島和九龍半島，土地則比較肥沃，因此吸引了人們前來耕種，新界的農業在香港開埠前已經比較發達了。

第四，這一階段香港外來移民的動因和類型〔註22〕是多樣化的。不同時代來到香港的移民原因是不一樣的，有原居地的推動力造成的，也有香港的拉動力導致的。像前文提到了東晉時代起義軍失敗後來到香港是因爲害怕原居地的政府會對其迫害，這是原居地對其的推動力造成的生存型移民；與之相反，宋代「五大家族」遷入新界則是新界富饒的土地吸引他們而來，此屬

〔註21〕〔清〕舒懋官：《嘉慶新安縣志》，卷八〈經政略・經政一〉，《深圳舊志三種》，深圳：海天出版社 2006 年，第 802～803 頁。

〔註22〕這裏的「移民類型」是根據葛劍雄《中國移民史》第一卷（第 49～53 頁）中的關於移民的主要類型作出的分類。所謂生存型移民，就是爲維持自身的生存而遷移的人口，或者說是以改變居住地點爲維持生存之手段的遷移。産生這類移民的主要原因是遷出地的推力，如生存環境的惡化，等等。移民主要考慮的是生存問題，是擺脫原居住地的生存壓力，而較少考慮遷往何處，或遷移的條件。所謂發展型移民是爲了改善物質生活或精神生活而遷其他地區定居的人口，者說是以提高生活水平爲目的的遷移行爲，他們在原住地並未受到生存威脅，遷移只是爲了獲得更多的財富，尋求更大的發展機會。此類移民遷移的主因是遷入地的吸引力。強制性移民就是由於政府的政策強制性的迫使一些人離開原居地到他鄉生活。

遷入地的拉動力促成的發展型移民。漢代和南宋時期在香港設立的採珠場和
鹽場帶來的工人和官兵，以及清代因「復界」而來的移民則是當時的政府行
爲，屬於強制性移民。

　　總之，開埠前來到香港的移民落腳於香港地區的不同地方，或是耕種，
或是打漁。他們對香港地區的開發爲香港開埠後的經濟和文化的發展打下了
初步的基礎。

第二節　十九世紀香港開埠後的移民運動（1841～1900）

　　在香港成爲英屬殖民地的前半個世紀裏，香港發生了巨大的變化。殖民
者按照利己的需要將香港由一個主營農業和漁業的村莊逐步打造成一個世界
級的貿易港口和都市。城市和港口的建設離不開人的努力。這期間，香港人
口逐年上升，由 1841 年英國人踏上這片土地初始的 7，450 人〔註23〕，到 1900
年的人口統計顯示的全香港地區的人口爲 262，678 人〔註24〕。六十年間，人
口增長了近 40 倍。這種速度的增長顯然不是人口的自然增長造成的，而是源
於大批的外來移民湧入。英國佔領香港後的十九世紀裏，可以說是香港外來
移民持續不斷增加的過程。我們把十九世紀來到香港的移民分爲外來華籍移
民和外來外籍移民兩部分來探討。

一、十九世紀香港開埠後的外來外籍移民

　　十九世紀來香港的外籍人的源流地多種多樣。我們以早期在港人數最多的幾
種外籍移民爲代表來進行探討，他們分別爲歐美籍移民、葡萄牙籍移民和印度籍
移民。香港開埠後的前半個世紀裏，總體來說，外籍移民是持續不斷的移入香港。

　　根據香港殖民政府 1841 年的人口統計結果（下文表 1－2），我們可以看
到香港島上最初只有華人居住，沒有外籍人居住。由下文表 1－3 可以看出，
在英國統治香港的最初五年，外籍人口由零人口增至 1,043 人，漲幅甚大。

〔註23〕數據來源於 1841 年 5 月 15 日的《香港政府憲報》（Hong Kong Government
　　　　Gazette）。但又有一說爲 5650 人。有學者認爲 1841 年香港的人口統計中赤柱
　　　　的 2，000 人應該是 200 人之誤；因此總人數當爲 5，650 人，參見：王宏志，
　　　　2000：131～33。

〔註24〕Historical and statistical abstract of the colony of Hong Kong 1841～1930，Hong
　　　　Kong：Noronha & Company，government printers，1932。

經過開埠初期的一個人口增長的小高潮後，十九世紀五十年代的來港外籍移民中，人口有比較明顯的增幅主要有葡萄牙人。可能原因是 1849 年，因爲澳門葡萄牙人的總督被殺，由於害怕受襲，很多葡萄牙人逃至香港。〔註25〕

從下文表 1-4 還可以看出另一處比較隱蔽的人口增長的時間段，就是 1861～1870 年間的遷入香港的外籍人口的劇增，由於本來外籍人口在香港總人口中占的比例就比較小，所以對人口總數的影響並不大。但是由 2,986 人增至 8,754 人，十年間漲幅達三倍，這是香港開埠後外籍人口數量的一次飛躍。

我們分析這期間可能的原因是：1856 年第二次鴉片戰爭爆發後，由於太平天國和紅軍起義的影響，在廣州的歐美商行受到了威脅，廣州民眾放火燒了「十三行」商館區。之前十三行也經歷了很多次火災，每次被燒後，都會重建，而且規模更加宏偉，這一次卻不同，因爲香港開埠了。在這次火災之後，十三行就成了歷史名詞，被夷爲一片平地。澳門斷了供給，廣州的外國商行隨後也紛紛遷至香港。這也導致了香港的外籍人口的增長。

十九世紀到港的外籍移民多爲歐美籍和印度籍〔註26〕，其次是葡萄牙籍移民。

1、歐美籍

開埠初期來香港的歐美籍移民又以英人爲主，主要是來自於各個教派的傳教士、英國派來的殖民地政府官員和軍隊以及聞商機而來的歐美商人。

首先我們來看開埠後，來到香港的各教派的傳教士。來自於歐美的傳教士視傳播教義爲畢生責任。因此，香港開埠後，他們立刻來到這裏，爲自己的信仰爭奪信徒。其中有名的傳教士有 1842 年來港的基督教浸信會的叔未士夫婦和羅孝全，1843 年來港的倫敦傳教會的雅禮各等。這些傳教士中極少數像理雅各這樣是社會地位較高，和政府關係比較密切的。大部分

〔註25〕1849 年 3 月 5 日，澳門總督亞馬留利用中、英兩國因外國人進入廣州城問題發生激烈衝突的時機，在澳門發布告示，封閉中國設在澳門的海關。並下令中國海關自即日起不得向葡萄牙和其他外國商船徵收關稅.8 月 22 日，亞馬留又公開揚言要立即禁止香山縣丞在澳門行使職權。不過，當天傍晚，祖墳被亞馬留搗毀的尤田村青年沈志亮等 7 人將亞馬留刺死在關閘附近，連首級和獨臂都被砍下。

〔註26〕根據 1845 年 6 月香港華民政務司首次發表人口調查報告的內容，1845 年香港 1,043 位外籍人士當中 595 人爲歐美籍，362 人爲印度籍。

的傳教士的生活是很清貧的，他們為了傳教，深入中國人的社區。早期來
港的西方傳教士也留下了不少關於香港的記錄。美國傳教士叔未士的夫人
Henrietta Shuck 是第一位來到中國的美國女傳教士，她在給友人的信中曾提
到她和丈夫從澳門來到香港後的情況。他們是 1842 年香港開埠後就來到這
裏。在當年的 5 月 2 日她給朋友的信中提到香港的生活比澳門舒適一些，
儘管條件還很差，但是丈夫獲得政府劃撥的一塊地皮，正在籌建一座小教
堂。同時因為經濟原因，丈夫謀得一份報紙印刷的監製職位。他們在香港
受到了政府的庇護，感覺比較安心。在信末還提到很快澳門的很多傳教士
朋友就會移居香港〔註27〕。叔未士夫人 1845 年 1 月在香港病逝。《中國叢
報》刊登了叔未士夫人的訃告。訃告中寫道：「這位第一位來到中國的美國
女性傳教士為傳教事業奉獻了自己一生」，並且提到：「叔未士夫婦是 1836
年 9 月來到中國，一直居住在澳門，直到 1842 年 3 月來到香港，並定居在
香港。」〔註28〕

　　從這些記錄中我們也可以看到，當時有很大一批歐美傳教士是從澳門、
廣州等地移居到香港的。

　　其次我們討論歐美籍的政府官員及軍隊。1839 年，由於林則徐的反英政
策和葡萄牙當局對澳門英人的保護不力，導致英國軍艦移師香港。當時，香
港大部分不列顛臣民居住於船上，也在香港島上搭建了些棚屋草房。1841 年，
英軍佔領香港，隨後開始殖民政府統治。

　　英國派往香港的主要政府官員就是香港總督及行政局和立法局的官員。

　　殖民地的最初兩位總督分別是砵甸乍爵士（Sir Henry Pottinger）和戴維斯
爵士（Sir John Francis Davis）。

　　砵甸乍爵士的任期是 1843 年 6 月 26 日到 1844 年 5 月 8 日。一八四二
年，滿清政府因於鴉片戰爭中戰敗而簽訂《南京條約》，當中將香港島割讓
予英國。一八四三年英維多利亞女皇簽署《香港憲章》，宣佈香港成為英國
殖民地，並委派砵甸乍爵士為香港第一任總督。除了港督外，砵甸乍爵士
同時亦兼任香港駐軍總司令。他來港後即成立以港督為首的行政局、立法
局。可惜在砵甸乍任內兩局極少舉行會議，更可說是形同虛設。由此可見，

〔註27〕Fortune，Robert：A Memoir of Mrs. Herietta Shuck：the First American Female
　　　　Missionary to China，London：Murray，1952，page178～183.
〔註28〕Obituary Notice of Mrs Shuck，Chinese Repository，14th January，1845.

當時的砵甸乍擁有極大權力。由於受到英國商人的不滿而受到孤立,砵甸乍爵士逐於翌年離仕,亦成為任期最短的港督。〔註29〕

戴維斯爵士的任期是 1844 年 5 月 8 日到 1848 年 3 月 21 日。戴維斯爵士是一名中國通,因此他為自己改了一中文名為爹核士。在戴維斯爵士任內,香港進行了第一次的人口普查,當時全港人口為二萬三千九百八十八人(不含駐軍),而人口普查亦成為香港政府的慣例。由於他的施政得不到當時的英國商人支持,再加上屬與下屬不和,戴維斯爵士遂憤然辭職,黯然離港。〔註30〕

香港的駐軍和警隊也是在香港開埠後就有了。香港早期警隊主要由由歐洲籍、印度籍和華籍組成。截至 1900 年,香港的警隊中有歐洲籍警察 153 人,印度籍警察 366 人,華籍警察 410 人,共 929 人。〔註31〕

最後我們來看早期來到香港的歐美籍商人。

1841 年初,英國與琦善簽約後,優惠政策鼓勵英資本和企業湧入香港,許多商人在維多利亞城搭建樓宇,後中方毀約,戰火耽擱了英國向香港移民。移民潮正式形成於《南京條約》之後。

英國人來港的路線比較多樣,政府官員和駐軍一般遠涉重洋從歐洲來,也有從印度及東亞一些英殖民地轉來,英國商人則大都從周邊的地區聞商機而來,比如印度,澳門和廣州等地。英國的傳教士施美夫在他的遊記中寫道:

> 鴉片戰爭結束前,澳門是外國商人唯一可安家之處。廣州不允許外商攜妻子前去。香港的租讓和中國政府對外國女子在廣州居住條例的放寬,使得所有英人和美人喬遷,如今只有幾家美國人留在澳門。〔註32〕

由此可見,1841 年以後不久,由澳門遷往香港了一批外籍移民,其中以英美為主。另見《知新報》刊登:

> 香港:英國之藩屬,在東方之極遠者,香港是也。此港本屬於廣東,距澳門四十英里,距廣州九十英里……又迎合納皮亞侯之意而奏曰:中國廣東海面,有一島乃天然生成。三月二十二日,商務總辦異律,將廣州附近之英船盡行聚於香港,高豎英國旗號,

---

〔註29〕 張連興:《香港二十八總督》,北京:朝華出版社 2007 年,第 1~14 頁。
〔註30〕 張連興:《香港二十八總督》,北京:朝華出版社 2007 年,第 15~34 頁。
〔註31〕 Hong Kong Sessional Paper,1901 年,第 171 頁。
〔註32〕 〔英〕施美夫:《五口通商城市遊記》,北京:北京圖書館出版社 2007 年,第 55 頁。

以備中國之攻。於是旅居廣州之英民遷徙至澳門，葡官借一院以棲之。中朝聞之，怒及葡官，將加以兵。五月初六日，異律發急文書，與怕路士頓侯曰：爲保護澳門之地，葡廷或稍緩一步；爲保護我英之民，英廷則不得稍緩須臾，事在必行，計不旋踵，早發則先制人也。但朝廷急與葡廷議定，或稅其澳門之院所，或發兵保護，云云。深喜此說不用，故英國之商船盤踞於香港，較勝於澳門也。數月後，香港有英人傭於輪船者，與華人爭氣，殺卻華人一名，事爲華官偵知，益更大怒，決欲在澳門報復。異律料事難了結，乃先遷其妻女於香港。至八月二十四日，己亦去之，意謂別後澳門可以無事。不料華官懲於前事，立促英人盡離澳門。英人以己不直，於二十五日盡登舟往香港，僅留臥病者數人而已。

〔註33〕

從上述史實記載來看，在香港開埠前後已經有一批英國人從澳門遷往香港。1843 年，香港的英國大商行有 12 家，基本上是從澳門遷去的。

2、葡萄牙人

英美商人遷港也隨即帶來了他們在澳門的葡萄牙籍的文員，這亦成爲葡萄牙人居港的開始。

據史料記載，香港開埠後的二十年間，至少有 800 名葡人在香港定居。至 1860 年，香港政府聘用的葡人將近 40 人，被普通英國人和外國洋行雇爲職員的則有 150 多人。那些在洋行工作的葡人往往充當譯員。〔註34〕儘管當時確實流行稱爲洋涇浜英語（Pidgin-English）的混合語言，但是當時華人中會說標準英語的人還是極少的，因此重要的翻譯工作，還是需要葡籍譯員來做。

來自澳門的早期香港葡人格蘭披里曾任香港警官。他見香港警力不足，對日益繁重的警務，難以應付，便向澳門警方求援，使香港治安稍趨安定，犯罪率得以下降。〔註35〕

〔註33〕《知新報（一）》，第二十八冊，光緒二十三年八月初一，澳門：澳門基金會、上海：上海社會科學出版社聯合出版 1996 年，第 311 頁。

〔註34〕 J. P. Braga. O.B.E：Portuguese Pioneering：A hundred years of Hong Kong，Hong Kong Centnary Commemorative Talks（1941），page50～55.（此書爲香港 ZBW 電臺的廣播稿集，出版社和年份不詳。）

〔註35〕 郭永亮：《澳門香港之早期關係》，臺北：中央研究院近代史研究所 1990 年，第 121～122 頁。

香港域多利監獄瘟疫盛行時，葡醫佬楞佐貝萊博士負責治療，貢獻很大。
〔註36〕

從經濟方面看，香港開埠之初，便有一些澳門葡人在港經商取得成功。
例如，來自澳門的雷米迪斯（J.J. dos Remedios）冒險從事航運服務業，臨終
時，他的財富已積纍至 100 萬元。這在當時是很大一筆財產。另一名葡萄牙
航海家羅薩瑞歐（Marcos do Rosario）是斯蒂芬森洋行（Stephenson & co.）的
合夥人，經營與澳洲港口有關的業務，並獲得成功。〔註37〕早年澳門葡人在
香港開設的規模較大的商行，還有羅桑的域多利藥房、白樂賈的醫務堂藥房、
蘇桑的皇后道藥房，以及哥斯達和德山合辦的香港汽水公司。規模較小的，
則有多士賴美弟斯、馬哥士多羅三略、以都亞多貝萊拉、羅拔杜德西華等開
辦的商行。〔註38〕

3、印度人

印度人來到中國很大一部分是源於英國在整個遠東的部署。印度人向海
外的移民潮，一般是英國的擴張引起的。印度成為英國的殖民地後，英國政
府最大限度的運用印度的人力資源便是導致印度人海外移民的動因。印度人
被迫離開家鄉的原因不外乎以下幾點：一則被英國徵兵，轉戰亞非各國家；
二則被徵為苦力，勞作於東南亞的海峽，礦山和種植園以及修建道路、鐵路
和房屋等；三則是被派往英國的殖民地做宣傳工作，如牧師等；四則是印度
的商人和放高利貸者混迹於英屬殖民各地，謀求利益。在近代香港的印度人
應該是屬於第一種和第四種情況。

印度人出現在香港是始於英國租借香港那一日起的。有外國人這樣描述
印度人最初到港時的情形：1841 年 1 月 26 日，英國的遠征海軍部隊在 Bremer
的率領下登上香港島，將英國的國旗插在島上的那一刻，至少有 2700 名印
度士兵和 4 位印度商人目?了這一刻。隨後的兩年半裏，雖然時局不穩，但
是印度商人很快就在此安營紮寨。四位見證英國佔領香港那一時刻的印度商
人中 Cawasjee 最早在香港開辦了開辦了 Messr. Cawasjee Pallanjee & Co 的分

〔註36〕郭永亮：《澳門香港之早期關係》，臺北：中央研究院近代史研究所 1990 年，
　　　　第 121～122 頁。
〔註37〕J.M.白樂賈：《香港與澳門》，香港：格拉賁科出版社 1960 年，第 65 頁。
〔註38〕郭永亮：《澳門香港之早期關係》，臺北：中央研究院近代史研究所 1990 年，
　　　　第 121 頁。

公司。作爲公司的代表 Cawasjee 起初是被迫離開廣州，轉至澳門，又不受歡迎，遂來到香港。當其他印度商人進入香港島時，他已經是生意開張了。第二位印度商人是 F.M.Talati，在見證了英國占香港之後，他回澳門繼續做了一年的生意，在 1842 年才將公司的總部移至香港。第三位 Albert Sasson 是孟買著名商人 David Sasson 的兒子，也於 1841 年 7 月在香港開辦公司。第四位 Rustomjee Dhunjee Shaw 的經歷同第一位相似〔註39〕。

　　來到香港經商的主要有印度籍的帕西人，猶太人和亞美尼亞人。

　　早期到香港的印度人的另一個主要職業是警察。首批印度籍警察是 1844 年九月，占警隊人數 30％～50％。當時有童謠唱「A，B，C，D，大頭綠衣，拉人唔到吹 BB」〔註40〕，非常形象的描寫出當時印度籍警察的有民族特點的著裝。

　　在香港開埠最初的幾年裏，印度來港的人數是呈上昇趨勢的。不考慮印度籍士兵在內，印度人由 1841 年的寥寥數人到 1845 年的 362 人〔註41〕，無論是人口增長的絕對值還是漲幅都超過了來港的歐美籍的移民。

　　在開埠後的十九世紀，來到香港的外籍移民主要是政府官員及軍隊、商人及其附屬職員。香港在開埠時，英國殖民政府就將其定爲自由貿易港，這就吸引了很多想在東方做生意的外籍商人前來投資。這些外籍商人的資金是香港的第一桶金，爲香港的經濟發展打下了基礎。由於這些商人在香港早期發展的作用舉足輕重，因此他們可以在某些事項上和香港殖民政府平等的抗衡和爭取。比如前面提到的香港的前兩位總督都是因爲重商不力，最後黯然離職。

二、十九世紀香港開埠後的外來華籍移民

　　香港開埠後的前半個世紀，華人從周邊省份源源不斷的湧來，但是這期間主要的移民潮開始於十九世紀五十年代。

1、香港開埠初期的外來華籍移民

　　在香港開埠後的最初幾年裏，由於港島大興土木建設的需要，爲吸引勞

〔註39〕 K.N.Vaid：The Overseas Indian Community in Hong Kong，Hong Kong University Press1972，page15.

〔註40〕 劉義章，黃文江：《香港社會與文化史論集》，香港：香港中文大學聯合書院 2002 年，第 1 頁。

〔註41〕 劉義章，黃文江：《香港社會與文化史論集》，香港：香港中文大學聯合書院 2002 年，第 17 頁。

　　力和商資，無論在政策還是薪金方面，香港殖民政府都給出了優厚的條件，這吸引了一批勞工首先進入香港島，開始了香港的城市建設。

　　1841 年，英國佔領香港後就組織人員進行人口調查，統計當時香港島上的人口數量。最早的官方數據刊登在 1841 年 5 月 15 日的《香港政府憲報》（Hong Kong Government Gazette）上。基本數據見下文表 1-2。

表 1-2　1841 年香港華人人口統計〔註42〕單位：人

地　名	備　註	人　口
Stanley 赤柱	首府，較大的鎮子	2000／200
Heung Kong 香港	大漁村	200
Wong Nei Chung 黃泥湧	農莊	300
Kung Lam 公岩	採石場，窮村莊	200
Shek Lup 石凹	採石場，窮村莊	150
Shau Ke Wan 筲箕灣	採石場，窮村莊，較大	1200
Tai Shek Ha 大石下		20
Kwan Tai Loo 群大路	採石場，窮村莊，小村莊	50
Soo Kon Poo 掃竿浦		10
Hung Heung Loo 紅香爐	漁村	50
Sai Wan 柴灣	小村莊	30
Tai Long 大浪	小村莊	5
Tai Tam 大潭	小村莊	20
Soo Koo Wan 索罟灣	漁村	30
Shek Kong Chuy 石塘嘴	靠近大潭灣的小村莊	25
Chun Hum 春坎		0
Tseen Suy Wan 淺水灣	小村莊	0
Sun Suy Wan 深水灣	採石場，小村莊	0
Shek Pai 石牌	廢棄的小漁村	0
小計		4350（或 2550）
In the Bazaar 市場	廢棄的小漁村	800
In the boats 船民	廢棄的小漁村	2000
Labourers from Kowloon 九龍勞工總計	廢棄的小漁村	300
		7450（或 5650）

〔註42〕Hong Kong Government Gazette，15th May，1841.

　　據港英當局首次公佈的人口資料，1841 年 5 月香港島共有華人 7450 人，內 4350 人分佈在沿海的赤柱、筲箕灣等近 20 處村落，約占總人口的 58.4％，基本上是當地人；在北岸今中環附近商貿市場聚居的 800 人和來自九龍的勞工 300 人，大體上是抵港不久的新移民，約占人口總數的 14.9％；另有 2000 人即總數的 26.7％是以舟楫爲家，漂泊無定的船民。

　　我們再從表 1－3 來看一下香港開埠最初五年的人口縱向統計情況。

表 1－3 香港人口統計（1841～1845）〔註43〕單位：人

年份	外籍人口	華人人口	人口總數
1841	——	7450（5650）	——
1842	——	12361	——
1843	——	——	——
1844	454	19009	19463
1845	1043	23114	24157

　　1842 年 3 月，港島華人躍至 12361 人，即 10 個月內增加近 5000 人，新增者約當原有人數的 2／3。由於英國在佔領香港之初即將該島闢爲自由港，對人民出入境不加限制，加以民政工作處於初始階段，人口調查項目很不完善，工作粗疏，有些數據可能出於估計，難以進行分析比較。1844 年 8 月，立法局制定法例，決定自次年起每年對全島實行一次戶籍登記，並責成總登記官（華民政務司）主持其事，人口管理與統計工作於是開始步入軌道。〔註44〕1845 年 6 月，香港首次舉行人口調查，其時共有居民 24157 人，其中華人 23114 人。與上年相較，華人增加 4105 人，增幅較大。

　　香港早期的華人數量的變化可由上表看出，由最初的 7450 人（或 5650 人）增至 23114 人，漲幅達到 310％。短期內這種人口的大幅增加，只能是外來移民不斷湧入的結果。

　　香港開埠初期幾年裏來到香港的外來華籍移民主要是爲香港島的建設提

〔註43〕Historical and statistical abstract of the colony of Hong Kong 1841～1930，Hong Kong：Noronha & Company，government printers，1932。表中括號內的數字 5650 是 7450 人的有一說法，具體見本書第 21 頁的注釋 1。

〔註44〕英國殖民地部檔案，C.0.13／1，1844 年第 16 號法例，馬沅編：《香港法例彙編》，香港：華僑日報 1936 年，第 262～269 頁。

供勞動力的供給，大都從事建築業和採石行業。根據張振江的研究〔註 45〕，這一類移民大多來自當時的惠州府和嘉應府。尤其以嘉應府下轄的五華縣人為多。與廣州、潮州相比，五華縣與香港距離較遠，之所以能夠輸出較多的早期華人，就是與採石業有關。英國人統治香港後開始進行城市建設，而香港島上山石林立，舉凡開山、修路、建樓、築海堤，無一不需要採石業工人。最初，這些打石工人是在英國佔領香港前就在今深圳、九龍一帶謀生的。香港開埠後，看到有生意可攬，自 1842 年後順勢從深圳九龍大舉入港，多住西營盤和筲箕灣。許多客家人經由打石頭轉而經營建築工程，並最終致富。由於這第一批入港的打石工人報酬和活計比較豐厚，這也吸引了他們家鄉的人繼續一批批前往香港，有的在家鄉只是農民，知道打石在香港賺錢，才專門改行打石的。沙田的曾大屋創始人曾萬貫就是十九世紀中葉從五華來，先在筲箕灣打石，後在沙田買地建圍屋。來自五華客家打石工人以吃苦耐勞見稱，作為香港早期的石匠，對香港的早期建設扮演重要角色。〔註 46〕

據資料記載，香港初建時期，鑿山開道，興築海堤，需要大量石匠。當時，廣東石匠分肇慶派與嘉應州派，肇慶派以善雕端硯和碑碣聞名，嘉應州派以善打花崗石柱著稱。故其時來港石匠以嘉應州五華人居多，百年以來，不下數萬人。今日香港，西自荷利活道西頭，經西營盤以至石塘咀、薄扶林等處，東自大道東經跑馬地、銅鑼灣、大坑、北角以至筲箕灣等地，皆為五華石匠來港打石之地。西營盤、薄扶林、大坑、筲箕灣等地亦因石匠所居而成村落。〔註 47〕據香港羅香林教授《香港早期之打石史迹及其與香港建設之關係》記載：

> 綜觀港九之偉大建築，或外表全部以光面石砌成，或柱礎拱門與石柱石欄杆等尤變化多而美觀，成為一種風格，而石砌之海堤與穿山道路工程亦偉，此蓋以港九之地理環境使然，而客家石工石匠，遂得儘其勞力，發揮其在香港建築之功能。〔註 48〕

這些客家石工石匠大部分為五華人。在為香港建設作出很大貢獻的同時，不少五華石匠也成為曾在香港名噪一時的建築巨商。「亞洲球王」李惠堂的父親李浩如就是其中的代表人物之一。李浩如 1873 年到香港，他技藝超群，由打

〔註 45〕張振江：《早期香港華人流出地試析》，《南方人口》2008 年第 1 期。

〔註 46〕蕭國健：《香港歷史與社會》，香港：香港教育圖書公司 1994 年，第 69 頁。

〔註 47〕蕭國健：《香港歷史與社會》，香港：香港教育圖書公司 1994 年，第 60 頁。

〔註 48〕羅香林：《香港早期之打石史迹及其與香港建設之關係》，載《食貨半月刊》1卷 9 期。

石而致富，上世紀 20 年代曾任廣東省石業會館和香港石業會館會長，有「石行偉人」、「石狀元」之稱。矗立在香港中環的滙豐銀行大廈是一座石磚砌成的高樓，就是由李浩如和其他人共同承辦興建的。〔註 49〕

打石行業分東家行和西家行，分別為石行東主的工會和石匠的工會。東家行會員約 120 人，西家行會員約 2000 人〔註 50〕。若有所需，則從廣州會有千餘石匠遷入，協助工作。東西行各有其行規，以確保大家遵守，使得打石業順利經營。

除了打石工人和建築工人之外，早期來港的華籍移民也有從事農業和漁業的。受清初復界客家移民潮的影響，來港的農民遷移路線和之前的相同，大部分分散在原籍同鄉的村落或自立小村，繼續從事農業。由於港島的土地並不肥沃，地勢也比較崎嶇，相比打石工人，在香港開埠的最初幾年裏，來港島選擇務農的移民比較少。至於漁業，早在 1841 年前疍民已經在香港島附近活動，他們大多來自潮汕，不過流動性大。由於香港的發展，他們也相對穩定下來。早期的水上居民大都活動在漁港和離島區，有些人也上岸做了碼頭的搬運工或小商販等工作。

由以上分析我們可以看出，在香港開埠最初的幾年裏，由於香港島開埠前的人口基數小，所以開埠最初幾年裏的人口增幅比較大，但是人數增長的絕對數值並不高。香港新增華人人口的種類比較單一，極大多數是由廣東沿海隻身前來謀生的手工匠、小商販、農民和無業游民。另有一部分是鴉片戰爭期間為英軍提供服務的人、逃犯及亡命之徒。這些人大都比較貧窮，道德素質和文化水平均不高，且主要為單身男性，以滿足人力資源匱乏而又百廢待興的港島對勞動力的急需。在這一時期，港英政府一直著力吸引中國大陸的富人來香港定居。1841 年 1 月 26 日英軍佔據香港後，大英欽差全權公使義律（Captain Charles Elliot）發布告示，宣佈香港為自由港。

> 所有運進運出貨物，一概免其稅餉。……為此告粵東及沿海各省商民知悉。汝等若來香港貿易，本官定必保護身家貲貨，俾得安心辦事無虞。〔註 51〕

〔註 49〕蕭國健：《香港歷史與社會》，香港：香港教育圖書公司 1994 年，第 70 頁；五華石業 http://baike.baidu.com/view/254630.htm.
〔註 50〕蕭國健：《香港歷史與社會》，香港：香港教育圖書公司 1994 年，第 59 頁。
〔註 51〕《義律曉示》，佐佐木正哉編《鴉片戰爭の研究：資料篇》，東京：近代中國研究委員會 1964 年，第 110 頁。

香港的發展必須有富有的人來港投資，香港的經濟才能有所發展。但爲何在香港開埠初期，大量來港的華人中幾乎沒有富戶呢。究其原因大概有以下三點：

第一，由於鴉片戰爭期間英人對廣州的侵略，廣州一帶民眾反英情緒高漲。從一封清朝官員的書信中可以看到當時廣州三元里一帶的村民對英人的反抗動機。信中描述：

> 初十日，四方炮臺賊，偶出泥城、三元里。村眾因（英夷）淫掠，憤極鳴鑼。一時揭竿而起，聯絡百餘鄉，男婦數萬人，圍之數重。夷眾僅只千餘人，冒死突圍，死者八、九十人殺死兵頭二人，受傷無數。百姓亦有受傷者。然人眾可恃，愈擊愈多。〔註52〕

香港開埠後，廣州一帶的百姓在這樣的反英情緒的影響下，勢必將香港視爲夷匪之地，在家鄉可以生活的人怎可能投奔香港？

第二，中國政府亦不欲中國人遷居香港。鴉片戰爭期間，洋人在沿海各地，尤其是在廣東福建等地，大量雇傭華人爲洋人服務。這一類人，都被當時的中國官員稱之爲「漢奸」。史料記載：

> 夷人全恃漢奸，爲之用重貲勾引。閩廣者尤多。向來夷之於奸，尤必曲誘。奸之於夷，尤必遠從。馬（碼）頭設，則夷與漢混，無所謂招致。向猶暗附，今則明勾結之。……向之遠從者，無賴之奸。後之近階者，恐才能知識之徒，乘其事機，出而爲之謀主。……則可慮者，必非小患。〔註53〕

可見當時清政府的官員對與英人勾結、服務於英人的華人是痛恨的，在政策上給予打壓。因此，香港開埠初期，一般的香港周邊省份的富戶，是不會冒官方禁例的風險，前往香港的。

第三，因香港治安狀況惡劣，前景不明，內地富戶一時裹足不前。由於早期到香港的華人，主要是苦力、採石工、小商販以及海盜、罪犯、娼妓、鴉片走私販等，這些華人同英人一起聚居在香港島北岸的維多利亞城，城內的治安條件很差。有記載顯示：1843 年 4 月 26 日，盜賊甚至闖入總督官府內。

〔註52〕〔日〕佐佐木正哉：《鴉片戰爭の研究：資料篇》，東京：近代中國研究委員會 1964 年，第 288 頁。

〔註53〕《英咭唎說》，1841 年，佐佐木正哉編《鴉片戰爭の研究：資料篇》，東京：近代中國研究委員會 1964 年，第 269 頁。

兩天之後，強盜結隊在一個晚上搶劫三家洋行（分別爲 Dent's，Jardine's 和 Gillespie's）〔註 54〕。港府因此下令對華人施行夜禁，華人夜間上街必須提燈並攜帶證件，十點鐘以後不准華人上街；九點鐘以後，港口不准華船行駛〔註 55〕。但是這樣的法令也沒有杜絕港島的犯罪。1844 年 6 月 18 日，百餘名海盜襲擊了港島的倉庫。後來發現海盜的這次盜搶是得到了一些洋人海員的一些香港政府船政廳的工作人員的內應，這些人不僅爲海盜提供武器，還爲他們提供貨運情況和警察巡邏的消息。因此這次的盜搶案件可以如此猖狂。〔註 56〕在這樣盜搶頻繁發生的治安情況下，香港周邊地區的富戶聞之心驚，又怎敢輕易進入香港經商？

　　以上這三個因素互爲因果的解釋了在開埠初期的十九世紀四十年代，香港的華籍移民的結構中沒有英國人所期望的富戶出現的原因。

2、十九世紀五十年代開始的移民潮

　　香港經過開埠後的最初五年後，開始步入城市發展的軌道。在進入二十世紀前的幾十年裏，香港經歷了很多變化。最顯著的是地理面積的增加，經過 1860 年和 1898 年兩次割占，香港的面積已經從最初的香港島，擴至港島和九龍半島，最後定格在香港島、九龍半島和新界三部分。土地面積的擴大是人口增加的一個因素，至少使人口的增加成爲可能。同時還有多方面的原因促使外來移民在這近半個世紀裏大舉入港。從下文表 1-4 中我們可以看出，香港的人口總數從 1850 年的 33292 人到 1900 年的 262678 人，這期間漲幅達九倍之多。仔細觀察，也會發現在這個時間段內的移民數量不是平均增長的，有人口增長高峰出現，我們將之稱爲移民潮。

〔註 54〕Norton-Kyshe：The History of the Laws and Courts of Hong Kong from the Earliest Period to 1898，Hong Kong：Vetch and Lee，1971，Vol I，page 29.

〔註 55〕Chinese Repository，12th May，1843. Hong Kong Government Gazette，23th March，1843.

〔註 56〕Eitel，E. J：Europe in China，The History of Hong Kong from Beginning to the Year 1882，Taibei：Cheng-wen Publishing Company，1968，page 239.

表1-4　1850～1900年香港人口統計〔註57〕單位：人

年　代	外籍人口	華人人口	總　數
1850	1305	31987	33292
1854	1643	54072	55715
1855	1956	70651	72607
1860	2476	92441	94917
1861	2986	116335	119321
1870	8754	115444	124198
1881	9712	150696	160402
1890	10942	187770	198742
1900	14778	247900	262678

　　從上表中的數據可以看到，華人的數量在 1850～1860 年這個區間段劇增，由 31987 人增長到 92441 人，增幅達到近三倍。因此可以斷定香港在開埠後的十九世紀里第二個移民潮發生在五十年代。這其中遷入香港的華籍移民主要是由於中國南方的劇烈動盪，導致大量人口湧入香港。具體移民主要有以下幾批：

　　首先是 1854 年紅兵之亂後大批移民湧入香港。鴉片戰爭以後的廣東農村自然經濟不斷解體，社會矛盾日益加劇，到清朝咸豐四年（1854），廣東爆發了以十萬農民為主體的紅兵起義，以呼應太平天國革命。有方志曰：「（咸豐四年）四月紅巾賊起。先是粵省莠民聚眾拜會，其當分佈各州縣，約期皆反。」〔註58〕《新會縣續志》記載：「四鄉賊雲集響應，城內一日數十驚男婦老穉出城逃亂者啼號震地，即在局諸紳紛紛託故他徙。」〔註59〕《續修南海縣志》曰：

　　　　六月會匪起於佛山，先是佛山鷹嘴沙等處，入夜紛紛拜會。五月以
　　　　後茶樓酒肆漸尋奇服異言，見者驚駭。而會城相隔數里竟無一矢加
　　　　遺，釀成賊勢。六月十一日匪首陳開踞全鎮為巢穴，揭竿倡亂，遠
　　　　近應時。〔註60〕

〔註57〕表中數據來源於各年香港人口普查報告。
〔註58〕〔清〕周之貞等修，周朝槐等纂，《順德縣續志》，民國十七年，戴府志。
〔註59〕〔清〕彭君谷修，〔清〕鍾應元，〔清〕李星輝纂，《新會縣續志》，卷十〈事畧〉，同治九年刻本，第1頁。
〔註60〕〔清〕鄭榮等修，〔清〕桂坫等纂，卷二〈輿地畧〉，宣統二年刻本，第60頁。

由此可見，這次農民起義造成的社會動亂涉及的地區比較廣，對人民的社會生活的影響也非常大。一些百姓不堪其擾，紛紛遷徙。在起義軍失敗後，也有不少的起義參加者怕受到迫害，逃亡他地。香港和廣東的地理相近，因此很多難民遷至香港。

太平軍在廣西作亂，紅巾軍在廣東作亂，導致人們不斷從廣州府，潮汕，兩粵乃至浙江沿海四面八方湧入。這些動亂給香港造成的某些影響被一些當年經過香港的外國使者或遊人注意到，並記錄下來。比如日本 1861 年至 1862 年的遣歐使節團中的益頭俊次郎所著《歐行記》中有對香港這樣的記錄：

> 自清朝發生動亂後，盜賊多藏於山谷、露宿於山野，又或棲身於海島，威嚇商人。海盜以小船爲家，威嚇無寸鐵之商船，奪其財貨，爲禍匪淺。〔註61〕

過港的外國人已經注意到內地的社會動亂給香港輸入了一批貧窮的移民。其實他們大都是動亂後期起義被鎮壓後，爲避免受迫害而逃往香港的起義軍殘餘力量，他們本來就是窮苦的農民，因此到達香港後，沒有資本和技術，只能走上當海盜的路。

除了貧民，這些社會動亂，尤其在動亂前期，移民中有不少是攜帶資財，舉家遷來的殷商富戶。他們的到來爲香港注入了新的活力。這可以說是華籍移民大規模遷往香港的第一次，也是第一次內地商民願意來香港，對香港的歷史發展有著深遠的影響。

關於十九世紀後期富人遷港這一點，《清實錄》中也屢次提到。其中同治元年（1862 年）的一條記載曰：

> 又諭左宗棠奏：訪聞已革寧紹臺道張景渠重賫寄頓有籍隸廣東之浙江候補通判鄭壽南於上年雇坐火輪船同張景渠家人載銀數十萬兩運赴廣東香港地方。並聞其銀並非張景渠一人所有。請查傳鄭壽南嚴訊確情等語。張景渠旣有家人同船護送，則香港地方必有該革員寄頓無疑。惟香港地方現隸英國。該革員若寄頓貲財，必與英國商人暗地溝通。〔註62〕

〔註61〕　〔日〕益頭俊次郎，《歐行記》，大塚武松編《歐行記（一）》，《遣外史節日記纂集第三》，日本史籍協會 1930 年，第 129 頁。
〔註62〕　《清實錄（45）穆宗毅皇帝實錄（一）》，卷四十，同治元年閏八月中，北京：中華書局 1987 年，第 1088 頁。

可見當時已有革職官員攜鉅資抵達香港了。同治三年（1864年）又有實錄云：「諭議政王軍機大臣等，前因有人奏毛鴻賓不能安插散勇，致該省盜竊頻仍，勸捐一味，逼勒致紳商紛紛逃匿。」〔註63〕後繼有錄曰：「謂苛派擾民逼迫各富戶遷徙澳門香港。」〔註64〕以上的這些移出地的官方文件也顯示出有這一階段開始了富人移居香港。

這些新移民來到香港以後，香港政府開始發展西營盤及灣仔石水渠街一帶，以安置這些新移民。他們帶著資本來到香港，充分利用所帶的資金和香港作為自由港的有利條件，開設了各類店鋪商行，其中尤以在1860年代慢慢發展起來香港的南北行貿易為著名，有記載曰：

> 香港開埠，迄今九十年左右（二十世紀三十年代），而潮人到港經商，亦已八十年矣。其最為世人所知者，即南北行街之營業。南北行街，原名文咸西街，所以亦稱南北行街者，乃該街自昔以來，為南北大商行。〔註65〕

這裏所謂的「南北大商行」是指他們利用香港優越的地理位置，將南洋的貨物運來香港再轉運至中國內地，或者將來自中國內地的貨品經香港，再運往南洋及美洲一帶。這樣以華資為中心的轉口港貿易遂在香港發展起來。

其次是1856年開始的土客械鬥導致大規模人口移入香港。1856年開始以臺山、開平、恩平三縣交界地為中心的土人與客家人之間的械鬥，長達十二年之久（1855～1867）。《新會鄉土志》記載：

> （咸豐）六年三月，新寧縣客賊起，焚劫那扶等處。先是恩平、開平等縣土民與客民雜居不合，屢相讐殺，官吏不敢過問。紅匪亂後，人心浮動。至是新寧縣，屬之曹沖、大龍灣、萬頃洋等處客匪並起焚掠攻□，海晏文村等鄉數年以來迤西各縣幾無完土。〔註66〕

由此可見，這次土客械鬥是繼紅兵之亂後的又一次涉及範圍比較廣的社會動亂，比如臺山的那扶，深井，四九，沖蔞，三合，開平的金雞，東山，赤水，

〔註63〕《清實錄（47）穆宗毅皇帝實錄（三）》，卷一百一十四，同治三年九月上，北京：中華書局1987年，第542頁。

〔註64〕《清實錄（47）穆宗毅皇帝實錄（三）》，卷一百二十五，同治三年十二月下，北京：中華書局1987年，第744頁。

〔註65〕〔清〕賴連三，《香港紀略（外二種）》，廣州：暨南大學出版社1997年，第56頁。

〔註66〕〔清〕蔡垚燨修，〔清〕譚鑣纂，《新會縣鄉土志》，卷三〈兵事〉，清光緒三十四年，鉛印本。

馬岡，大沙以及恩平的沙湖，良西，朗底，那吉，大槐等都土客雜居的鄉鎮都被捲入了這場鬥爭。其次是這次械鬥對社會生活的影響比較大。骨肉同胞相互殘殺數百次，往來拉鋸爭鬥，使田地荒蕪。百業凋敝，人們在驚恐之中度日如年，求生中結群外逃。土客械鬥最終使客家人移居廣西、廣東其他地方及香港，甚至有不少人經香港澳門出洋。

最後是 1851 年至 1872 年經由香港以美洲和澳洲的苦力移民。1848 年之後，美國和澳洲先後發現金礦，中國大陸很多人或自願、或被拐賣出洋做苦力。清實錄》曾記載：

> （咸豐十年三月上）諭軍機大臣等有人奏：粵東省城近有匪徒拐擄良民，販與夷人。男女被擄者以數萬計。夷人以省城之西關、番禺縣屬之黃埔、香山縣屬之澳門，及虎門外之香港等處設廠招買。〔註67〕

由此可見在咸豐十年（1860 年）只是廣東省東部就有數以萬計的人被拐賣做出洋苦力，更可見當時整個中國沿海地區的苦力移民的規模了。在這些苦力移民中除男性外（被稱「豬仔」），還有一小部分為女性（被稱「豬花」），主要是被販往外埠為娼。直至 1873 年以後，香港政府開始立法保護婦女被人拐賣為娼，這種現象才趨於緩解。1873 年的《申報》轉載的當時香港《華字日報》的相關內容，先是於一月初刊登了香港英憲會議實務各條款，其中提到：

> 論拐誘婦女賣於他埠為娼者，極宜禁之。督憲曰：「本部查現在以議條例不許婦女墮落娼僚而做煙花地獄，苟杜盡販賣婦女一事，其法與所絕拐匪病策施行」。〔註68〕

又於一月末刊登消息：「港中議例局員會議保護婦女被人拐賣為娼。」〔註69〕可見香港當局已經開始著手解決這個社會問題了，但是彼時已有大批女性被拐賣出洋了。據有關資料統計，1851 年至 1872 年間，經香港到世界各地的中國苦力達 32 萬人之多〔註70〕。這些經由香港前往外埠的苦力移民中也有小部

〔註67〕《清實錄（44）文宗顯皇帝實錄（五）》，卷三百一十二，咸豐十年三月上，北京：中華書局 1987 年，第 575 頁。
〔註68〕《申報》，1873 年 1 月 6 日，第 3～4 版。
〔註69〕《申報》，1873 年 1 月 23 日，第 2 版。
〔註70〕陳瀚笙主編：《華工出國史料》第四輯，北京：中華書局 1981 年版，第 150 頁。

分滯留香港。這種苦力貿易給人販子帶來了鉅額的利潤，給香港的殖民政府和官員帶來明顯的收益，給那些苦力移民帶來的是背井離鄉的艱辛生活，甚至是死亡。

在香港開埠後的十九世紀裏，來到香港的華籍移民有其階段性的特點。

首先，華籍移民來港的動機不同。開埠初期，來港的華人大多爲打石業勞工，多是受香港島的就業機會的吸引，前來謀生；十九世紀五十年代以後開始的大批移民則主要是受中國內地，尤其是與香港臨近的廣東、廣西兩省的社會動亂的影響，爲免遭動亂的侵擾，不得不遷徙而來，這是遷出地的推動力造成的移民。

其次，這一階段內，來到香港的華籍移民的類別不同。初期的外來華籍移民以貧窮的體力勞動者、無業游民爲主。十九世紀五十年代以後則開始有富有華人移入香港，主要是社會中的中上層階級。

最後我們可以得出不同階段的來港華籍移民對香港發展的作用是不同的。大批的華人勞工通過辛苦的勞作在香港島上建起了城市建築，改善了城市發展的面貌；而後期來到的商人和中產階級者帶來的資本則爲香港的經濟發展打下了基礎。

綜上，我們可以看出在香港在十九世紀中，開埠初期是中外移民來港的一個高潮，之後在五十年代出現了華人大批遷港的高潮，相比之下外籍移民的小高潮則錯峰在六十年代末期。每一次移民潮的特點和原因各有不同。

由表1-5可以看出，十九世紀香港開埠以來發生的兩次移民潮對香港城市發展的作用是不同的。開埠初期的移民主要爲百廢待興的香港提供基本的行政，安保和勞工，保證了香港的基本城市建設的開展；十九世紀五六十年代的移民潮中來到香港的有很多是中外商人。他們帶來了大量的資本，在香港投資，爲香港成爲一個商貿中心的發展歷程打下了堅實的基礎，爲香港經濟和商貿做出了不可估量的貢獻。

表 1-5　十九世紀香港外來移民潮基本情況

國　籍	華　　人		外　　籍	
時間	開埠初期（1841～1850）	十九世紀 50 年代（1850 以後）	開埠初期（1841～1850）	十九世紀 60 年代末（1851～1900）
路線	九龍至香港（嘉應府、惠州府至香港）	兩廣、浙江沿海至香港	歐洲至香港印度、澳門至香港	廣州、澳門至香港
人口漲幅	310%	289%	453%	354%
移民種類	勞工農民	富人平民	傳教士、商人官員、軍隊	商人
移民動因	香港的就業機會（拉力）	內地的戰亂（推力）	政府行為	廣州澳門等地對外籍商人的消極政策和環境（推力）
移民類型	發展型移民	生存型移民	強制性移民	生存型移民

第三節　二十世紀香港淪陷前的移民運動（1901～1941）

　　香港在二十世紀前半葉，經濟基本是持續穩定發展，這個已然成形的都市吸引著更多的移民到來。同時在近代香港的百餘年間，二十世紀上半葉也是香港人口結構形成的重要時期。依照前文，我們依然從外來外籍移民和外來華籍移民兩方面來討論這一階段的移民的狀況。

一、二十世紀香港淪陷前的外來外籍移民

　　這一時期內，在香港的外國人相比於華人的人口增長就穩定許多。具體數據見下表：

表 1-6　1901～1941 年香港華人與非華裔人口比例表〔註71〕單位：%

年　份	1901	1911	1921	1931	1941
華人	96.7	97.4	97.6	97.7	98.4
非華人	3.3	2.6	2.4	2.3	1.6
總計	100.0	100.0	100.0	100.0	100.0

〔註71〕表中數據來自各年香港人口普查報告。各項人口總數中包括在港商船人口，但不包括軍人。1901 年和 1941 年人口總數中不包括新界人口。

　　由上表可見，二十世紀早期，外國人在香港總人口中所佔的比例基本穩定在 2.3%～3.3%之間。由於全面抗戰爆發後內地難民蜂擁而至，1941 年該比例錄得 1.6%的最低值。

表 1－7　1901～1941 年香港非華裔人口統計表〔註72〕單位：人

	1901	1911	1921	1931	1941
歐美人	3860	5185	9025	8820	11313
葡萄牙人	1948	2558	2057	3197	2922
印度人	1453	2012	2012★	4745	7379
日本人	484	958	1585	2205	3500★
其他	——	——	——	——	——

　　由上表我們可以看出，曾是最早出現在香港的外籍移民的歐美人和印度人在這一時期內的數量仍是穩步增長的。

　　人口數量後來趕上的是葡萄牙人。有外國人這樣描述香港的葡萄牙人：「葡萄牙人和其他在港的歐美人的區別非常明顯和有意思。香港的葡萄牙人構成了歐洲人定居在亞熱帶地區的一個族群，他們完全適應這裏的生活而且不需要從歐洲來補充人員。任何其他的歐洲族群都不會有類似的情況。」〔註73〕由於在港的葡萄人不少是與當地人結婚，其子女大部分都是承認父母一方的國籍，因此在港的葡萄牙人登記的國籍爲歐洲的比例比較低。

　　從表中還可以看到，進入二十世紀以後，來港的日本人迅速增加，成爲在港外籍移民的第四支移民大軍。來港的日本人以商人爲主，因此日本移民也對香港的商業有很大的影響。

　　總體來說，進入二十世紀直到日本佔領香港前這段時間，在港的外籍移民由 1900 年的 14778 人增長到 1941 年的 25000 多人，整體來說是處於一個穩步增長的階段。這也是因爲香港進入二十世紀後，據開埠已經半個世紀之多，局勢基本穩定，是一個走上經濟發展軌道的地域。與香港相毗鄰的中國內地雖然有不斷的動亂發生，但是主要是中國內部的改革，對外籍移民的影響不是很大。因此沒有引起外籍移民來港的高潮。

〔註72〕表中數據來自歷年人口統計。人數後有★號者係估計數。
〔註73〕S. G. Davis：Hong Kong in its geographical setting，London：Collins，1949，page 96.

二、外來華籍移民

華人一直是香港外來移民的主體。香港的華人在二十世紀一直是占香港總人口 96.5% 以上的比例，因此從以下表格 1-6 中的總人數就基本可以看出華人增長的高潮期。

表 1-8　香港人口統計數據（1900～1941）〔註74〕單位：人

年　代	總人數	年　代	總人數
1900	262678	1921	610368
1901	300660	1922	625166
1902	311824	1923	667900
1903	325631	1924	695500
1904	361206	1925	725100
1905	377850	1926	710000
1906	329038	1927	740300
1907	414368（加入軍隊和新界人口）	1928	766700
1908	421499	1929	802900
1909	428888	1930	838800
1910	435986	1931	840473
1911	464277	1932	900812
1912	467777	1933	922643
1913	489114	1934	944492
1914	501304	1935	966341
1915	509160	1936	988190
1916	528010	1937	1281982
1917	535100	1938	1478619
1918	561500	1939	1750256
1919	598100	1940	1812893
1920	630307	1941	1639357

〔註74〕表中數據來源於各年的香港人口普查報告。

　　表中數字變化最顯著的就是抗日戰爭前後。香港的總人口由戰爭爆發前1936 年的不足一百萬人迅速增加到日占前 1941 年的一百六十多萬人，這種增長速度在香港的人口歷史上是絕無僅有的。這種機械性增長顯示了這一時期是二十世紀移民來港的高潮。

　　另外，如果我們把目光從巨大的數字落差中轉到表格的開端，仔細觀察後，我們還可以發現兩個顯著的人口增加的時期。一個是在二十世紀初的 1901 年，另外一個是在 1911 年，這兩個時期的人口總數都是在一年裏陡然增加了三萬多人口，以原有的人口基數來分析，這種增長幅度不可能源於人口的自然增長，還應屬於外來移民的大批進入造成的結果。同抗日戰爭前後的移民潮相比，這兩次的移民潮幅度較小。以下我們來分析每一次移民高潮具體的情況。

1、第一次移民潮

　　這一次的時間主要集中在 1900 年至 1901 年間。從當時的歷史背景來看，這次大批民眾遷港的一個主要推動力是中國內地的義和團運動。光緒二十五年間（1900 年 6 月），山東義和團排教事起。中國發生的一場以「扶清滅洋」為口號，針對西方在華人士包括在華傳教士及中國基督徒所進行大規模群眾暴力運動。在義和團運動中，有 240 多名外國傳教士及兩萬多名中國基督徒死亡（根據教會方面的統計）〔註 75〕。清光緒末年，廣東各地篤信基督教日眾，客籍人信奉者甚多。廣東各地因這次動亂大受影響，香港臨近地區之客家教友，為保障信仰自由，遂多遷入香港地區，擇地居住。同時，在義和團的積極排外下，外國人被稱為「大毛子」，一律殺無赦。中國人如信奉天主教、基督教，通被稱為「二毛子」；其他通洋學、懂洋語、以至用洋貨者，被稱「三毛子」以至「十毛子」等，輕則被毆辱搶劫，重則可能有殺身之禍。〔註 76〕時人記載：

> 　　若紙煙，若小眼鏡，甚至洋傘、洋襪，用者輒置極刑。曾有學生六人倉皇避亂，因身邊隨帶鉛筆一支，洋紙一張，途遇團匪搜出，亂刀並下，皆死非命。羅稷臣星使之弟熙祿，自河南赴津，有洋書兩箱，不忍割愛，途次被匪繫於樹下，過者輒斫，匪刀極鈍，宛轉不

〔註 75〕http://zh.wikipedia.org/zh-cn/義和團。

〔註 76〕〔日〕佐原篤介：《拳事雜記》，中國史學會主編《義和團》（第一冊）上海人民出版社，第 271 頁。

　　死，仰天大號，顧以為樂；一僕自言相從多年，主人並非二毛，亦

　　為所殺，獨一馬夫幸免。其痛恨洋物如此。〔註77〕

甚至有「一家有一枚火柴，而八口同戮者。」〔註78〕因此除了教徒外，還有
很多被牽連的中國人招致殺身之禍，也有很多人為躲避災難，不得不背井離
鄉。廣東臨近香港各地的人自然就會避難於沒有被這次運動波及的香港。

　　這一次的移民和以往不同的是移民者主要是基督教徒和其他因為這次動
亂受牽連的普通民眾，是為躲避迫害和保持信仰而離開家鄉的。這是由於遷
出地的社會動亂的推動力導致的生存型的移民。

2、第二次移民高潮

　　1910～1911 年間的香港人口的增加也是和中國內地的政局密切相關的。
1911 年，中國發生辛亥革命。辛亥革命推翻了滿清政府及中國實行二千餘年
的封建皇權制度，建立了亞洲第一個民主共和國，即中華民國。在此之前的
中國的歷次起義都是以一個朝代代替另一個朝代而結束，但辛亥革命卻徹底
推翻帝制，並試圖建立新的政治體制，即共和制。儘管後來民主共和的規則
受到北洋軍閥多次不同程度的破壞，甚至一度有短暫帝制的復辟，但他們都
不能從根本上顛覆眾望所歸的共和國體制。這次革命使得中國的政局發生了
翻天覆地的變化。辛亥革命後的軍閥割據，大量戰亂及軍人政治使傳統擁有
知識和功名的士紳官僚力量漸衰，代之而起的是具軍事背景的人物以及地方
土匪惡霸。

　　因此辛亥革命後，很多人的生活發生了巨大的改變，尤其是所生存的環
境和以前有巨大的落差，因此他們選擇逃離原居地。其中有一部分就南下來
到了香港。這其中包括一批批遷入香港避亂的商人、滿清親貴及民國失意的
官僚等，失敗之軍閥也有居家率眾入居香港。

　　張曉輝在《香港華商史》中提到：「第二次華商遷港高潮發生於辛亥革命
後。1911 年 7 月 27 日，粵海關稅務司梅樂和致函安格聯稱：廣州局勢嚴重，
生意蕭條，許多富商帶著家眷去了港澳。武昌起義後，廣州形勢混亂。據報
每天有成千的人往港澳跑。這年十月底，廣東民軍起義，全省震動，富戶人
家紛紛逃往香港。之後的民國初期，國內軍閥割據，連年混戰，後又發生商

〔註77〕〔日〕佐原篤介：《奉事雜記》，中國史學會主編《義和團》（第一冊）上海人
　　　　民出版社，第 289 頁。
〔註78〕柴萼：《庚辛紀事》，中國史學會主編《義和團》（第一冊），第 305 頁。

團叛亂，動蕩變幻的時局令許多富商避於港澳……其中粵商在民初在香港新創建企業數以百計，滬商數量少，但有的規模很大。如商務印書館和天津同裕堂、北京同仁堂等知名商號都在香港開設了分支機構。」〔註79〕

這些來港的華商帶來不少財富，帶動了香港的經濟發展。

在辛亥革命後，有一批為數很少，但卻很有學問的人移居香港，他們全是前清的官員，大部分是翰林，雖然他們的官階不高，但都是讀書人，原負責編修國史等工作。傳統中國人觀念認為，臣子不能服務於兩個皇朝。這群清朝遺老目?山河色變，認為不應該在民國政府統治下生活，於是南下寓居香港。其中最具代表性的前清遺老是陳伯陶（1855～1930），廣東東莞人，辛亥革命後，奉母移居香港紅磡，清帝退位後以遺老自居，移居九龍城，號九龍真逸。晚年與居港晚清翰林中人合稱嶺南九老。另一位是賴際熙，廣東增城人，民國後，移居香港，後被香港大學聘為漢文講師。1927 年倡設中文系，為專任講師，後為系主任。此外為弘揚國粹，於 1923 年創辦學海書樓，設壇講學，地址於般含道 20 號，成為民間最早設立之公開圖書館，對香港文化貢獻不少。〔註80〕

這次移民潮的背景是中國內地的政局發生了翻天覆地的變化。幾千年的封建帝制被推翻，首先受到影響的就是原滿清政府的官僚和遺老遺少，這些人不同於以往的一般難民，他們隨身帶來的有一定的積蓄，還有知識文化，這在一定程度上推動了當時文化還很貧瘠的香港。其次是因為躲避戰爭而遷港的很多商人。像十九世紀五十年代那次移民潮一樣，這批商人再一次為推動香港的經貿發展做出了巨大的貢獻。這次移民潮的動因依然是遷出地的推動力，來港移民仍屬於生存型移民。

3、第三次移民高潮

1937 年七七事變後，中日戰爭全面爆發，1939 年二次世界大戰爆發，香港因不在戰火之中，故局勢較為安定，貴人遷入香港者眾。其時，入遷者給香港帶來了嚴重的居住、糧食、醫療、衛生及治安問題；抗日戰爭時期，香港的人口劇增，導致居住條件極差，據西人描述當時的情景是「在（港島）西區，人們居住條件非常的擁擠，隨處可見四五十人居住在一間公寓的現象，

〔註79〕 張曉輝：《香港華商史》，香港明報出版社 1998 年，第 87 頁。
〔註80〕 學海書樓 http://baike.baidu.com/view/5068419.htm；廣州文史 http://www.gzzxws.gov.cn/gzws/gzws/ml/68/200809/t20080910_7148.htm。

這些公寓被木板隔成狹小的格子屋。每一間公寓都堆滿了易燃物品，而且由於衛生和健康條件極差，這裏存在疫病流傳的危險。」〔註 81〕除了港島的西區，又稱「（港島）中區的一處也存在過度擁擠的狀況。該地所有居民有 27135 人，流浪者 1073 人。1931 年，這裏的居民加上流浪者大約是 16000 人，在過去的十年裏，人口增加了 69%，但是該區幾乎沒有建造新的居住場所，更不要說還有一些被拆除和被毀掉的。」〔註 82〕由於大批難民的湧入，香港的房屋租金迅速上漲。1937 年的《星島日報》曾報導：

> 所有樓屋和房間都一掃光全住滿了，業主們樂得眉開眼笑。……聰明的業主認爲時機不再，增加租値，一次、二次、三次、四次，……無屋階級都受夠了。〔註 83〕

從這些記載，我們可以看出可見當時香港的人居擁擠狀況。

由於房租貴、房屋少、難民多幾大原因，香港街頭在二十世紀 30 年代末出現了嚴重的露宿現象。1938 年，香港島和九龍半島街頭有露宿者三萬多人〔註 84〕。蔡榮芳先生認爲，「假如港府當局不是在新界錦田建了難民營，那麼將不止此數〔註 85〕。」《星島日報》這樣描述這些香港露宿者的生活情況：

> 一張破席子，爛得滿是洞空的氈子，敗絮的棉被，舊報紙，一領麻包，三兩條繩是他們唯一的財產。天黑了，他們就拿出這些東西，佔了地盤，攤開這些東西，造成功他的床鋪被褥。……他們得等待……鋪戶關上了門。晚上八點後，……將鋪蓋搬出來，鋪在……可避風雨的角落裏。……天一亮，他們就得醒來，把鋪蓋收拾紮好，放在附近人家的樓梯底下。……除了睡在兩旁騎樓底下的，便是那些睡在里街、陋巷的了。……睡在街頭的不單是男人，就是女人也有很多。有的甚至全家睡宿在街頭的。……許多一家五六口露宿在一起的。〔註 86〕

〔註 81〕 S. G. Davis：Hong Kong in its geographical setting，London：Collins，1949，page94.

〔註 82〕 S. G. Davis：Hong Kong in its geographical setting，London：Collins，1949，page94.

〔註 83〕 《星島日報》，民國 27 年 8 月 30 日。

〔註 84〕 The Hongkong Daily Press，24th July，1938.

〔註 85〕 蔡榮芳：《香港人之香港史》，香港：牛津大學（中國）出版社 2001 年，第 207 頁。

〔註 86〕 《星島日報》，民國 27 年 11 月 21 日。

由此我們可以看到，日本帝國主義在中國國內侵略戰爭的開始給香港帶來的巨大的人口變化。

和大批普通民眾一起逃難來香港還有不少當時的中國內地企業家，富商，官僚政客等。為躲避戰亂，他們紛紛攜帶大量遊資抵港，不少工商業者帶著資金、設備技術來到香港，其中有些人的資金十分雄厚。這些人移居香港後繼續經營工商業。以滬、穗為主的內地工廠和商行大量遷港，推動了香港經濟的大發展。首先掀起的是上海工商企業的遷港潮，廣東工商企業遷港繼之於後。據 1939 年 3 月 20 日《申報》報導：「1938 年內，上海大小工廠遷港的約 15 至 20 家。廈門、廣州相繼陷落後，兩地工廠也有不少遷港，其中廣州遷港 20 家左右。」〔註 87〕

同時期，也有不少學校遷往香港。香港的中等學校增至 60 多間，大學增至五間，原有的香港大學有醫、工、文科，學生 300 多人，廣州遷往香港的大學有嶺南大學有 400 多學生，國民大學有學生 400 多人，廣州大學有學生 300 多人，1939 年，在香港又成立了南方大學。〔註 88〕

這次移民潮可以說是香港近代移民人數最龐大的一次，歷史背景是日本對中國發動侵略戰爭。這次移民潮中的主力軍依然是商人，但是又和前面兩次商人來港有兩方面的不同。一是前兩次主要是來自香港周邊地區，比如粵商為主。這一次卻是以滬粵兩地為主的來自全國的商人，滬商當先，粵商隨後。原因是上海、江浙一帶先被戰火波及，隨後才蔓延到廣州。二是這一次的遷徙規模比前兩次要大。之前很多商人只是暫時到香港避風頭，生意的大部分還是留在家鄉等待打點。這一次由於日軍的瘋狂侵略，內地很多城市已經近乎癱瘓，商人的工廠、商行被夷為平地，很多商人來港後為繼續生意，重起爐竈，開辦工廠和商行。因此比之前的華商來港帶來的投資要更大更徹底，對於日占前香港的經濟發展推動力更強。除商人之外，這一次在文化移民方面也比辛亥革命後移民潮來的更徹底。由於內地的戰亂，很多大學只能關閉停學，因此臨近香港的廣州的很多大學就近遷往香港，繼續辦學。這就使得大批有進步思想的青年知識分子進入香港，同時也有一批有學問有名望的教授移入香港，這都為推進香港的文化進步做出了貢獻。

〔註 87〕《申報》，1939 年 3 月 20 日。
〔註 88〕鄧開頌，陸曉敏編：《粵港澳近代關係史》，廣州：廣東人民出版社 1996 年，第 283 頁。

二十世紀上半葉的香港的外來移民主要是華籍移民。

首先，這批移民的來港動因是受中國內地大的社會動亂和社會變革的推動，屬於生存型移民。

其次，不同於十九世紀到香港的外來移民，這期間來到香港的華商增多，為香港注入了經濟發展的動力。

最後，這一階段香港外來華籍移民的顯著特點是有大批的文人和知識分子進入香港。他們積極辦學，支持教育，宣揚中國傳統文化，促進了香港的文化教育的發展。

我們用以下表格來總結這一時期內來港的移民潮情況：

表1-9　二十世紀上半葉香港外來移民潮基本情況

國　籍	華　人		
時間	第一次 1900～1901	第二次 1911	第三次 1937～1941
路線	廣東臨近香港各地至香港	上海、江浙至香港 廣東各地至香港	同第二次
人口漲幅	32646 人	30204 人	64 萬多人
移民種類	基督教徒 平民	滿清官僚，文人 商人，平民	商人，知識分子 平民
移民動因	義和團運動（推力）	辛亥革命（推力）	日本侵華戰爭（推力）
移民類型	生存型移民	生存型移民	生存型移民

小　結

人口學理論認為自然繁殖和機械變動是區域性人口增長的兩種形態。縱觀香港近代一百年的人口變化，我們可以看到香港人口由開埠時的不足一萬猛增到一百六十萬。這種急劇增長，主要是由於外來人口，特別是中國內地居民的移入，屬於機械增長性質。

在這一章中，我們討論了三個階段的香港外來移民運動情況。通過對比分析，我們發現從香港前代，到香港開埠後的十九世紀，直至二十世紀上半葉，香港的外來移民運動是有規律可循的。

香港前代，由於歷代中國政府把香港看成一個邊陲蠻夷之地，沒有進行大力的開發。外來移民大都是靠香港地區的風土吸引而來，並在此安居樂業。

清代順治年間，為配合清政府對反清勢力的圍剿，大批在香港地區居住的民眾被迫背井離鄉，移出香港。隨後的移民移入主要是政府「復界」政策導致的強制性移民。

香港開埠後，殖民政府欲將香港打造成一個貿易港。但是香港百業初興，人力資源嚴重不足，缺乏商業運轉的資金。對勞動力的需求和資金注入迫切，是導致香港移民猛增的基本原因；同時中國內地自給自足的自然經濟逐漸瓦解，社會動蕩，勞動力「過剩」，則是促成香港人口非自然增長的重要條件。前者是引力，後者是推力，這兩種動因推動了不同時期的香港外來移民潮。

近代香港幾次移民來潮，都是緊隨中國發生外敵入侵（日本侵華戰爭）和社會動亂（太平天國、紅兵之亂、義和團運動、辛亥革命）之後，足以證明香港人口的巨大增長與中國的政治經濟狀況息息相關，可以說這是近代香港人口發展的基本規律。

香港的勞動力供給主要是靠華人的平民移民。幾次的華商遷港高潮以及外商的源源不斷的進入為香港的經濟發展投入了運轉的資本。香港依靠外來移民提供的勞動力和資本，在十九世紀期間，城市建設和經濟發展貿易都得到了迅猛的發展。

第二章　近代香港外來移民的人口構成

談到近代香港外來移民的人口構成，我們不妨先引用一位日本書人在 1884 年途徑香港時記錄下的對香港人的印象：

> 我自此以往，將巡遊歐美各地，然而，大概不會再看到像香港這般諸事駁雜的地方了。先說人種吧，有白，有黑，有淺黑，有黃。既有英、法人，也有波斯人、馬來人、加爾各答人、葡萄牙人、不消說，中國人最多。〔註1〕

由此可見，在十九世紀香港的人口構成已經是比一般城市複雜了。

所謂人口構成，是指人口作爲社會整體相關聯的各種組成部分。人口是一個具有許多規定和關係的豐富總體。人口構成表現人口發展過程中質的區別和量的比例。按照一般規律，根據人口構成因因素的不同特點、類型、內容，或是不同的劃分方式，就會形成不同的人口構成。按照人口發展的特點和運動來劃分，可以把人口劃分爲三大類，即人口的自然構成、人口的地域構成和人口的社會構成。這三大類人口構成中，又可區分爲不同的構成類型，如地緣構成、性別構成、民族構成、年齡構成、教育構成、職業構成、宗教構成等。近代香港的外來移民也是一個人口的集合體，具有豐富的人口構成內容。由於目前所掌握的資料有限，有很多資料尚未發掘。只能根據現有有關資料從地緣、種族和職業等幾方面，探討近代香港外來移民的人口構成。

〔註 1〕　〔日〕矢野龍溪在 1884 年在《郵便報知新聞》上以《矢野文雄通報》爲題發表了有關香港部分的記述，後被築摩書房的《明治文學全集（15）矢野龍溪集》錄入。據陳湛頤《日本人與香港──十九世紀見聞錄》，香港教育圖書公司 1995 年，第 185～186 頁。

第一節　近代香港外來移民的地緣構成

近代香港外來移民的地緣構成，是指外來移民來到香港前的原居地或遷出地構成情況。香港開埠後，這個自由港吸引著世界各國的人來到這裏，他們或是來淘金，或是來避難。

整體來說，近代香港的外來移民從地緣上來講，是分爲由中國內地遷來的華籍移民和其他國家來的外籍移民。

一、近代香港外來外籍移民的地緣構成

我們一般可以按照國籍來定義近代香港的外籍移民遷出地。這樣來看，近代香港的外籍移民的地緣構成就比較複雜和多樣化了。香港開埠後，吸引的不僅是英國人，還有很多西方國家的移民到此掘金。據 1871 年香港的人口普查報告，我們可以看到當年的香港的外籍移民來自於英國、美國、德國、西班牙、法國、意大利、奧地利、丹麥、瑞典、挪威、匈牙利、比利時、墨西哥、俄羅斯、荷蘭等。〔註2〕僅從一年的人口普查中我們就可以看到近代香港的外籍移民的地緣構成有十幾種。

如果我們避開國籍，只看移民移入香港前的遷出地，就會發現近代來到香港的外籍移民的移民途徑並不單一。除了直接從中國來到香港的移民外，還有不少是經由他處（或在他處停留已經較長時間後）再來到香港的。

1、由國籍地遷來的外籍移民

由國籍地前來近代香港的外籍移民比較普遍，比如由英國政府派到香港的總督、軍隊及相關的香港政府的官員；還有日本和美國等國家在香港設立領事館後，由本國政府派出的領事館的相關官員〔註3〕；以及香港的印度籍警察大都來自印度旁遮普省的錫克人〔註4〕，香港的印度商人有很多是來自孟買的帕西人〔註5〕等。從一些歷史記載中看到的關於香港港口的國際航線

〔註2〕The Hong Kong Government Gazette，1871 年 5 月 6 日，第 196 頁。

〔註3〕美國1843年開始在香港設立領事館，先後選址雪廠街、滙豐銀行大廈，二十世紀五十年代遷往現址中環花園道，是一幢獨立的大樓。日本於1873年在香港設立駐港領事館。

〔註4〕K.N.Vaid：The Overseas Indian Community in Hong Kong，Hong Kong University Press，1972，page37.

〔註5〕K.N.Vaid：The Overseas Indian Community in Hong Kong，Hong Kong University Press1972，page15.

的開關情況，就知道當時的航運業把世界上不同國家的人帶到了香港。

2、經由其他地方遷來的外籍移民

　　這種經由他地遷來香港的外籍移民也可以分爲兩種：一部分外籍移民由於早期就離開了自己的國家來到香港周邊的地方謀生或經營，在香港開埠後，由於不同的原因，或是在某種程度上受到香港城市發展的吸引，或是受原居地的戰亂或政策不利等推動，從周邊地區遷來香港，比如一些商人和傳教士。還有一種就是由於父輩早期就離開家鄉外出打拼，本人出生在外地，國籍隨父輩。因此他們來到香港前的居住地才是眞正意義上的遷出地。

　　一些外籍商人由於之前在中國內地的廣州，上海或是澳門，甚至是東南亞的一些其他國家已經開辦了企業，香港開埠後，他們又看到了商機，於是從原公司的地址出發來到香港或拓展新的業務或是在香港開辦分公司擴大原有業務。比如在港的印度商人中的帕西人很早就和中國人做生意了，在香港成爲殖民地幾十年之前，他們在廣州就開辦了公司。香港淪爲殖民地後，並不是大部分的帕斯商人來到了香港。只有少數來到香港，大部分去了澳門，也有的去了上海，之後又在香港開辦分公司的〔註6〕。除了印度，其他的歐美商人也有類似的情況。

　　很多葡萄牙人是從澳門移民香港的。因爲澳門在香港開埠前已經是葡萄牙的殖民地，香港開埠後，他們受不同的原因的推動由澳門來到香港。比如前文提到的1894年澳門總督被殺，引起不少澳門的葡萄牙人的恐慌，由於害怕被襲，很多葡萄牙人由澳門逃往香港；又或者是是澳門的很多商人將生意轉移到香港時，也帶來了很多他們公司裏的葡籍文員。

　　總而言之，從國籍來看，外籍移民的地緣構成是複雜多樣的；從實際的遷入路線看，則主要分爲兩種：一是直接從其原居地或國籍地來到香港，一種經由其他地方（指在其他地方居住過一段時間）來到香港。從地域上來看，不同國籍的外籍移民的移入途徑也有地緣的傾向性。比如在近代香港的印度人、歐美人和日本人大多屬於前者，而葡萄牙人大多屬於後者。但是不論出於何種路線來到香港，這些外籍移民到香港後都會自動融入自己的族群，他們從哪裏來到香港這一點對他們整個族群的社會性影響並不大，因此這裏不再一一詳述。以下主要對來自內地的華籍移民的地緣構成加以討論。

〔註6〕K.N.Vaid：The Overseas Indian Community in Hong Kong，Hong Kong University Press1972，page49～50.

二、近代香港外來華籍移民的地緣構成

1、開埠前的華籍移民來源地

在前文第一章已經提到過，在香港被英國佔領之前，早已有居民居住在香港地區。其中主要的移民移入活動是宋代開始的五大家族移入新界和清代復界後的移民遷入。

早期在宋代開始遷入的五大家族的來源地大都是江西，廣東，福建等地。比如鄧族的祖先鄧漢黻於北宋開寶年間（968～975）有江西吉水遷南雄珠璣巷，後至東莞岑田（今新界錦田）；〔註7〕侯氏原居番禺，北宋時先祖侯五郎遷上水，後明初定居於河上鄉；彭氏祖先原居江西宜春廬陵，北宋時遷居東莞，南宋末遷居新界粉嶺；〔註8〕南宋末年，文氏宗族先祖文天祥之弟文天瑞遷居東莞，其子孫於明初遷入新界屯門，繼遷屏山、大埔、泰坑；〔註9〕廖氏原居福建汀州，元末遷粵，後定居上水。〔註10〕

在清代復界後遷來香港地區的移民大都被稱爲「客家人」。這些人大都是農民，主要是應清政府的招請來新安等地開墾。他們的祖籍大都是福建的寧化、上杭，進入廣東以後，居住在粵東的五華、興寧、梅縣（以上在明代屬於潮州）或者惠州，然後才到香港的。以荃灣的三棟屋陳氏爲例。他們原在福建寧化居住，在洪武年間入粵，其後代先後遷至博羅、歸善、新安，最後分支遷到新界鹿頸和荃灣。〔註11〕

2、開埠以後華籍移民的來源地

香港開埠後，香港的人口由於移民，特別是華籍移民的到來迅猛增長。有些移民的籍貫或是其祖先的原居地是內地一些省份，他們經過幾次遷徙，南遷來到香港臨近的省份，最後在香港開埠後遷入香港。我們這裏討論來港的華籍移民的遷出地主要是根據香港人口普查的資料。由於香港人口普查的資料1911年前是根據人口籍貫統計的，1911年後是根據人口出生地統計的，

〔註 7〕 《錦田鄧氏族譜》，手抄影印本，香港大學圖書館藏，出版年代缺。
〔註 8〕 《香港新界金錢村侯氏族譜》，道光壬辰十二年（1832），香港大學圖書館藏。
〔註 9〕 〔清〕舒懋官《嘉慶新安縣志》，卷二十一〈人物志‧流寓〉，《深圳舊志三種》，深圳：海天出版社 2006 年，第 993 頁。
〔註 10〕 《廖氏族譜》，香港中文大學創辦香港歷史與社會網站 http://elearn9.itsc.cuhk.edu.hk/history/node/4285。
〔註 11〕 劉鎮發：《香港客家人的源流》，劉義章編《香港客家》，桂林：廣西師範大學出版社 2005 年，第 46 頁。

因此這裏我們將根據香港官方人口普查的資料，按相應的年份由移民的籍貫或出生地考察移民的地緣構成。

現有 1886 年，1901 年和 1931 年香港華人籍貫的統計數據。

表 2-1　1886 年香港華人陸地居民籍貫〔註12〕單位：人

省　份	男　性	女　性	總　計
安徽	8	3	11
浙江	174	24	198
福建	1024	259	1283
湖北	19	1	20
湖南	34	17	51
甘肅	1	——	1
江西	26	4	30
江蘇	151	185	336
廣西	53	94	147
廣東	143238	54288	197526
貴州	1	1	2
北直隸	25	44	69
山西	5	——	5
山東	64	5	69
陝西	2	——	2
四川	2	——	2
雲南	31	3	34
未申明省份	76	13	89
總　計	144934	54941	199875

表中 1886 年的資料顯示出，在 199875 名華人陸地居民中，原籍廣東者 1997526 人，比例高達 98.8%，福建籍有 1283 人，其後是江蘇、浙江和廣西，人口分別為 336 人、198 人和 147 人。根據 1901 年的香港人口普查資料，在

〔註12〕Hong Kong Sessional Paper，June 20，1897.

234443 名華人陸地居民中，原籍廣東者為 227615 人，其次是福建人，為 1088 人，其後依次是江西人、江蘇人和浙江人，數量分別為 343 人、305 人和 125 人，基本上可以忽略不計。1931 年，在 82.1 萬華人中，出生於香港及新界者為 27 萬人，占華人總數的 32.9%，出生於廣東者為 53.4 萬人，占 65%，生於中國其他省份者為 1.3 萬人，僅占 1.6%。

從以上歷史資料的記載來看，近代早期來港陸地華人主要來源於廣東省，福建省次之，再其後是江蘇和浙江。在前期來源於廣東省的移民數量是占絕對優勢的，來自其它省份的移民數量幾乎可以忽略。由於全國範圍內戰爭等原因，到二十世紀三四十年代後期，外省移民來香港的人數才開始增加，但是由於人口基數的增加，外省人數所佔的人口百分比依然很微小。而且在香港殖民政府的政府工作報告中，從 1937 年開始到 1939 年，只要提到人口數量時，都會指出「由於每日的移民流動，無法具體計算出具體的人口數量，以下數據只是估計值，並不包括新近以來的難民數量。」〔註 13〕這也就是為什麼在官方的人口統計中看到近代香港外來移民中外省人數比較少的原因。

3、主要遷出地輸送華籍移民的動因分析

從上述分析中我們得到的結論是，近代香港外來華籍移民主要來自廣東省。為什麼這廣東省成為香港華人的主要輸出地？移民活動的動因是多樣的。以下我們來一一分析。

廣東省一直是向近代香港輸送華人的第一大省，但是廣東省地域遼闊，對香港輸送華人是否有省內的區域差異呢？香港政府 1887 年的人口普查報告中關於廣東籍貫的華人的來源統計或許可以幫我們解答這個問題。具體信息可以參考表 2－2。

〔註 13〕 Hong Kong Administrative Report，1937～1939，Population and Births and Deaths.

表2-2 廣東籍貫香港華人的分州、府來源統計（1887年）〔註14〕單位：人

州、府名稱	男　性	女　性	總　計
Chiu Chau Fu 潮州府	3985	293	4278
Ka Ying Fu 嘉應府	2654	567	3221
King Chau Fu 瓊州府	134	42	176
Ko Chau Fu 高州府	14	51	65
Kwang Chau Fu 廣州府	109280	47323	156603
Lim Chau Fu 廉州府	10	8	18
Lin Chou Fu 連州府	10	——	10
Loo Tung Chau 羅定州	533	128	661
Lui Chau Fu 雷州府	9	12	21
Nam Hung Chau 南雄州	3	5	8
Shiu Chau Fu 韶州府	52	12	64
Shiu Hing Fu 肇慶府	13932	2388	16320
Wai Chau Fu 惠州府	12617	3442	16059
總　計	143233	54271	197604

　　從表中數據，我們可以看出，廣東省向香港輸送華人比較集中的人口輸出地廣州府、潮州府、嘉應府、肇慶府和惠州府。其中廣州府香港輸出的華人占當年香港全部廣東籍華人的將近八成，和其他州府比，人口占壓倒性的大多數。肇慶府和惠州府分別有上萬人流入香港，而潮州府和嘉應府也貢獻有數千名華籍移民。這五個地區1887年向香港輸出華人的總和將近20萬人，遠遠超出其他廣東省內地區的僅千餘人的流出人口量。因此我們可以說這五個州府是當時廣東境內的香港華人主要輸出地。這幾個地區雖然同時向香港輸入華人，但是導致移民流動的動因並不相同。

　　廣州府之所以有最多的人口流出，很大程度上是由於地理鄰近、一口通商的傳統和紅兵之亂所致。廣州和香港兩地地理鄰近，往來容易。清朝一改前代的四口通商，而獨開廣州一口以進行中西貿易。這樣，廣州就出現了一大批與英國人等歐洲人士相互依附的商人、買辦、僕人等。香港開埠後，這些人中的身居下位者（如買辦、僕人）隨即赴港謀生。到了1850年代，由於紅兵起義，廣州府地方不靖，這些人中的富有者（如行商）入港避亂，他們構成了赴港謀生的廣府人士的主體。

〔註14〕Hong Kong Sessional Paper，June 20，1887。

　　潮州府的早期流出人口，則與赴港水域打魚和在廣州與英國人經商的傳統有最爲密切的關係。根據歷史文獻可知，最遲從明代開始，潮汕漁民就被吸引到今香港的海域捕魚，許多人季節性地在香港及其周圍海域生活。英國人佔領香港後，其中的一些人就上岸從事碼頭搬運、水面運輸等工作。而在廣州一口通商時期，許多著名的大行商其實是屬於潮汕族群的，受 1850 年代紅兵動亂的影響，原居廣州的這些潮汕富人來到了香港。此外，東南亞各地歷史上就多有潮汕人居住，這對潮汕人流入香港也不無影響。

　　惠州府、嘉應府輸出華人的原因較爲相似，以嘉應府爲例。這個府流出的華人主要源自於下轄的五華縣。與廣州、潮州相比，嘉應府、五華縣與香港距離都較遠，之所以能夠輸出較多的早期華人，與採石業有關。英國人統治香港後開始建設，而香港島上山石林巆立，舉凡開山、修路、建屋、築海堤，無一不需要採石業工人，因此，英占香港前就在今深圳、九龍一帶謀生的五華客家打石頭工人，自 1842 年後順勢大舉入港，許多客家人並經由打石頭轉而經營建築工程，並最終致富。

　　肇慶府同樣與香港相距較遠，之所以輸出人口（主要是客家人），與地方上的「土客械鬥」密切相關。大概從十七世紀前後開始，客家人逐漸從閩、粵、贛交界地區向他地擴散，最終由此導致了與土著即廣府族群間關係持續惡化。正如 Ching（1996：57）所指出的，在廣東尤其是在珠江三角洲地區，「從 18 世紀開始，客家主要以他們與本地族群（廣府族群）的世仇而聞名於世」〔註15〕。兩個族群間的衝突逐漸變得常態化，1854 年時最終爆發了著名的廣東南路土客械鬥。結果。僑居於以廣府族群爲主要居民的肇慶府的客家，也被迫遷移他鄉，相當多的人輾轉到了廣西或者廣東其他客家人集中居住地，一部分人則流出到了香港。

　　由此看來，在由廣東流入香港的早期香港華人人口中，廣東境內各個州、府流出的都有，而以廣州府爲最主要的流出地。與香港在地理上鄰近確實是華人流出的主要原因。另外，還有來源地因社會動亂產生的推力，或是香港開埠之初對打石業勞動力的缺乏造成的吸引力等，使得華籍移民從周邊的省份源源湧入。這個結論也可以得到後期 1931 年香港人口普查報告數據的支持。報告顯示大多數廣東人來自珠江三角洲地區，共有 37.8 萬人，其中來自

〔註15〕 Ching，M.B：Ethnic or Territorial，Liu&Faure，eds：Unity and diversity，Hong Kong：University of Hong Kong Press，1996，page 57.

三水、東莞、南海、廣州、番禺、順德等地的人都在四五萬以上。〔註16〕

研究移民的地緣構成就是探討這些移民的來源地。通過以上的分析，我們得出結論。近代香港外來移民的地緣構成有以下特點：

首先，近代香港外來移民的地緣構成多樣化。近代香港的外來移民主要分爲華籍移民和外籍移民。在這兩個大的範疇下，華籍移民的地緣構成包含很多省份，主要是廣東、福建等沿海或鄰近香港的地區；外籍移民的地緣構成則可以分爲數十個國籍地。

其次，近代香港的外籍移民的地緣構成具有雙重性。在用國籍定義遷出地的同時，還出現了一些人的國籍地和實際遷出地不符的情況。由此我們將近代香港的外籍移民的地緣構成又可以按實際遷出地劃分爲由國籍地流入香港和經由他地進入香港兩種。

最後，近代香港外來華籍移民的主要輸出省份是廣東省。地理位置臨近是廣東省成爲近代香港的華人的主要輸出地的原因之一。除此之外，省內各地區的移民輸出的動因是多樣化的。

總之，香港在開埠至日占時期前這一百年間，吸引了世界各地的移民到港。他們來到這裏的原因、目的各不相同，但是他們通過自己的勞動推動了近代香港的城市發展，並且構建了香港這個多元化的社會。

第二節　近代香港外來移民的族群構成

一般說來，人口學中在做人口結構與特徵的分析時，講的是民族結構，而本章用了另一個概念「族群」。這裏有必要做一解釋。

學術界關於這兩個概念的定義和解釋是有爭論的。「民族」有廣義和狹義之分。從近代香港外來移民的構成來看，從民族的構成角度考慮，廣義上可分爲中華民族和其他民族。但是這其中的華人因爲來源地不同，導致語言、宗教、風俗等都迥然不同，因此再做區分，將其分爲廣府、客家、福佬和疍民四大類。這四類不能被稱爲屬於不同的民族構成，因爲這其中都是中華民族，或者再具體一點，大部分人都是中國的漢族人，基於這種矛盾，我們引用「族群」這個詞。不同的學者定義族群也是不同的。

司徒尚紀將羅香林首創的「民系」一詞另稱爲「族群」，認爲「民系（a branch

〔註16〕Hong Kong Sessional Paper，1931，No. 5，page129。

of nationality）也稱族群（ethnic group），是同一民族內部由於文化特質的差異而劃分的群體」〔註17〕。

西方有的人類學者認為族群是「一個有規模的群體意識到自己或被意識到其與周圍的群不同」，「我們不像他們，他們不像我們」；並列舉諸如下的特點：共同的地理來源，遷徙情況，種族，語言或方言，宗教信仰，超越親戚、鄰居和社區界限的聯繫，共有的傳統、價值和象徵，文字，民間創作和音樂，飲食愛好，居住和職業模式，以及表示有別的內部意識和表示有別的外部感覺等；並認為所有族群都以上述當中的一些特點為特徵，這些特點結合起來，顯示出各個族群互相之間有很大的不同。〔註18〕

廖楊將「族群」定義為「族群就是共享相同的歷史、文化或祖先的人們共同體」。〔註19〕而且書中進一步解釋「這一個特定的人們共同體區別於其他人們共同體的主要特徵，通常包括語言，宗教，共同歷史，區域的地方化，專門化的職業以及自我認同和他人認同等」〔註20〕。

如果根據司徒尚紀先生對族群的定義，我們可以順理成章將香港的外來移民的華人分為廣府、客家和福佬三大族群，因為這三大族群的移民均屬於漢族。但是疍民的歷史身份頗為遠古，至今沒有定論，有記載顯示其先人不是漢族，有可能是秦時期的越族人，或是色目人種〔註21〕，因此不能和廣府、客家和福

〔註17〕 司徒尚紀：《嶺南歷史人文地理——廣府、客家、福佬民系比較研究》，廣州：中山大學出版社2001年，第1頁。

〔註18〕 Stephan Thernstorm：Harvard Encyclopedia of American Ethnic Groups，Cambridge：The Belknap Press of Harvard University Press，1981，P648.

〔註19〕 廖楊：《港澳臺族群與社會文化研究》，北京：中國文史出版社2005年，第6頁。

〔註20〕 廖楊：《港澳臺族群與社會文化研究》，北京：中國文史出版社2005年，第6頁。

〔註21〕 謝憤生，盧維亞：《香港漁民概況》，香港：中國漁民協進會1939年，第9頁。又據近人劉錫藩所著的《領表記蠻》中對疍民的描述可供參考，茲錄如下：疍人服食一切，與齊民相類，唯以舟為家，往來鷗波煙水間，渡客運貨，捕魚經商以營謀，生活則異於漢人……此族之由來，說者不一其詞，或謂『秦遣屠雎將五軍臨越，肆行殘暴，越人不服，乃逃至江海業薄間，業漁以活，久而為蠻……或又謂疍人為『色目人種，元亡後，漢人逐之江海中，不准登岸』……」（色目人（「各色名目之人」）即外國人，是元朝時中國西部民族的統稱，也是元朝人民的四種位階之一，一切非蒙古、漢人、南人的都算是色目人。包括粟特人、吐蕃人等。傳統的說法認為，在元代的社會階層之中，色目人的地位在蒙古人之下，漢人和南人之上。元太祖成吉思汗西征時，色目人賽典赤·瞻思丁（鄭和祖先）率領千騎迎降：太祖以「賽典赤」稱呼。元朝重用色目人，入居中原的色目人，多高官厚祿，鉅賈大賈。

佬三大族群同列為一層。近代來港的外籍移民還是應以民族區分，不可認為是
不同的族群；這樣一來，不論用民族或是族群來研究近代香港的外來移民的人
群分類都不合適。但如果根據後兩種關於「族群」的定義，那麼我們可以從語
言層面和自我認同方面來劃分近代來港的移民分為外籍中不同國籍的每一群體
以及華人的廣府、客家、福佬和疍民四大群體。因此這裏我們基於後一種定義
選擇「族群構成」這個標題來研究近代香港外來移民中的不同人群。

一、近代香港的外籍族群

如前文所述，本書根據移民使用語言的不同和自我認同來劃分族群，因
此在探討近代香港的外籍移民時自然就將外籍移民按國籍劃分（其中英語國
家均劃入歐美族群）。

和來港的華籍移民相比較，外籍移民數量很少，但是在香港的近代發展
史上，外籍移民的作用是不容忽視的。以下表格是近代香港部分年份中來港
外籍人口的統計。

表2−3　近代香港外籍人口數據〔註22〕單位：人

	1845	1860	1861	1881	1897	1901	1911	1921	1931	1941
歐美	595	——	1557	3040	5532〔註23〕	3860	5185	9025	8820	11313
葡萄牙	——	800				1948	2558	2057	3197	2922
印度	362		784	754		1453	2012		4745	7379
日本	——	——	——	100	247	484	958	1585	2205	3500

從上面表格可以看出，居港的外籍人主要是歐美人（以英國人為主），葡
萄牙人，印度人和日本人。這種族群構成的特點也可以從上表中推斷出來。

第一，可以容易的看出，近代一百年間，居港的外籍族群中在人口數
量上一直是歐美人位於前列，幾乎一直占外籍人口總數的一半以上。這其
中殖民者英國人又是主要的構成者，在歐美族群中英國人的人數也在一半
以上。

〔註22〕表中數據來源於各年香港人口普查報告。
〔註23〕1897年的人口普查報告中顯示這裏的5532人包括英國人2213人，德國人292
　　　　人，美國人174人，法國人112人，西班牙人104人。

第二，印度人的比例在外籍總人口中逐漸增大，在戰前居港的印度人數量超過了葡萄牙人，在港的外籍人口中僅次於歐美人。

第三，近代香港的外籍族群構成是有階段性的。在香港開埠前期，外籍族群是以歐美人，葡萄牙人和印度人為主的；進入十九世紀末，外籍人口的構成發生了一定的變化：日本人開始進入香港，而且人數是逐年遞增，最後達到了位居香港外籍人口第二的印度人的半數之多。

以下我們對各個外籍族群的特點給以說明。

1、歐美人

這裏我們主要討論的是歐美族群裏的英國人。英國人作為殖民者的身份來到香港這塊土地上，一直都是以主人和統治者的身份自居的。因此這一族群在近代香港具有很高的社會地位。他們所從事的行業基本上是英國政府所委任政府官員或高級的技術人員，拿得政府的豐厚的薪酬；或是來港經商的商人。不管哪一種職業，在港的歐美人的經濟狀況都是很好的，他們聚集在維多利亞城，居住在半山區等高檔住宅區。同大多數外籍移民一樣，歐美族群在香港沒有歸屬感。儘管從表2－4中可以看出在港的英國人兒童和女性的比例還是比較高的，但不能說明他們就以香港為家了。依據表中數字，我們可以看到 1885 年的婦女兒童的比例占在港英國總人數的 57.2%，在 1891 年這個數字降到 45.1%。雖然兩年的數據不能說明太大的問題，但我們知道一個族群如果定居在某一地區的話，族群裏的女性和兒童的比例應該逐漸增長至保持穩定的，這顯示出族群裏的人在此維持了穩定的家庭生活。如果是單身男性的人口比例提高，只能說明這個族群的居留只是暫時的。英國派出的政府官員如果任期過長，他們會選擇帶上家眷來到香港暫時居住，但大都在自己的任期滿後就會返回家鄉。因此這個群體的整體人數顯示為穩定增加，但是內部是動態的人員的交替到來。

表2－4　1885 年和 1891 年英國人在香港的人口數字 [註24] 單位：人

	男性	女性	男童	女童	總數
1885	336	165	140	144	785
1891	785	300	159	194	1448

[註24]　〔法〕J. Chailley-Bert 著，〔英〕Arthur Baring Brabant 譯：The colonization of indo-China，London：Archibald Constable & Co.1894，page 89。

英國人在十九世紀就在香港島設有墳場。在 1894 年的《鏡海叢報》中有這樣的報導：「港督羅制軍夫人生一女而殤，旋亦病卒，即葬於港之英人墓。」〔註25〕可見在 1894 年之前已經有英人墳場在香港設立了。另外，《南區風物志》中有提到赤柱軍人墳場，位於黃麻角道，聖士提反書院附屬小學對面〔註26〕。香港開埠初期就已經設立，主要是爲安葬香港駐軍及其家屬而設的。那麼上述提到的墳場是否爲同一個呢？《南區風物志》中又有說「（赤柱軍人）墳場曾關閉 70 年，於 1942 年重開⋯⋯」〔註27〕這樣推算起來，赤柱墳場在 1894 年是關閉的，因此而這並非同一處英人墳場。關於近代香港的外國人的墳場的記載，一些外國人的遊記中有提到，比如日本僧人大谷光瑞在他的日記中寫道：

> （1899 年 1 月 31 日）下午參觀此地有名外國人墳場。墳場在市區東端，相距約一哩。西人稱之爲 Happy Vally，幸福村之意。墓地按教派順序劃分，基督教徒、天主教徒、猶太教徒、會教教徒各占一隅。其中以基督教徒的墳墓最爲整齊。墓地中央有噴水池，樹木繁茂，枝葉交叉，搭成天然的綠色拱門。兩側設有花壇，四時花香不輟。〔註28〕

由此可見，外籍移民很早就在香港建立了民用墳場，前文的那位港督夫人也應該是葬在歡樂谷的墳場。有學者認爲一個移民民族在移入地開始建立墳場，表示這個民族對移入地已經有了認同感，願意在此地落地歸根了。其實近代香港的英國人的這種在香港設立墳場的做法，後來被很多外來移民族群所模仿，包括華人後來也在香港設立了華人墳場。但是否就是說明這些移民已經把香港視爲「第二故鄉」了呢？筆者認爲，外來移民在香港設立墳場有對香港的情感因素在裏面，但是還有其他原因，比如與故鄉的距離遙遠，不可能實現回鄉安葬等，有些人會在後來選擇將葬在香港的親人的墳墓遷回家鄉。

2、葡萄牙人

其實葡萄牙也屬於歐洲國家，本應該把這裏的葡萄牙人也歸到歐美人族群裏去，但是近代香港的葡萄牙人在外籍族群中實在是一個特殊的群體，因此我們把它單獨列出來。

〔註25〕《鏡海叢報》，1894 年 10 月 17 日。

〔註26〕梁炳華：《南區風物志》，香港：南區區議會出版社 2009 年，第 70 頁。

〔註27〕梁炳華：《南區風物志》，香港：南區區議會出版社 2009 年，第 70 頁。

〔註28〕〔日〕教學參議部編纂：《清國巡遊志》，載《幕末明治中國見聞錄集成》第十四卷，人文科學書房，1997 年，第 131 頁。

　　首先，由於臨近香港的澳門在香港開埠時已經是葡萄牙的殖民地，所以近代來香港的葡萄牙人大都是從澳門來的，不像其他外籍族群，外籍人口大都是從本國輸入的。

　　其次，1911 年的香港人口普查報告顯示，居港歐美人中 5～15 歲的兒童人口占其人口總數的 13％，但是對於居港的葡萄牙人來說，這一比例高達 23％。〔註29〕1897 年的人口普查報告書中指出：「香港的葡萄牙人形成了一個定居於熱帶的歐洲人社會，他們適應這裏的環境，完全不需要從歐洲補充人員。」〔註30〕這也表明這裏的葡萄牙人已經把這裏視爲他們的永久住所。

　　在香港的葡萄牙人的社會地位沒有英國人那麼高，基本上是從事商業，或被英國政府或公司雇傭做文員，翻譯等工作。根據記載，最早來到香港的葡萄牙商人中比較成功的是經營船運業的 Mr. J. J. dos Remedios 和 Mr. Marcos do Rosario，還有開辦印刷公司的 Mr. Delfino Noronha 等。〔註31〕至 1860 年，大約 40 名葡萄牙人被英國政府雇傭，150 名葡萄牙人在英國或其他外國公司做文員等工作。〔註32〕這些人使用他們從澳門帶來的一種非常口語化的葡語方言在商貿往來中溝通，爲近代香港早期商業貿易做出了貢獻，在溝通的時候，他們創造了很多新的詞彙，促進了當時香港的洋涇浜英語（Pidgin English）的形成和發展，爲豐富亞洲語言做出了不可磨滅的貢獻。作爲一個定居下來的族群，在港的葡萄牙人爲自己的子女開辦了學校，還有教堂。〔註33〕他們最終選擇聚居在香港維多利亞城的羅便臣道和堅道之間。〔註34〕在港葡萄牙

〔註29〕Hong Kong Sessional Paper，1911 年，No.17，第 103（40）頁。

〔註30〕Hong Kong Government Gazette，1897 年 8 月 14 日。

〔註31〕Mr. J. P. Braga，O.B.E：Portuguese Pioneering：A hundred years of Hong Kong，Hong Kong Centenary Commemorative Talks 1841～1941：the collection of the broadcast「talks」from the Hong Kong studio of ZBW，page 51.

〔註32〕Mr. J. P. Braga，O.B.E：Portuguese Pioneering：A hundred years of Hong Kong，Hong Kong Centenary Commemorative Talks 1841～1941：the collection of the broadcast「talks」from the Hong Kong studio of ZBW，page 52.

〔註33〕Mr. J. P. Braga，O.B.E：Portuguese Pioneering：A hundred years of Hong Kong，Hong Kong Centenary Commemorative Talks 1841～1941：the collection of the broadcast「talks」from the Hong Kong studio of ZBW，page 54.

〔註34〕Mr. J. P. Braga，O.B.E：Portuguese Pioneering：A hundred years of Hong Kong，Hong Kong Centenary Commemorative Talks 1841～1941：the collection of the broadcast「talks」from the Hong Kong studio of ZBW，page 54.

人還創辦有自己的組織（Lusitano Club）〔註35〕來增強凝聚力和歸屬感。

　　根據一些零散的記載，我們可以看到二十世紀前期，澳門葡商在香港開設的一些商行生意非常興隆，對溝通葡語世界與外界的經濟往來作用很大。例如，1914 年前，原三利洋行職員梳沙（E. V. M. R. de Sousa）在香港德輔道中開設葡商貿易行梳沙洋行（De Sousa & Co.），並在上海設立分號該洋行進口麵粉、皮件、染料、搪瓷器皿、食品、玻璃器皿、棉花、亞麻布、呢絨、電器、發動機等；出口大米、茶葉、生薑、錫器、皮件、生皮、頭髮、精油及其它中國物產。又如 1914 年前，葡商布爹路兄弟（B. J. Botelho，J. Heitor Botelho 及 P. V. Botelho）在香港創辦紹和洋行，又先後在上海、青島、濟南、廈門、福州、梧州及舊金山、紐約開設分號該行進口菲律賓、葡萄牙、美國所產雪茄、紙煙、軟木塞、軟木製品、打包籬、沙丁魚、蜜餞等；出口桐油、茶葉、爆竹及其它中國物產，銷往世界各地；兼營航運及傭金代理業務滬行設有倉棧多處。再如 1925 年前在香港德輔道中開設的葡商貿易行經濟貿易公司（Economical Trading Co.）在九龍設有營業所，代理幾家歐美廠商公司澳門新馬路澳門經濟貿易公司、經濟自由車公司和澳門西洋輪運汽車公司均為其產業。

　　澳門葡人對香港印刷業貢獻很大。例如 1844 年，澳門葡人羅郎也（Delfino Noronha，又譯為德芬諾）便在香港開設了著名的羅郎也印字館。有人認為此為香港有印務所之始。羅郎也是澳門葡人在香港開拓商業的第一位。羅郎也印字館承印《香港政府憲報》（Hong Kong Government Gazette）及其它零單業務。1867 年改組為父子公司，更名為「Noronha & Sons」，包攬英國駐華使領館印務，兼營一般書籍文具商業務。1878 年，該館兼併上海望益紙館（Carvalho & Co.），成立上海分號。1867 年前，葡商盧斯（J. A. da Luz）在香港嘉咸街開設了今孖素印字館，承辦商業印刷業務。

　　澳門葡人對香港的園藝事業貢獻也很大。澳門葡人在香港熱衷於花卉種植，他們將一些珍稀的樹木和花卉引進到香港。澳大利亞著名的冷杉和松樹、新加坡的椰子樹都是由葡萄牙人引入香港的。業餘植物學家索瑞斯在西營盤有一個小花園，進行鮮花栽培試驗他將薑黃色百合花的球莖引進

<hr>

〔註35〕Mr. J. P. Braga，O.B.E：Portuguese Pioneering：A hundred years of Hong Kong，Hong Kong Centenary Commemorative Talks 1841～1941：the collection of the broadcast「talks」from the Hong Kong studio of ZBW，page 54.

到香港，使這種鮮花在夏季普遍出現在居民的桌子上，或其它裝飾物上。
1876 年，羅郎也和另一位葡商在九龍油麻地購買了兩塊土地和 5 英畝農
田。羅郎也和業餘植物學家索瑞斯（Mathias Soares）經常乘船從香港島到
油麻地從事園藝工作，並在大陸的歐人園地中首次生產出菠蘿。菠蘿種植
後來成為新界重要的產業。當時在油麻地羅郎也的園地順利生長並取得豐
收的果樹有香蕉、番櫻桃、桃樹、無花果和普通的番石榴等。十九世紀末，
每年為香港花卉展提供大量各種花卉的是九龍一所經營良好、面積最大的
花園。這所花園是葡人所有的。後來擔任過葡萄牙駐香港總領事的羅馬諾
（A. G. Romano）在薄扶林經營了一個花圃。他最大的愛好是栽培稀有花
卉，收集蕨類植物和蘭花。〔註36〕

在語言方面，澳門葡人對英語，特別是涉及到東方事物的英語詞彙，
產生過一定的影響。早年葡人在澳門、廣州，最終是在香港與英國人的交
往，導致他們將許多純粹的葡語詞彙，以及葡人從其它民族借用的詞彙引
進到英語中澳門葡人的土語對早期中英貿易時代產生的洋涇英語也有過重
要影響。這可從早年的文件和書信中看出。澳門葡人引進到英語中的詞語
主要是有關商業的，涉及財政、貨幣、度量衡，例如 picul（擔）、catty（斤）、cash
（現金）等，這些都不是來自中文。英語中還有一些與商業和生產有關的
詞語是來源於葡人，例如 bamboo（竹）、banana（香蕉）、bhang（印度大麻）、
mango（芒果）、tapioca（木薯澱粉）、papaya（薯木瓜）、plantain（車前草）、
betel-nut（檳榔子）、jack-fruit（木菠蘿）、saffron（藏紅花）、camphor（樟
腦）、sandalwood（檀香）、beche-de-mer（海參）、cocoa（可可）、agar-agar
（石花菜）、arrack（燒酒）、ginseng（人參）等。通常在英語中使用，而純
粹是來自葡語的詞彙有 praia（普臘亞，佛得角群島首府）verandah（走廊）、
mandarin（中國官員、官話）、compradore（買辦）、linguist（語言學家）、
galleon（西班牙大帆船）、caravel（西班牙和葡萄牙輕快多桅小帆船）、
stevedore（碼頭工人）、factory（工廠）、factor（因素）等。還有一些後來
在英語中運用的詞彙，如 bazaar（東方國家集市）、bungalow（平房）、pagoda

〔註36〕J.P.白樂貫：《香港的葡萄牙先驅者——在九龍的園藝試驗》（J.P.Braga，
Portuguese Pioneers of Hong Kong-Horticultural Experiments at Kowloon.），《澳
門評論》1930 年出版，第 10～15 頁，劉蜀永《從港澳關係看葡語世界的影響》，
澳門——葡語世界 2003 學術研討會，澳門，2003 年 9 月。

（塔）、compound（院子）、amah（保姆）、boy（男孩、男僕）、coolie（苦力）、lascar（印度水手）、peon（聽差、奴僕）、sepoy（英軍中的印度兵）、molosses（糖漿）、lorcha（中國、泰國等地歐式船身的三桅帆船）、massage（按摩）、tank（大容器）、chintz（擦光印花布）、curry（咖喱）、copra（乾椰肉）、jute（黃麻）等，是最早由葡人在印度和東南亞其它地區使用，然後傳入澳門，再傳入其它地方。涉及家用物品的普通名詞，包括 porcelain（瓷器）、parasol（女用陽傘）、palanguin（東方國家四人或六人擡的轎子）、cuspidor（痰盂）、kimono（和服）、calico（白布）、taffeta（塔夫綢）、shawl（披巾、圍巾）、cambric（細薄布、麻紗）、cashmere（開士米）等。英語中某些動物和昆蟲的名稱是受到葡人的影響，如 mongoose（貓鼬）、alligator（短吻鱷）、albatross（信天翁）、buffalo（水牛）、cobra（眼鏡蛇）、mosguito（蚊子）等。〔註 37〕由此我們可以看出，葡語豐富了英語的詞彙量，在這一點上，英語是受惠於葡語的。

早期港澳關係的上述史實說明，早期香港的葡萄牙人在香港的社會生活的很多方面都做出了不小的貢獻。

3、印度人

（1）人口狀況

香港的印度人是隨英國人一起來到這塊殖民地土地上的。由於印度在香港開埠前已經是英國的殖民地，所以在香港這塊英國在亞洲開關的另一塊殖民地上，英國人在之前的殖民地經驗和印度人的調配方面做得非常充分。從前文表 2－3 可以看出，印度人在近代香港一百年間的人口數量一直穩定增長，最後成為外籍族群中的人口數量第二位，僅次於歐美族群。而且其人口增長幅度甚至高過歐美族群。因此近代香港的印度人是當時外籍族群中是很重要的一支。以下兩份表格反映出近代香港的印度人口的基本狀況。

〔註37〕J.M.白樂貴：《香港與澳門》，香港：格拉費科出版社 1960 年，第 66～67 頁。

表2-5　近代香港印度人口的統計數字（一）〔註38〕單位：人

年　份	總　數	男　性	女　性	兒　童
1845	362	346	12	4
1854	328	193	50	85
1855	391	213	79	99
1858	215	——	——	——
1861	784	701	54	29
1863	1268	1014	139	115
1870	1435	1394	18	23
1872	288	264	10	14
1876	639	613	15	11
1881	754	705	7	12
1901	1453	1108	345	——
1906	2086	1690	378	——
1911	2012	1548	464	——
1931	4745	3989	756	——
1941	7379	——	——	——

表2-6　近代香港印度人口的統計數字（二）〔註39〕單位：人

年代	總數			15 歲以下			15～59 歲			59 歲以上		
	男	女	總數	男	女	總數	男	女	總數	男	女	總數
1901	1108	345	1453	112	113	225	841	226	1167	55	6	61
1906	1690	378	2068	156	155	311	1498	210	1708	36	13	49
1911	1548	464	2012	195	175	370	1281	273	1554	72	16	88
1931	3989	756	4745	535	573	1108	3422	170	3592	32	12	45

從表2-5中我們可以看到人口變化的幾個轉折點：

第一，印度移民的性別比例的變化。1845 年在港印度人的男性比例爲95.6%，此後一直下降，到 1855 年這一比例降爲 54.5%。這可以解釋爲一些商人在香港經營一段時間後感覺到不穩定而且生意蕭條，遂打道回府，導致男性比例下降；女性和兒童的上昇是因爲一些公派的職員任期需要延長，特把其家眷一起接來香港。

〔註38〕表中 1845～1876 年的數據來自各年的《香港政府憲報》（The Hong Kong Government Gazette）；1881～1941 年的數據來源於各年的人口普查報告（census report）。

〔註39〕數據來源於來自各年的香港人口普查報告。

　　第二，1870 年的人數劇增，而婦女兒童的比例下降。這是因旁遮普籍的警察大批應徵來港，隨後幾年的人數的急降和緩升是由於大批公派職員的任期已到，返回印度，政府需要逐步找人替代。

　　從以上兩表可以看出，近代百年間在港的印度人的自然結構有以下特點：

　　首先，成年男性始終人口總數中佔有絕對優勢的比例。這一特點顯示出當時到港的印度成年男性較少的攜帶家眷來港。這一點也不足為奇。首先，來到香港的外地移民主要都是來淘金的，來港的印度成年男性也不外乎如此。他們主要是想通過在香港幾年的辛勞工作來改善印度家中的狀況，而且單身一人在外還可以節省開支。當時印度的女性一般是在家勞作的，不被允許外出工作的。她們只是帶著孩子持家，同時等待丈夫從外地寄回薪水。但是這個較大的印度單身男性的群體在香港似乎也沒有引起社會治安的不和諧方面。從當時的記載，可以看出，來港的印度男性並非都是單身聚居的，他們來港後，一般會被安排在一個當地的家庭裏，生活起居有所照應，這些家庭還會定期和他們在印度的家庭取得聯繫，告知他們在港的情況。這樣他們就能很快的適應環境，不會有太強的挫敗感和孤獨感。〔註40〕

　　其次，從表中人口數字可以看出另一個特點就是當時在港的印度兒童的一直很少。這可以分析為由於大多數男性未帶家眷來港，因此在香港的印度人的關於兒童的教育設施就相當匱乏。而且在香港接受教育的成本是比較高的，因此一旦到子女到了上學的年齡，就會把他們送回印度接受教育。這就是為何在港的印度兒童的比例一直比較低的原因。

（2）印度人在近代香港的社會生活

　　首先我們來看近代來香港的印度人所從事的職業。來港的印度人大都從事商業、警察和公務員職業。

　　近代香港警察隊伍中的印籍警察大都來自旁遮普省。

　　一些個別的技術人員如工程師等，是從新加坡，馬來西亞，婆羅洲和沙巴等地調來的。他們有的是受雇於香港殖民政府，有的是受雇於個別公司，一般都是合同期滿就離開香港了。〔註41〕

〔註40〕 K.N.Vaid：The Overseas Indian Community in Hong Kong，Hong Kong University Press1972，page 25～26.

〔註41〕 K.N.Vaid：The Overseas Indian Community in Hong Kong，Hong Kong University Press1972，page 23～24.

　　印度商人來自孟買和印度西海岸的一些城市。其中的帕西人很早就和中國人做生意了。在香港成為殖民地幾十年之前，他們在廣州就開辦了公司。香港淪為殖民地後，並不是大部分的帕斯商人來到了香港。只有少數來到香港，大部分去了澳門，也有的去了上海，之後又在香港開辦分公司的。一些西方人的遊記中著重描述了近代香港早期的帕西人，認為「香港除了中國人和歐洲人，就得提到帕西人了。帕西人是拜火教徒，他們大量分佈在香港和澳門。帕西人主要來自於印度孟買，大多是鴉片商人。他們的社會地位優於中國人。在商界以誠實信譽贏得了很好的口碑。他們的穿著也很特別，白色的東方長袍，黑色的形狀獨特的帽子讓其在香港熙攘的街道上很是顯眼。」〔註 42〕

　　其次我們來討論他們在香港的居住環境。儘管在港印度人大多是的商人，看似富有，但是迫於房租的提高，為了節省開支，很多商人「不得不和貨物住在一起。在尖沙咀和跑馬地一帶，經常會見到一些印度人自己睡廚房，其他房間用來堆放貨物。有些人還沒有租房的經濟條件，這些印度人還喜歡聚居，這也就使得香港的一些地方看起來就像孟買市區的貧民窟」。〔註 43〕

　　最後，我們來看近代香港的印度人的教育問題和社區的娛樂生活。

　　在香港的印度人似乎不重視教育，他們幾乎被港島的教育邊緣化了。因為他們幾乎沒有使用香港的教育設施。一是因為香港的教育成本和印度國內比起來，要高得多；二是因為送孩子上學無非就是讓他學到基本知識，學會流利的英語和一些西方的習俗。但是在香港學習學費高而且遇到很多的文化衝突，在印度也一樣可以學到，學費低而且比較少的文化衝突；三是對於印度人來說，香港的婚姻市場是很有限的，但是回到印度求學就擴大了這個市場，而且一般來說一個有著海外家庭背景的小夥子或姑娘又受過教育，一般是比較搶手的。有意思的是，一般的印度家庭情願自己的女兒嫁給移民香港的小夥子而不願意嫁給移民歐洲的小夥子，原因是在香港女傭比較好找，自己的女兒就可以免受家務之苦了。

〔註 42〕 Moges，Alfred，Marquis de：Recollections of Baron Gros's embassy to China and Japan in 1857～58，London：Richard Griffin，1860，page80.

〔註 43〕 K.N.Vaid：The Overseas Indian Community in Hong Kong，Hong Kong University Press1972，page 30.

在香港的印度人的娛樂生活〔註44〕是非常有限的，因為他們每天工作時間很長，沒有什麼空閒的時間，而且娛樂是要花錢的，這對這些攢錢的人來說也不太現實，另外，在港的印度人是一個較為閉塞的團體，不和其他族群有過多的溝通，也導致了自己的文化不引起他人的關注，同時政府在文化傳播這一方面也忽視了印度。因此印度人在香港的娛樂生活只能是看印度電影和周末的聚餐。〔註45〕

總體來說，印度人在近代香港的外來移民中算是一個比較大的族群，他們從香港成為殖民地起就移民此地，為香港的商貿發展做出了自己的貢獻，同時也為推動近代香港的社會生活和市政建設發揮了積極的作用，但是在早期到達香港的印度先鋒人物（大多是帕斯人）的推動下，在港的印度人已經被視為一個商人族群了。這個看似富有的群體其實大部分都是中產階級的人，他們忙於掙錢積纍財富，而忽視了自身的社會文化生活或改善自身的社會文化地位，缺乏和其他社群的溝通使這個群體成為一個內向的族群。

4、日本人

（1）人口狀況

記載顯示，最早過港的日本人是「觀音丸」〔註46〕的船員。他們1841年10月在海上遇大風，經歷了近一年的海上漂流後，欲從澳門返國。在1842年9月下旬，因故靠泊香港，成為最早一批踏足香港的日本人。而最早居港的日本人則應是1832年出航的「寶順丸」的船員莊藏，在外漂流五年後，他於1837年乘美船「莫理遜號」歸國，但被拒之國門外。之後莊藏返回澳門，約1845年移居香港，經營裁縫店。〔註47〕

從此，日本人就開始了他們在香港的經歷，來港人數也逐年增加。香港日僑的人口數量和男女比例大致可從表2−7中體現。

〔註44〕K.N.Vaid：The Overseas Indian Community in Hong Kong，Hong Kong University Press1972，page 31～32.

〔註45〕K.N.Vaid：The Overseas Indian Community in Hong Kong，Hong Kong University Press1972，page 33.

〔註46〕陳湛頤：《日本人與香港——十九世紀見聞錄》，香港：香港教育圖書公司 1995 年版，第 11 頁。

〔註47〕陳湛頤：《日本人與香港——十九世紀見聞錄》，香港：香港教育圖書公司 1995 年版，第 8 頁。

表 2-7　近代香港日本籍人口統計數字 [註48]

年份	人數（人）	男女比例	年份	人數（人）	男女比例	年份	人數（人）	男女比例
1875	13	——	1902	603	0.76	1922	1754	1.39
1882	100	——	1903	583	1.00	1923	1666	1.46
1886	147	——	1904	600	1.17	1924	1649	1.44
1888	243	0.71	1905	637	0.88	1925	1561	1.31
1889	184	0.64	1906	756	1.09	1926	1526	1.38
1890	203	0.77	1907	835	1.18	1927	1528	1.34
1891	248	0.73	1908	881	1.03	1928	1577	1.36
1892	381	1.05	1909	1000	——	1929	1622	1.35
1893	206	1.00	1910	1034	1.31	1930	2303	1.32
1894	154	0.73	1911	1099	1.28	1931	1801	1.44
1895	214	0.95	1912	1178	1.36	1932	1472	1.27
1897	247	0.98	1913	1214	1.35	1934	1478	1.01
1898	319	1.00	1914	1224	1.31	1935	1533	1.14
1899	330	0.95	1915	1326	1.37	1936	1423	1.01
1900	387	0.84	1916	1460	1.30	1937	544	3.12
1901	429	0.93	1921	1585	1.37	1938	584	2.26

　　由表 2-7 我們可以清楚地看出戰前香港日僑的人口數量變化：除去 1931 年和 1937 年兩個人口數量驟降年份，在香港的日本人數量基本是逐年穩步增加的。1931 年和 1937 年的在港日本人驟減是戰爭因素導致。1931 年，「九‧一八」事變後，香港反日氣氛濃厚，日本僑民一度撤返回國，待局面平靜後，人數又緩慢上升。1937 年日本侵華戰爭全面爆發，香港華人抗日反日情緒強烈，危及到日僑的人身安全，大批日本人撤離香港返回國內。1937 年之後，人數雖緩慢回升，但最多不過六七百人，並且在 1941 年日軍佔領香港時幾乎全部回國。

　　我們從表 2-7 中還可以看到香港日僑男女比例的變化。男女比例出現倒置的轉折點是 1906 年。在此之前，比例係數小於 1 顯示出在港的日本人女性多過男性。1906 年以後，比例係數一直大於 1，說明在港的男性日本人多過女性。

　　這一點和近代香港其他族群的男女比例特點是不同的。其他族群基本保持著男女比例係數大於 1 的狀況，而且越是在香港早期，這種比例係數的絕

〔註48〕數據來源：《大日本統治年鑑》，陳湛頤《香港日本關係年表》，香港：香港教育圖書公司 2004 年。男女比例是筆者根據原有男女人數計算得到。

對值就越大。這說明早期來香港謀生的單身男性比較多，等到香港的發展趨於穩定了，男女人口比例係數才開始趨於 1。而從數據上看，近代香港的日本移民卻是相反的情況。但如果從日本的國民觀念考慮，遠離家鄉到外國謀生也應該是男性，女性應該是留守家中的。可是日僑在港初期，爲什麼會出現女性多於男性，尤其是最開始的幾年，這種數量上的差異更加明顯呢？我們分析這種現象應該與在港從事娼業的婦女有很大關係。日本小說家石川達三曾指出：「日本人前往發展的地方，最先行的拓荒者就是勇敢的大和撫子，日本娘子軍。隨後，男的就必然在附近開店，巧妙保持聯絡，一舉兩得……。」〔註49〕由此我們就不難理解上述男女比例的變化了

（2）在港日僑的社會生活

有關香港日僑的生活記錄數量不多，筆者只是根據現有的文獻和資料，把在港日僑的主要社會生活內容及場所復原。

首先我們來看近代香港日本人的社會階層。在港日僑由於所屬階層不同，自踏入香港以來，它們就分爲兩大陣營：上町與下町。

上町意指市街的高地，是日本官紳富豪居住之處。在香港，日僑的上町就是當時的半山區。反之，下町意指市街低地，是工商業者的聚居之地。在香港，日僑的下町就是當時的灣仔一帶。〔註50〕

上町的日僑的「是稱爲半山區的一群，他們以領事館爲首，加上三菱、住友分的支店和正金銀行等大機構、大資本商行的職員和家眷。此外，數目雖少，還有如江南等帶有商人氣質的個人企業家」〔註51〕；下町的日僑「是盤踞在旅館周圍，稱爲灣仔地區的落魄者」〔註52〕，主要是人販子、船員出身的賭徒、游民、妓女以及一些小商販。尤其是十九世紀末，來到香港的日本人多爲下町。一位 1899 年到過香港的日本記者在書中這樣寫道：「車夫轎夫等經常沒有禮貌的直呼Japanese，Japanese。這是因爲來當地的日本人幾乎全是下等人。」〔註53〕

〔註49〕〔日〕石川達三：《最近南美事情》（6），中公文庫 1981 年，第 132 頁。

〔註50〕陳湛頤：《日本人訪港見聞錄（1898～1941）》，香港：三聯書店（香港）有限公司 2005 年版，第 521 頁。

〔註51〕〔日〕金子光晴：《髑髏杯》，載《金子光晴全集》第七卷，中央公社論 1975 年，第 141 頁。

〔註52〕〔日〕金子光晴：《髑髏杯》，載《金子光晴全集》第七卷，中央公社論 1975 年，第 141 頁。

〔註53〕〔日〕井口丑二：《世界一周實記》，經濟雜誌社 1904 年，第 18 頁。

上町與下町的生活是截然不同的。上町的日僑界近白人社區，生活優越。下町的日僑與當時華人社區接近，生活環境惡劣。在一些曾走入灣仔日本人聚居區的遊客或小說家的筆下，那裏大都房屋簡陋，光線昏暗，空氣混濁。

上町與下町的日本人來往不多，由於自身的社會地位和所處環境的不同，他們有不少矛盾和衝突，經常在歡迎日本來訪使團等一些事情上發生爭執。〔註 54〕但是在戰時，當日本人的利益受損時，他們又能團結起來化解矛盾。

其次我們再看近代香港日本人的官方機構和民間團體。日本在香港的官方機構是日本駐港領事館。1873 年 4 月 20 日，日本在港開設領事館，首任駐港領事是林道三郎，館址是一處位於山上的外國人的出租屋〔註 55〕。1875 年 2 月，由於交通原因，領事館遷往阿歷山大臺 3 號。1889 年，領館再次遷往堅道 21 號。1909 年遷往康樂里 2 號。〔註 56〕

從 1873 年到 1941 年底，日本駐港領事館從林道三郎到岡崎勝男，有數十任領事走馬上任，爲協調港日關係、維護在港日僑的利益、接待旅港日僑等方面忠實地履行了他們的職責。

除領事館外，在港日僑還有不同層次的團體，如 1903 年成立的「大和會」，實爲日本網球俱樂部。後來擴大規模，於 1906 年成立「日本俱樂部」，地址是雪廠街 4 號。〔註 57〕「日本俱樂部」起初只是在港上町日本人的聚集地和娛樂地。有記載顯示「該俱樂部招收日僑中有地位者爲會員，由會員的籌款及捐款成立。目前有儲備金一萬元。二位大將各捐贈一百元有各會員公司出資維持。」〔註 58〕後來由於公司減少，俱樂部難以維持，也允許下町加入。

〔註 54〕陳湛頤等：《香港日本關係年表》，香港：香港教育圖書公司 2004 年，第 14 頁。

〔註 55〕陳湛頤編譯：《日本人與香港——十九世紀見聞錄》，香港：香港教育圖書公司 1995 年，第 201 頁。

〔註 56〕陳湛頤等：《香港日本關係年表》，香港：香港教育圖書公司 2004 年，第 76 頁。

〔註 57〕〔日〕奧田乙治郎：《明治初年在香港的日本人》中附錄部分。由作者召集的老香港座談會（第二次）的記錄，一些與會者對當時日本俱樂部的回憶。陳湛頤編譯《日本人訪港見聞錄（1898～1941）》，三聯書店（香港）有限公司 2005 年版，第 521 頁。

〔註 58〕〔日〕乃木希典：《乃木大將渡歐日誌》，載於《乃木希典全集》，國書刊行會 1995 年，第 230 頁。

另外一個有影響的「日本人會」，在許多香港日僑的回憶錄或訪談錄中都談到了這個社團。〔註59〕但具體成立的時間還無從得知，只是瞭解這個社團也應在港日僑友上下町之分而分為兩派，而且為在港日人的許多事物都做了不少工作。

此外還有些商業團體，如日本商工會議所、日本人商興社等〔註60〕。

第三點我們討論近代香港日本人從事商業的情況。據記載，日本人最早在香港開設的店鋪是橫濱駿府屋貞太郎商店在香港的分店「駿浦號」〔註61〕。從那以後，到港的日本人在商貿領域不斷擴展。基於香港在轉口貿易中的有利地理位置，許多日本大公司都在香港開設分店，列表如下：

表2-8　近代香港日本公司開店情況一覽表〔註62〕

公司名稱	開店時間	開店地址
三菱汽船香港分店	1879 夏	不詳
三井物產香港支店	1978.8（1882.1 至 1886.1 停業）	皇后大道
日本郵船香港支店	1893.9	不詳
正金銀行香港分店	1896.9	滙豐銀行一側
臺灣銀行香港分店	1903.2	皇后大道中 4 號
大阪商船會社	1907.9.1	不詳

這六大日本商業機構在戰前港日貿易的歷史中發揮了巨大的作用。除了這些大財團，還有許多貿易商社和個人經營的雜貨店〔註63〕、家私店〔註64〕、攝影店〔註65〕、玻璃廠〔註66〕、餐館及旅館〔註67〕，甚至還有紋身店〔註68〕等。

〔註59〕〔日〕藤田一郎：《香港往事談》，載香港日本人俱樂部廣告部編《香港：香港日本人俱樂部創立二十五週年紀念特輯號》，1981年，第76頁。

〔註60〕日本工商會議所於1937年6月30日在皇后大道中9號成立，有41家商店加入；日本人商興社於1915年2月在香港成立。

〔註61〕店鋪開於1872年10月位於中環大街54號，以售賣漆器、婦女用品為主。1877年10月因經營困難結業。

〔註62〕表中各公司在香港開設分店的時間和地點來源於陳湛頤的《日本人與香港——十九世紀見聞錄》和《日本人訪港見聞錄1898～1941》兩書中收錄的近代過港的日本人的相關回憶。

〔註63〕雜貨店中比較有名的有日下部商店、西山商店等。

〔註64〕家私店有1884年開業的皇后大道的洛興號家私店

〔註65〕照相館中比較有名的是梅屋莊吉1894年在中環大馬力8號開設的攝影館。參見〔日〕奧田乙治郎：《明治初年在香港的日本人》中附錄部分。由作者召集的老香港座談會（第二次）的記錄，一些與會者對當時日本俱樂部的回憶。陳湛頤編譯《日本人訪港見聞錄（1898～1941）》，三聯書店（香港）有限公司2005年版，第516頁。

　　截至 1941 年 3 月，香港的日本公司約有一百間，其中貿易商社 54 家，銀行 2 家，海運業 3 家，其餘雜貨、飲食、旅館、理髮等店鋪 37 家。1941 年 12 月 8 日，隨著六大日本商業機構結束在香港的業務，日本人在港商業活動完全停止。

　　這裏還想補充一點的是有關香港日僑的火葬場和墓地的情況。1913 年，日本社團在掃桿埔建成日僑火葬場，對面有一安放骨灰的靈堂〔註 69〕。日本人在香港的墓地主要在跑馬地墳場〔註 70〕。另外在薄扶林東華醫院華僑殯儀館附近以及堅尼地城附近海旁的山上都曾有過不少日本人的墓穴，但後來都被移走了〔註 71〕。

　　最後我們探討近代香港日本人社區的醫療、教育、出版、宗教和治安等問題。

　　醫療方面，日本除先後有數十名醫生、護士受聘於香港潔淨局和國家醫院外，也有日本人在港開設診所。比較有影響的有灣仔的馬島醫院，告羅士打大廈的山崎牙科以及亞士釐道的原醫院。其中，山崎牙科的歷史比較長，在戰時關閉後，戰後又重新返港，繼續營業，直至 1968 年，診所的下船醫生在港去世。〔註 72〕

〔註 66〕據載，在二十世紀初，香港九龍船塢附近有家日本玻璃廠。出處同上。

〔註 67〕日人在香港開了很多的餐館和旅館。其中最有名的餐館有野村餐館和清風樓，旅館有東洋館、松原旅館等。參見〔日〕奧田乙治郎：《明治初年在香港的日本人》中附錄部分。由作者召集的老香港座談會（第二次）的記錄，一些與會者對當時日本俱樂部的回憶。陳湛頤編譯《日本人訪港見聞錄〔1898～1941〕》，三聯書店（香港）有限公司 2005 年版，第 526～527 頁。

〔註 68〕據載，當時在香港從事紋身業的只有日本人，紋身師富有野間、梅本等。出處同上

〔註 69〕〔日〕奧田乙治郎：《明治初年在香港的日本人》中附錄部分。由作者召集的老香港座談會（第二次）的記錄，一些與會者對當時日本俱樂部的回憶。陳湛頤編譯《日本人訪港見聞錄（1898～1941）》，三聯書店（香港）有限公司 2005 年版，第 522 頁。

〔註 70〕〔日〕藤田一郎：《香港往事談》，載香港日本人俱樂部廣告部編《香港：香港日本人俱樂部創立二十五週年紀念特輯號》，1981 年，第 78 頁。

〔註 71〕〔日〕奧田乙治郎：《明治初年在香港的日本人》中附錄部分。由作者召集的老香港座談會（第二次）的記錄，一些與會者對當時日本俱樂部的回憶。陳湛頤編譯《日本人訪港見聞錄（1898～1941）》，三聯書店（香港）有限公司 2005 年版，第 523～524 頁。

〔註 72〕〔日〕藤田一郎：《香港往事談》，載香港日本人俱樂部廣告部編《香港：香港日本人俱樂部創立二十五週年紀念特輯號》，1981 年，第 77 頁。

　　文化教育方面，除日本曾派留學生在香港的英華書院等校學習外，在港日人也在一些華文學校開辦日文課程，或者自己開辦學校教日本人學粵語或本國文化。這些都促進了中日文化的交流。其中被許多回憶錄提及的就是1909年8月開辦的位於堅尼地道26號的日本小學。該校為在港日童提供義務教育。開校時只有學生十人。1923年，小學經改建，設施齊全，學生名額300人。1937年香港華人反日時期，日本小學曾一度成為在港日僑的避難所〔註73〕。

　　新聞出版方面，據記載，日本人在香港創辦過兩份報紙。一份是日文《香港日報》，創刊於1909年9月1日〔註74〕，創辦人松島宗衛，主編井手元一，地址是中央市場東面印刷廠三樓，四頁小報，發行量300～500份。另一份是日文《南支那新報》，1921年6月創刊，1923年10月停刊。

　　宗教方面，在港日僑的主要宗教信仰有佛教和基督教。日本人主修和參拜的佛教寺院有灣仔的本願寺。1909年，本願寺在掃桿埔獲批土地興建布道場，後因該地偏僻，又於1914年，購入黃泥湧一處土地興建佛寺。日本的基督教會香港傳道教會於1925年8月成立，位於雪廠街，第一代牧師是霜越四郎。〔註75〕

　　治安方面，日僑沒有自己的安保機構，也沒有記載顯示香港警察中有日本人，但卻有記錄顯示香港曾有日本黑幫的活動。這些黑幫的主要活動是從事販賣婦女和經營娼業，曾因爭搶生意在香港發生衝突事件。〔註76〕

　　綜上所述，我們可以看出在港日僑雖說沒有完善的組織，但是有基本完整的社區，社區內有自己的商店、學校、醫院、報紙甚至火葬場等，在港的日本居留民能夠安居樂業。和香港的其他外籍移民相比，日僑在商貿中是有

〔註73〕　〔日〕藤田一郎：《香港往事談》，載香港日本人俱樂部廣告部編《香港：香港日本人俱樂部創立二十五週年紀念特輯號》，1981年，第75頁。
〔註74〕　陳湛頤：〈香港日本關係年表〉，香港教育圖書公司2004年，第78頁。
〔註75〕　〔日〕藤田一郎：《香港往事談》，載香港日本人俱樂部廣告部編《香港：香港日本人俱樂部創立二十五週年紀念特輯號》，1981年，第78頁。
〔註76〕　〔日〕村岡伊平治：《村岡伊平治自傳》，講壇社文庫1987年，第264～266頁。村岡伊平治是明治末期在南洋從事販賣婦女的人販子。他1906～1907年間第二次抵達香港調解當時香港日本黑幫的糾紛，因此他的自傳對這一部分事件有詳細的記錄。同時期抵港的日本小說家有島武郎也在他的《觀思錄》（陳湛頤編譯《日本人訪港見聞錄（1898～1941）》，三聯書店（香港）有限公司2005年版，第112頁）中提到香港彼時發生了日本人兇殺案，因此警察對日本人的盤查比較嚴格。

一定地位的，但政治上沒有實際的影響力，存在感相對薄弱。另外由於語言、生活習慣等不同，以及香港不時出現的濃厚的反日氣氛，他們大都謀求自保，傾向於生活在自我封閉的本國人社區中。也正因此，他們的生活不大被港人瞭解，也就沒有太多的相關記錄被保留下來。

　　總體來說，近代香港的外籍族群的族群認同感比較強，各族群自成社區，除了商業上的往來，社會生活中其他交往和溝通比較少。各族群的社會地位也不盡相同。但是外籍族群從事的工作基本上是和商業和政府部門相關的工作。與在香港的華人相比，他們中的大多數人的生活境況要優越些。

二、近代香港的華籍族群

　　近代香港外來移民中，華人始終是移民的主體，一直占香港總人口的 96％以上。香港從最初 7650〔註77〕名華人到 1941 年的 160 多萬〔註78〕華人，一百年間的人口的漲幅是非常驚人的。華籍族群和外籍族群的人口差別幾乎無法進行比較。同時，這個巨大的華籍移民群體從不同的地域移入香港，內部使用不同的方言，有不同的生活方式，有各自的自我認同，甚至在就業上都有傾向性。因此，我們根據這些特點將近代香港的華人群體劃分為以下幾個族群：廣府、客家、福佬和疍民。廣府、客家和福佬在學術界早已被認定為嶺南的三大民系，他們均屬於漢族，但使用不同的方言；疍民的劃分主要是區別於前三種的陸居生活方式，他們是屬於水上居民。前一節我們在討論移民的地緣結構時已經明確近代來港的華人主要是從廣東遷出的，其次是福建等省。這四種族群在廣東和福建都有分佈，因此，來到香港的廣東和福建移民就不可避免的包括這四類人。我們先瞭解一下這四個華籍族群在近代香港的比例情況。從家庭語言使用情況我們可以看出各族群主要分步地，因此我們可以借助下表數據來進行初步的分析。

〔註77〕Hong Kong Government Gazatte，1841 年 5 月 15 日。
〔註78〕Hong Kong Sessional Paper，1941。

表 2-9　1911 年香港家庭語言使用及地區分佈 [註79] 單位：人

	港　九	新界北區	新界南區	總數	百分比
本地	311992	31595	16395	359982	81%
客家	22822	37053	7321	67196	15.1%
福佬	6949	75	1369	8393	1.9%
其他	2864	124	——	2988	0.7%
未提供	5791	275	39	6105	1.3%

　　首先，通過上表我們可以粗略的看到至少在近代香港的一個節點上，香港華人中個族群的人口比例和大致分佈。廣府人（本地）的比例為 81%，是佔據對優勢的。客家人其次，福佬相對是數量更少。這種比例分配在近代香港的一百年間只有微調，沒有排名上的根本變化。其次，我們可以看到各族群大致的分佈情況。本地（廣府）人和福佬人約八成以上集中在香港島和九龍半島，客家人則六成以上位於新界。

　　以下我們一一分析每一華籍族群。

1、疍民

　　華南的漁民，即是歷史上的「疍民」，又稱「水上人」、「曲蹄」等，實為華南居住於水上的特殊民族之一。其主要分佈在閩粵兩省，而以閩江流域和珠江流域為大本營，其次則為香港。

　　疍民的歷史源流無從考證，本節第一頁的注釋顯示一些學者推斷出他們的祖先不是漢族人，是越族或者是外國人，這些結論可以為我們做參考。我們這裏之所以把疍民劃分為一個族群，不是因為疍民和其他三個族群講不同的語言，而是因為疍家人獨特的水上生活方式和特定的族群職業決定的。

　　在香港未被英國割讓殖民地之前乃是小漁港開始，香港的疍家人已經在香港生活多個世紀，亦是香港水上原居民。從 1841 年的人口統計表格（表 1-2）就可以看出當時統計到的船上人家為 2,000 人，這個數字占當時香港總人數的三成左右，是開埠前香港的一個較大的族群。隨著香港的開埠，從臨近香港的廣東省和福建省來到香港大批移民裏，也包含有閩粵兩地的疍家

――――――――――――
〔註79〕表中數據來源於 Hong Kong Sessional Paper，1911 年。

人。他們來到香港後，依然保持著原有的生活方式，居住在水面，以船爲家，並且保留著自己的風俗習慣和生活方式。移民的到來使得香港疍家人的人口數量是逐年增加。從以下表格我們可以看到這一點。

表 2-10　香港總人口和疍民人口比例 [註80]

年　代	人口總數（人）	疍　民	
		人口（人）	百分比（%）
1901	300660	40100	13.3
1906	339038	42744	12.6
1911	456739	61798	13.5
1921	625166	71154	11.3
1931	840472	70093	8.3
1938	1478619	77451	5.2
1941	1639337	154000	9.4

　　從上述表格中我們可以看到，近代香港疍民的數量是逐年增加的，在1911 年和 1941 年前後出現了不同程度的高潮，這和本書第二章中提到的移民潮是相吻合的，分別是由於辛亥革命和抗日戰爭等戰亂，加劇了各地向香港的移民力度，疍民也不例外。除了戰亂時期，我們還可以看到疍民在全港總人口的比例是呈下降趨勢的，這是由於人口基數增大，而且相比較其他陸地族群，疍民受社會動蕩和戰亂的影響還是要小一些，因此沒有其他族群的移民幅度大。

　　另外由於資料有限，我們只搜集到一些 1966 年的關於香港疍家人的籍貫的統計表格。如下：

〔註80〕〔日〕可兒弘明：《香港の水上居民ホンコン　ノ　スイジョウ　キョミン：中國社會史の斷面》，東京：岩波書店 1970 年，第 6 頁。

表 2-11　1966 年香港人口籍貫統計〔註81〕

籍　貫	人口（人）		百分比（％）	
	全香港	水　上	全香港	水　上
香港	245250	55350	6.73	54.00
廣州及附近	1750640	34940	48.2	34.07
四邑	702860	8560	19.29	8.35
潮州	398640	3040	10.93	2.96
其他中國各地	499120	120	13.79	0.43
未提供	48810	510	1.24	0.20
總計	3645320	102520	100.00	100.00

　　儘管上表是 1966 年的統計數字。已經超出近代香港的研究範圍，但是我們計算出 1966 年香港的疍民人數占全港人口的比例是 2.8%，這是符合前一表格中推斷出來的規律的，即疍民人口數量穩定增長，但是在總人口中所佔比例逐年下降。因此這份表格中的數據可以幫助我們推斷 1941 年以前的香港的疍民的籍貫問題。

　　首先從上表中我們可以看出香港疍民的來源地，除去在香港出生的疍民，來源於廣東（含廣州、四邑和潮州）的疍民由於地理臨近的因素在疍民的人口中佔有比例接近 50%，可見香港疍民的輸出地主要是廣東省，尤其是廣州及鄰近廣州等地。餘下的可以推斷是來自於福建省，因為疍民主要在這兩個省份。從籍貫我們可以看到香港的疍民所講的語言是不同的，從廣州、四邑（四邑方言屬於粵語的次方言）等地來的漁民講粵方言，儘管疍家人的粵方言和廣州話有些音節上的差別；從廣東的潮州和福建來港的漁民使用閩語。香港疍民不同於其他三個華籍族群的一個特點就是這個族群使用兩種方言，其他的都只有一種方言。

　　從表中還可以看出一個最突出的特點：在香港出生的疍民在本族群的人口比例高達 51%，而在全港範圍內，在香港出生的人口僅占全部人口的 6.73%。這種比例的反差說明了什麼問題呢？一是在全港範圍內，人口的增長依然是外來移民造成的機械增長，因為在香港出生的人口比例極低；二是就香

〔註81〕〔日〕可兒弘明：《香港の水上居民ホンコン ノ スイジョウ キョミン：中國社會史の斷面》，東京：岩波書店 1970 年，第 21 頁。

港疍民這個族群來看，在港出生人口比例高達一半以上，說明這個族群的外來移民造成的機械增長和在香港的人口的自然增長這兩個因素促使香港疍民的人口增長。這一點是香港疍民不同於其他三個族群的另一個鮮明特點。人口的自然增長率高可以從疍民的生活習性來解釋。謝憤生的《香港漁民概況》中清晰的闡述了香港疍民的關於人口繁殖的習性。由於漁民早婚，繁殖能力快，且生活壓力小；家庭結構簡單，由於勞動需要勞力，而漁民又深感雇傭工人的困難，因此子女長大就趕緊成家，希望可以通過婚嫁增加勞力，但不想子能生子，家中人員日益增多，共居一船，必生矛盾，因此分家，又會產生缺乏勞動力的情況，於是又忙於用結婚來增加人手，結果形成這樣的循環。「不數年兒孫日多，食指繁，生產少，分居之後雇工愈多，負擔更重」。〔註82〕相比較其他三大族群，由於生活方式的不同，疍民來港基本上是一個家庭一同來的，因爲一條船就承載了一個家。而其他陸居族群大部分是單身來港，掙得財富後再返鄉供給家庭。這種移民模式的差別也就造成了香港疍民的自然增長率高於其他族群的事實。

　　疍民的生活習性除了前文提到的由於缺乏勞動力和雇傭工人的困難，他們保留了早婚和多育的習俗，還有很多習俗和陸地居民不同。香港疍民的民間信仰是天后和洪聖。每年神靈誕日，漁村要舉行慶祝活動，如設壇建醮或演戲，當日，所有停靠在該漁村的漁船都不許開船，無論漁汛多麼大盛，此日「禁船」〔註83〕。此外，漁民一輩子在船上生活，生病不去醫院，死也寧願死在船上，葬禮也在船上舉行。但是漁民重孝道，重視對祖先的拜祭，故盛行土葬。通常每個漁港都有一些制定作土葬的地方，比如香港仔的漁民過身後大多葬於南丫島和鹿洲〔註84〕。

　　除了打漁，近代香港的疍民還有一項重要的工作就是在港口兜售雜貨和接駁客人上岸。由於早期來到香港的外國人在乘輪船進入香港時，先要在船上等待上岸，或者需要疍民的舢板船接駁上岸，因此他們最先接觸的中國人就是在外國輪船周圍或是賣雜貨，或是搶生意的中國疍民，這個族群給他們印象深刻。很多外國人筆下都有關於近代香港疍民的工作方式的記載。比如

〔註82〕謝憤生，盧維亞：《香港漁民概況》，香港：中國漁民協進會1939年，第23頁。

〔註83〕謝憤生，盧維亞：《香港漁民概況》，香港：中國漁民協進會1939年，第25頁。

〔註84〕梁炳華：《南區風物志》，香港：南區區議會出版2009年，第34頁。

英國人 Norman 在十九世紀 50 年代後期經過香港時，記錄了所看到的香港疍家人的生活工作：

「他們從出生、到成家、到老死，一切都在水上進行。……我雇了一艘舢板船上岸，行船期間，我發現船上分工明確。母親搖櫓，家中大一點的男孩子幫忙。父親的工作則是負責掌舵，彎著腰拉動一根短槳，幾個小點的孩子在旁邊開心的看著。母親背上的背袋裏是小嬰兒。這就是全家人了。」〔註 85〕

還有一些遊記或日記記載了疍民在港口賣雜貨的情況，如「當地的中國人將魚、水果等物載入小艇中，在艦隻寄碇期間，每天早晚兩次來叫賣。」〔註 86〕又有記載詳細地列舉了所賣雜貨的種類，如「輪船泊港期間，有小艇數艘駛靠船旁，販賣芭蕉果寶酒、面、牛乳、糕點、砂糖、醃製物、墨筆、針線和其他諸色貨物」〔註 87〕，甚至還有「登上甲板售賣皮鞋等。」〔註 88〕這些記載都為我們生動的呈現了十九世紀時期香港的疍民的生活和工作狀態。

疍民是占近代香港人口比例比較大的一個族群。十九世紀 50 年代以前，疍民是近代香港華籍移民的主要力量。例如，當時香港島上最重要的兩個地保職位，分別是香港仔地保和上環地保。上環地保則由綽號「馬草黃」（Ma Chowwong）的疍民充當〔註 89〕。但後來，由於陸地華籍移民的大量湧入，他們逐步被邊緣化。但事實上，他們的生活和工作比較艱苦，正是他們支撐著香港本地出口所消耗的漁業經濟。他們為香港的經濟發展和香港人的生活做出了自己的貢獻。

2、廣府人

廣府人，即為廣府民系，狹義的廣府民系是指口語中的「廣府人」，以廣州為中心分佈於兩廣及港澳地區，以粵語廣府話（廣州話）為母語，以珠璣巷同

〔註 85〕Norman，Francis Martin："Martello Tower" in China，and the Pacific in H. M. S.，London：G. Allen，1902，page 85.

〔註 86〕〔日〕名村五八郎：《美行日記》（1860 年 9 月 10 日日記），陳湛頤《日本人與香港——十九世紀見聞錄》，香港：香港教育圖書公司 1995 年，第 82 頁。

〔註 87〕〔日〕市川渡：《尾蠅歐行漫錄》（1862 年 2 月 8 日日記），陳湛頤《日本人與香港——十九世紀見聞錄》，香港：香港教育圖書公司 1995 年，第 108 頁。

〔註 88〕〔日〕岩松太郎：《航海日記》，載〔日〕大塚武松編《遣外史節日記纂集》，日本史籍協會 1930 年，第 363 頁。

〔註 89〕Munn，C.C：Anglo-China. Ph.D. Dissertation，University of Terento，1998，page218.

前的漢人爲民系認同，有著自己獨特文化、語言、風俗、建築風格的漢族民系。廣義的廣府民系則包括全廣東甚至所有地區的粵語族群（世代以粵語爲母語的族群）。廣義的廣府民系主要生活於兩廣大部分地區、香港、澳門以及世界各地。我們這裏主要還是從方言來區別香港的廣府人和客家人及福佬。

在香港的華籍族群中，廣府人又被稱爲「本地人」，一直是在人口規模上處於第一位，將客家任何福佬人在數量上遠遠地拋在後面。。他們講粵語，又叫「本地話」、「圍頭話」，以此和清代遷界以後到來的客家人劃清界限。

近代香港地區的廣府人最早的應該是在香港開埠前就已經居住在這裏了。比如在宋代就遷至新界的五大家族，他們在英國強行租借新界時，爲爭取權利而聯合抗英，最終獲得了原居民的身份後來的幾次移民潮中，又從廣東各地遷來了大批的廣府人，主要在平原上務農或在城市裏從事各種職業。

大體上說，從 1856 年開始，本地族群迅速替代疍民成爲了新的華人社會領導人。

至於本地族群是早期香港最爲主要的經濟力量，這一點更是眾所周知。從 1841 年到 1856 年前後的十幾年時間中，香港的發展令人大失所望，根本原因就是沒有本地族群的大商巨賈參與。到了 1856 年後，廣州、佛山等地富有的本地族群人士避亂來港，相繼建立了本港最爲關鍵的商行，從此徹底改變了香港的命運。歷史事實反覆證明，這些商行使得香港興盛發達；沒有本地族群及其商行的合作，香港本地的經濟、商業活動將會一片蕭條，或者乾脆陷於停頓。張振江的研究〔註90〕中指出，也許是更加重要的一點是，本地族群的商人不僅富甲一方，是香港最爲富有的族群，而且利用財富從事公益事業，極有公益精神。這種精神，加上他們的財富，無疑更加提高了本地族群的社會地位，使他們成爲公認的社會精英。例如，原籍東莞的本地族群人士馮明珊，從香港的「聖保羅書院」（S.t Paul's College）畢業後成爲了一名極有成就、富有而且有權勢的買辦〔註91〕。根據 H. Lethbridge 的研究，1847 年，馮明珊與另外幾個東莞籍的本地族群商人一起，向港督申請建立了後來備受尊重、極有社會聲望的保護婦女的組織「保良局」。這個組織在經濟上對他沒

〔註90〕 張振江：《試論早期香港華籍族群的語言競爭與選擇》，載於《中山大學學報》
　　　　（社會科學版），2008 年第 2 期。

〔註91〕 Smith，C.T：Chinese Christians，HongKong：OxfordUniversity Press，1985，
　　　　page 125～126.

有任何好處，純粹是一個公益組織。馮明珊熱心此公益事業，不僅當了前兩任首腦以打開局面，而且還獨自支付了該局前幾年的所有開支。由於他的財富、熱誠、公益心，1878 年時，他不但成爲了深孚眾望的「東華醫院」的總理之一，而且應該還是最爲重要的總理之一。1881 年港督 Hennessy 離任時，正是他帶領華人精英代表在港督府前向 Hennessy 致詞〔註92〕。馮明珊只是活躍在近代香港政界和商界的廣府人之一。正是廣府人這種品質使廣府族群成爲近代香港華籍族群的領軍集團。

3、福佬

福佬，又稱「鶴佬」，泛指閩南、潮州、汕頭至廣東北部操閩南口音的人士。

從前文家庭使用語言分佈表格可以看出，福佬在近代香港的華籍族群中人口數量是相對最少的。福佬在香港不同於其他華籍族群的最顯眼的特點是福佬使用閩語。香港的福佬主要來自廣東和福建兩省。

1665 年復界後，除新界的上水（廖氏），明朝初年，又有閩南的「福佬」移居新界和九龍〔註93〕；明末清初，鄭成功部下多爲閩南人，定居香港〔註94〕。

從前文表 2－1 和表 2－2 中的有關 1886 和 1887 年的人口統計我們可以看出，早期來港的福建籍的移民是很少的，因此最早大批來到香港的講閩語的移民應該來自於廣東省的潮州等地。這一點，張振江在他的文章中提到「學者們已經發現了確鑿可靠的歷史文獻，證明在香港開埠的很久之前，今香港地區早就有來自潮汕而不是福建的福佬族群存在。例如，在赤柱天后神廟發現的一塊可靠點碑文證明，來自廣東海豐縣的福佬最遲清朝初期就在那裏生活，但是人口性質難定。猜測起來，那時候在今香港地區及其附近海域看到的福佬，很可能至少大部分都是季節性出沒的漁民。香港開埠之後，最早到來的福佬人順理成章地主要也是來自廣東境內的潮汕一帶，只是到了稍後的時候，才多有來自福建廈門一帶的福佬人到來。實際上，早期香港的福佬以廣東境內的潮汕人爲主，這種格局大概到了南北行成立時期（1860 年代）才有一定的、但不是根本

〔註92〕Lethbridge，H：Hong Kong. Hong Kong：OxfordUniversity Press，1978，page 81～84.
〔註93〕《廖氏族譜》，香港中文大學創辦香港歷史與社會網站 http://elearn9.itsc.cuhk.edu.hk/history/node/4285。
〔註94〕林國平：《福建移民史》，北京：方志出版社 2005 年，第 289 頁。

的改變。」〔註95〕。自香港開埠以來，移居香港的潮汕人逐年增多，經營家鄉土特產貿易者，集中於上環、文咸東、西街和永樂東一帶，後被稱爲南北行〔註96〕。對南北行的描述，《香港紀略（外二種）》中曾記載：

香港開埠，迄今九十年左右（寫書時爲 1930 年代），而潮人到香港經商，亦已八十餘年矣。其最爲世人所知者，即南北行街之營業。南北行街，原名文咸西街，所以易稱南北行街者，乃該街自昔以來，爲南北大商行。商行之最大系米業。米爲日用所必需，且民以食爲天，故港地裏年商業精華，即在南北行，亦即我潮人營業精華者也。〔註97〕

除了南北行，福佬在香港還經營有莊口、找換銀業、保險公司、客棧、三盤米業、茶居、糕餅和瓷業等。至 1930 年代，香港的潮人已經達到三萬人，他們從事各種職業，「或爲商，或任事，或爲工人，或爲苦力，間有爲教員者，爲醫生者，爲報界者……」〔註98〕。《香港紀略（外二種）》中尤其記載了潮汕人在香港的情況，稱「唯尖沙咀方面，潮州語言得以通行，得知該地潮人之眾也」。〔註99〕潮汕人在香港自行組織了各種團體，有潮商互助社、聚和堂、八邑商會，潮州同鄉會等，八邑商會和潮州同鄉會還分別興辦了中學。其中「八邑商會之學校學生名額百餘人；而潮州同鄉會所辦者，則五六十人也。從此擴充，則學校進步，自蒸蒸日上矣。」〔註100〕

至於來港的福建人有文字記載的最早定居香港的廈門人是楊清河。他於1842 年來到香港，擔任翻譯。福州人涉足香港以海員爲最早。「榕廬會所」是海員之家，至今有 110 年的歷史。〔註101〕最早赴港的福州商人經營南北行、旅運、古玩等。十九世紀 70 年代末 80 年代初。廈門人在港開行設店已具有一定的資本和競爭力。香港出現較多的福建籍貫的華人，是到了二十世紀 40

〔註95〕 張振江：《早期香港華人流出地試析》，載於《南方人口》2008 年第 1 期。

〔註96〕 香港開埠後，香港作爲一個轉口港，當時部份中國南部的貨物會經香港運到北部，反之亦然，從事這種業務的商行便被稱爲南北行。由於南北行聚集在上環文咸東街與文咸西街，南北行也成爲該處的地名。

〔註97〕 〔清〕賴連三：《香港紀略（外二種）》，廣州：暨南大學出版社 1997 年，第 56 頁。

〔註98〕 〔清〕賴連三：《香港紀略（外二種）》，廣州：暨南大學出版社 1997 年，第 57 頁。

〔註99〕 〔清〕賴連三：《香港紀略（外二種）》，廣州：暨南大學出版社 1997 年，第 56 頁。

〔註100〕 〔清〕賴連三：《香港紀略（外二種）》，廣州：暨南大學出版社 1997 年，第 56 頁。

〔註101〕 林國平等主編：《福建移民史》，北京：方志出版社 2005 年，第 290 頁。

年代的中、後期。受國內戰爭的影響，許多人從福建遷移到了香港，香港島上的北角一帶因爲主要是福建移民居住，一度甚至被稱爲「小福建」。

抗戰前夕，在港閩人達十萬之多；至 1930 年前後，在港晉江人已逾萬人。〔註 102〕

來到香港的福佬將他們原居地的福佬文化一併帶來，比如他們崇拜媽祖一類的海神。在香港，很多中式廟宇都是用來拜祭這類神靈的。

張振江認爲福佬族群和廣府及客家族群略有不同，它極有經濟影響力，但沒有多少社會影響力〔註 103〕。在香港的商業圈中，福佬籍貫的商人歷來都是一支主力軍，早期香港也是如此。尤其是在「南北行」建立前後，除本地族群的商人外，當時香港的其他傑出的華人商人大多出自福佬族群，如早期香港成功的華商高滿華就是澄海人〔註 104〕。因此，香港政府除尤其重視本地族群的行商等以外，對福佬族群也青眼有加，曾經做出一些特別的安排，以便吸引福佬商人來港經商。如 1845 年，幾個世代在澳門經商的成功福佬籍貫商人有意來港發展，香港政府專門精心安排，一方面免使他們與本地籍貫商人衝突，另一方面又能夠保證他們買到心儀的營商用地〔註 105〕。不過，整體來說，福佬族群僅僅有財富而沒有多少社會責任心、公益心，這並不能自動帶來較高的社會地位和社會的尊重，因此，在早期香港，雖然福佬族群有既富有又具社會地位的少數個人，但整體上這個族群沒有足夠的社會影響力、沒有能夠享有較高的社會地位。事實上，那時的福佬遠遠不是一支重要的社會力量，並沒有能夠引領華人社會的迹象。這有複雜的原因，但可能與他們繼承在廣州時期的依附廣府人、不出頭的生存策略最爲有關。早期香港福佬族群的這種遠離政治、權力的生態，與當時其他殖民地的福佬族群行爲模式多有不同。例如在同時期的新加坡，福佬常常能夠獨立左右當地華人動向，幾乎是不可挑戰的華人領袖族群〔註 106〕。

〔註 102〕林國平等主編：《福建移民史》，北京：方志出版社 2005 年，第 291～292 頁。
〔註 103〕張振江：《試論早期香港華籍族群的語言競爭與選擇》，載於《中山大學學報》（社會科學版）2008 年第 2 期。
〔註 104〕陳少斌：《幾代潮商一種情懷》（2007 年 6 月 29 日）：
　　　　http://finance.qq.com/a/20070629/000340.htm
〔註 105〕Smith，C.T：Chinese Christians. HongKong：Oxford University Press，1985，page113。
〔註 106〕Mak，L.F：The dynamics of Chinese dialectgroups in early Malaya. Singapore：Singapore Society of Asian Studies，1995：97～8।

4、客家人

客家是一個具有顯著特徵的漢族分支族群，也是漢族在世界上分佈範圍廣闊、影響深遠的民系之一。從西晉永嘉之亂開始，中原漢族居民大舉南遷，抵達粵贛閩三地交界處，與當地土著居民雜處，互通婚姻，經過千年演化最終形成相對穩定的客家民系。此後，客家人又以梅州為基地，大量外遷到華南各省乃至世界各地。客家四州為梅州、贛州、汀州、惠州。福建寧化石壁是客家傳說民系形成的中心地域，石壁被成稱為「客家祖地」。客家人講客家方言，和粵語及閩語是不同的。

香港的客家人，簡單的說，就是因為新安縣的居民不夠而被招墾來的「客籍」居民。因而從來源上講，香港客家人可主要分以下幾批進入香港：

第一，香港的客家人多半是在 1700 至 1750 年間從粵東移民到香港的。他們的祖籍一般是五華、興寧、梅縣，也有少部分來自福建和臨近香港的惠州一帶。由於他們移民來港時人數眾多，在新界建立了 400 多座村莊，在人數和經濟上可以和本地人抗衡，因此沒有被同化。和講本地話的早在宋代就到新界的廣府人（本地人）一樣，在英國租借新界時，這批客家人被定義為「原居民」，享有特殊的優待。

第二，在清代復界時，還有一批客家人來到香港，不同的是，他們沒有在新界安家落戶，而是散佈在港島和九龍，形成零落的村莊。他們和遷移到新界的第一批客家人是同時而且遷出地幾乎相同的，但是由於落腳點的不同，他們沒有得到「原居民」的待遇。

第三，香港開埠初期，需要各地人才開發香港。五華人具備採石和打石技術，因此吸引了大批的五華人前來。西營盤、薄扶林、大坑、筲箕灣等地因石匠所居而成村落。

第四，1898 年以後，由於義和團運動，廣東省內大批信奉基督教的客家人逃至香港新界，在新界建立了不少客家村莊，其中以崇謙堂村最為有名。〔註107〕

第五，抗日戰爭前客家人多從廣東東部的梅縣和惠州地區移居香港。他們大部分到市區打工謀生。

〔註107〕崇謙堂村於 1903 年由退休的客籍巴色差會傳教士凌啓蓮牧師創立，是一個客家基督徒社區。凌啓蓮是首批跟隨巴色差會傳教士韓山明（Theodore Hamberg）到深圳寶安縣傳教的中國人。1903 年凌啓蓮退休後偕同家人由廣東省寶安縣布吉鄉來到新界粉嶺購買田地發展農業並在該區傳教。當時崇謙堂村現址尚為一片禾田，凌牧師擲資購買田地並建造村屋數間，以安置佃農。

和廣府人同福佬人比起來，客家族群大多居於村莊，在近代香港的華人社會裏沒有太高的社會和經濟地位。

綜上所述，我們對近代香港的華籍族群構成做一總結：

首先，近代香港的華人是由廣府、客家、福佬和疍民四個族群構成，其中廣府人比例最高，其次是客家人，最後是疍家人和福佬。他們有各自聚居的地域，也有雜居的地域。各個族群按照自己的生活方式在香港生活。

其次，近代香港福佬的來源有廣東省（潮州和和汕頭等地）和福建省，但都使用閩語。同一族群人口來源地不同，語言相同。

近代香港的疍民由於來源地域不同，同一族群使用不同方言：來自於廣東（廣州附近和四邑）的疍民使用粵語次方言（和粵語相似，只是有些音節不同）；來自廣東潮州等地和福建省的疍民使用閩語。這說明近代香港華籍移民的地緣構成和族群構成並不是重合的，這也符合人類學關於確定族群的觀點，即方言原則和地域原則不一定重合。

最後，大體上說，廣府族群是華人社會中的領軍集團，活躍於社會生活的各界；福佬主要是活躍於商界；客家以從事農業為主；疍民以漁業為主。四大族群相對獨立，又不無交融的相處在近代整個香港地區。

在近代一百年間，香港外來移民的族群構成主要是華人和外籍移民兩大類。外籍移民的族群是按照移民的國籍地來劃分的。華籍移民則劃分為廣府、福佬、客家和疍民四種。香港就像是一個舞臺，在這個舞臺上，不同群體在演繹各自的歷史。不論是外籍族群還是華籍族群，他們都有比較強烈的自我認同，出於人類的本能，來到一個陌生的地域時，他們的群體意識很強，竭力保持著自己原有的風俗和生活方式。在城市建設和發展的過程中，各個族群不可避免的進行溝通與合作，也就促進了文化的融合，這也鑄就了香港特有的移民文化。

第三節　近代香港外來移民的職業構成

所謂職業構成，是指一個地區由於社會分工的發展而形成的人口組合狀況。這種構成，主要是針對在社會經濟和在各部門就業的人口而言。也可以對全部人口按此構成分組，各組的人口就是該組的就業人口加上由他們撫養的人口。近代早期的香港的人口普查資料中數據並不全面，因此只能按照人口就業的經濟和社會職能來劃分職業構成，以就業人口所擔負的具體工作而

定。近代香港進入二十世紀三十年代以後，隨著香港政府的人口普查項目的完善，我們對職業構成的分析也將更加全面。

一、近代香港的外來移民從事的職業種類

近代早期香港的外來移民在香港的社會經濟生活中從事著各種各樣的職業。主要有以下分類：

1、商業

商業活動是近代香港的外來移民從事的主要活動之一。這裏商業活動的內涵是指包括掌握商業資本、從事商貿經營的商人，也包括與商業活動有關的輔助性行業人員，如翻譯、買辦、船夫等。

香港開埠初期，各地的商人紛紛來港探尋商機，尤其是一些外籍商人。1841 年，印度商人中 Cawasjee 最早在香港開辦了開辦了 Messr. Cawasjee Pallanjee & Co 的分公司。第二位印度商人是 F.M.Talati，在見證了英國占香港之後，他回澳門繼續做了一年的生意，在 1842 年才將公司的總部移至香港。第三位 Albert Sasson 是孟買著名商人 David Sasson 的兒子，也於 1841 年 7 月在香港開辦公司。第四位 Rustomjee Dhunjee Shaw 的經歷同第一位相似。〔註 108〕

據資料載，1855 年 1 月 1 日，於 1846 年在廣州創立的德國公司 Siemssen & Co.在香港開辦了分公司，隨後發展非常迅速〔註 109〕。1866 年另一家德國公司 Carlowitz & Co.在香港設立分社，位於皇后大街 4 號，主要經營貿易進口，尤其是羊毛、棉織品和玻璃等產品對香港的進口，很快該公司發展為德國在遠東的重要企業〔註 110〕。同年，德國還在香港創立了美最時進出口公司（Melchers & Co. Genenal Merchants，又稱「吻啫士洋行」），主營進出口、製造業、船運業和保險等。〔註 111〕

〔註 108〕K.N.Vaid：The Overseas Indian Community in Hong Kong，Hong Kong University Press1972，P15.

〔註 109〕The Germans and their activities in the south China and Hong Kong：supplement to the Canton Daily Sun，Canton：National Publishers，1934，page 24.

〔註 110〕The Germans and their activities in the south China and Hong Kong：supplement to the Canton Daily Sun，Canton：National Publishers，1934，page 75.

〔註 111〕The Germans and their activities in the south China and Hong Kong：supplement to the Canton Daily Sun，Canton：National Publishers，1934，page 65.

　　日本商人中最早來到香港則應是 1832 年出航的「寶順丸」的船員莊藏，在外漂流五年後，他於 1837 年乘美船「莫理遜號」歸國，但被拒之國門外。之後莊藏返回澳門，約 1845 年移居香港，經營裁縫店。〔註 112〕大批的日本商人來到香港則比較晚，大約在十九世紀 70 年代以後。據記載，日本人最早在香港開設的店鋪是橫濱駿府屋貞太郎商店在香港的分店「駿浦號」。店鋪開於 1872 年 10 月位於中環大街 54 號，以售賣漆器、婦女用品爲主。（1877 年 10 月因經營困難結業）從那以後，到港的日本人在商貿領域不斷擴展。基於香港在轉口貿易中的有利地理位置，許多日本大公司都在香港開設分店，如三菱汽船公司、正金銀行等（見前文表 2－8）。這些日本商業機構在戰前港日貿易的歷史中發揮了巨大的作用。除了這些大財團，還有許多貿易商社和個人經營的雜貨店、家私店、攝影店、玻璃廠、餐館及旅館，甚至還有紋身店等。

　　中國商人踏上香港這片土地最初並不是心甘情願的。傳道士施美夫在遊記中寫道：

> 香港開埠之初，中國的社會渣滓成群結隊來到香港，或夢想發財，或圖謀搶劫，雖有幾個頗爲殷實的老闆開始來此定居，擔心來著絕大多數地位低下，人品卑劣。城裏的中國人主要是傭人，苦力，石匠和打零工的泥水匠，大約三分之一住在船上。……來香港的中國人通常是未婚男子，幾個月後，帶著積蓄回鄉。……1841〜1844 年，島上人口由 7500 增至 1.9 萬人，但幾乎全是文盲。〔註 113〕

由此可見，香港開埠初，由於香港被英人轄制，而且經濟蕭條，治安堪憂，社會環境的惡劣，加之清政府的不支持態度，使得內地的富人、商人不會選擇來香港做生意。但是從十九世紀 50 年代開始，由於臨近香港的省份發生暴亂，爲了躲避災禍，一些商人富賈才攜帶家眷和財物來到香港，有些人等到時局平息，又返回家鄉，有部分人則留下來經營生意。在十九世紀的移民潮中，更多的中國商人南下香港。

〔註 112〕陳湛頤編譯：《日本人與香港——十九世紀見聞錄》，香港：香港教育圖書公司 1995 年，第 10 頁。

〔註 113〕〔英〕施美夫：《五口通商城市遊記》，北京：北京圖書館出版社 2007 年，第 403 頁。

　　除了做大商行的老闆和小攤販的私營主，還有很多人做與商業相關的輔助性行業，比如買辦、通事、文員、翻譯，以及為海上航運和航務提供勞力的一些輔助行業，如船夫、舵手、水手，搬運工人等等。其中早期的翻譯和買辦中有一批是歐亞混血兒〔註114〕。文員和翻譯大多數有外籍移民擔當，多為葡萄牙人。船夫和水手等職業大部分是各國航運公司從本國雇傭，碼頭上的搬運工人則大都由華人充當苦力。

　　買辦是近代中西貿易交往的產物。買辦主要是為西方商人在華進行貿易時服務，主要負責幾乎所有與洋行有關的大小事務，從檢驗銀兩成色、會計、雇傭工人、翻譯、及與中國人交涉等等。所以，一般外商做生意，都會依賴本地買辦。一些外國人在遊歷香港後，也發現了這個特殊的行業。一位西方人在他的遊記中稱「買辦」是當時（1858年）香港的華人社會中極其「有趣又獨特的一類人」。他們的權利很大，可以掌控家族的財務和一切生意往來，甚至是招聘和辭退傭人都是他們經手。同時也表明這樣的行業是需要很強的責任感的，因此薪水比較高，不算每位商人給他的回扣，每月有12到15美元的月薪。〔註115〕在香港，替外國洋行服務的買辦開始於十九世紀中葉，多為廣東人士。早期香港的買辦中不乏華人社會的領導者，像韋玉、何東〔註116〕、羅伯常等甚至成為本地華人社會領導層的核心。

〔註114〕隨著中西方各族人來到香港，出現了中西通婚的現象，這種婚姻家庭中的孩子的社會處境比較尷尬。大都同華人母親生活在一起，為避免受歧視，他們自稱為「華人」。在受教育方面，由於父親的經濟支持，他們小學畢業後，大都可以讀英語學校，因此英文功底非常好，經常會進入政府部門或者做大商行的翻譯。有了商場上的經驗，加上個人的中西文化背景，不少這樣的「混血兒」成了近代香港商界中的買辦。香港大家族之一何氏家族的創始人何東就是這樣的例子之一。

〔註115〕Scherzer，Karl，Ritter von：Narrative of the circumnavigation of the globe by the Austrian frigate Novara，London：Saunders，Otley，and Co.，1862，page 360～362.

〔註116〕何東爵士，字曉東，英文名 Robert Ho Tung，生於1862年12日22日。父親何仕文是英國人，母親施氏，原籍寶安縣。何東1878年～1879年在廣東海關內勤部工作，之後在香港怡和洋行中國部人初級助理員，專責英商與中商貿易的翻譯。1882年，他被升為怡和洋行屬下香港火險及廣東水險兩公司的經理。復辦理航業及貿易，從菲律賓和爪哇進口原糖，向中國上海等免稅口岸出口精製糖。1894年，何東出任香港怡和洋行華總經理。1900年因身體原因辭職。何東致富的首要原因是他投資於地產業等多種產業，經商信譽好。1906年，何東成為首位在山頂居住的中國籍人士。參見何文翻《香港家族史》，香港：明報出版社1992年。

2、農業

近代香港的農業也是香港的一個重要的職業構成。在英國租借香港島的時候，第一次人口統計曾顯示島上有黃泥湧、筲箕灣、群大路、柴灣、大石下等十幾個小村莊，並且將其和漁村區分開。同時清代復界時的資料可以得知，當時有些內地居民被招墾後，大部分落戶於新界，但還是有一小部分來到港島，散佈在港島上，建立村莊，從事農業或漁業。由於早期香港地區只局限在香港島，又因爲香港島的地形特點，決定早期香港的農業必然不發達。根據外國人的遊記，早期香港島上售賣的果蔬有「荔枝、龍眼、橙、柚、番薯、芋蕷之類，又據聞有芭蕉實、西瓜、黃瓜、茄子、蘿蔔、蒜等」〔註117〕，另外還「將英國的馬鈴薯和廣州、澳門的水果移植」〔註118〕。第二位香港總督戴維斯爵士的關於香港島的報告還記載了 1845 年香港島的耕種及給穀物脫殼的方式，報告記載：

> 香港的農業生產使用普通的中國式的木犁，用水牛拉犁。其他的農業生產工具和中國大陸的相差無幾。給穀物脫殼時，農民會選擇家門前最方便的一塊平地，修整平整後，塗抹上石灰，再壓平。之後把穀粒灑在場內，有時讓小牛在上面踩踏達到脫殼目的，或者使用一種類似我們國家的叫「耞」的農具來脫殼。之後用風機把殼和穀粒分開。田中勞作的婦女帶著普通的帽子，不一樣的是在帽子前面加了一個簾子，以遮擋熱辣的陽光〔註119〕。

隨著英國租借九龍和新界後，香港地區的版圖的擴大，尤其是新界的納入使得香港的農業成爲了香港外來移民的重要職業之一。新界的土地肥沃，地勢平坦，適合耕種，早在 1841 年前，很多居民就定居於此，世代務農，這裏的農業非常發達。

香港盛產穀類及菜果。像新界的很多地方都以種稻米爲主，一年兩季。蔬菜春季有芥蘭、生菜、青蒜、菜心等；夏季有莧菜、豆角、涼瓜、節瓜等；秋冬則是白菜、芥菜、蘿蔔、冬瓜、生薑等。水果有荔枝、龍眼、沙梨、橘

〔註117〕〔日〕玉蟲左大夫：《航美日錄》，陳湛頤《日本人與香港——十九世紀見聞錄》，香港：香港教育圖書公司 1995 年，第 62 頁。

〔註118〕〔日〕益頭俊次郎：《美行航海日記（三）》，陳湛頤《日本人與香港——十九世紀見聞錄》，香港：香港教育圖書公司 1995 年，第 88 頁。

〔註119〕Tarrant，William：The Hongkong almanack and directory for 1846，Hong Kong：Office of the China Mail，1846.

子、柚子，橙子、黃皮、西瓜、菠蘿、落花生、油柑子、甘蔗等。〔註120〕

3、漁業

香港自古為華南門戶，交通便利，經濟集中，所以漁業市場也佔有很重要的地位。香港的漁業分為鮮魚業和鹹魚業兩種。前者主要銷往香港本地，後者則銷往本地和內地。主要從事漁業的人是近代香港外來的華籍移民中的蜑民族群。蜑民中的漁民主要職業分為兩種，即船主和工人。在近代早期，由於魚類產量豐富，品種繁多，漁民不愁沒處捕撈，而且早期的漁民人口規模較後期要小，漁船就少，因而競爭較少，每次出海，基本上都能滿載而歸。雖魚的市價比後期低廉，但是工人的傭金也低廉。漁民的生活還是比較穩定的。後期由於漁民人口的膨脹，（前文已述，漁民是幾大族群中在香港出生人數最多的一個族群），工人傭金的提高，日漁的侵入以及漁民缺乏知識、捕撈方法和工具的落後等種種因素使得近代後期香港的漁民的生活陷入窘境。

香港沿海的漁產種類繁多，單是大埔沿海區域，就盛產海藻及魚介、昆布等物，可供食用。魚類中較著名的，有鏡魚、黃花魚、石斑魚、鱔魚、鱸魚、貼沙魚，青衣魚及鰻鱔魚。此外，蝦、蟹、及水母、海膽等也是漁民的主要漁獲。〔註121〕

4、公務員和專業人員

近代的香港的公務員主要是指各國政府派往香港的工作人員。其中以英國政府管轄下的為最多。包括香港政府的一切官員，英國政府在香港組成的軍隊，警隊和典獄人員。其他國家的則多是各國派遣駐香港大使館的官員，相對數量較少。公務員當然是從派遣地來到香港的，雖然都是從政府拿薪水，但是等級差別非常之大。政府官員一般社會地位較高，報酬高，工作和居住的環境好。

警隊和典獄人員的待遇則稍遜色些。香港警察中有英國籍警察、印度籍警察和華人警察組成。

1901年的一則官方報告〔註122〕載錄了1900年的香港警察熱構成和具體人數。警隊共有警員929人，其中英人、印度人和華人的數量分別為153人、366

〔註120〕蕭國健：《大埔風物志》，大埔區議會2007年，第31頁。
〔註121〕蕭國健：《大埔風物志》，香港：大埔區議會2007年，第31頁。
〔註122〕Hong Kong Sessional Paper，1900，page171.

人和 410 人，三種國籍的警察占全港警察人數的比例分別爲 16.5%、39.4%和 44.1%。

　　另據日本人松井茂在 1901 年爲調查警察事務前往歐美的途中經過香港，對此地的警務資料也有搜集，在其《東洋警察見聞錄》一書中詳細的說明了 1901 年香港的警察組織。松井茂在對當時的警察局長梅氏訪談後，記錄如下：

> 香港政府中，除警務署長外，有副署長（deputy superintendent）一
> 人及助理警務署長（assistant suoperintendent）二人，另總督察（chief
> inspector and chief detective inspector）二人，督查十四人，均爲裁判
> 官（magistrate）。此外，還有四十九名警長（sergeant）和七十七名
> 警員（constable），他們都是歐洲人。印度人的警員有三百五十人、
> 警長十六人。梅氏透露：在來年的預算中，將會提出計劃，要求增
> 加兩名印度人的士官；並將警長由十六人增至五十人。全港警署有
> 三十三、四間。維多利亞城內，每三區便應有一所警署，現時共有
> 八間，全部均由督查擔任署長。九龍方面的警署則由警長管理。華
> 人警察由七名警長和二百四十二名警員組成。外籍警官的工作時間
> 每天僅六小時，即使華人、印度人也不超過八小時。不過在新界的
> 華人也只工作六小時。〔註123〕

同時松井茂還指出當時香港的警察還有水警、消防警、交通警和風俗警察等，並列舉了歐洲籍、印度籍和華籍警察的工資。可以看出歐洲籍中級別最低的警員的年薪爲 720 元，也比印度籍和華籍中最高級別的警官的工資高一倍。由於是實地考察，而且松井茂本人也是做警察法學研究的，因此這段記載還是比較專業可信的，它眞實的呈現了二十世紀初香港的警察組織情況是以歐美人爲高層，印度人和華人爲底層的嚴密組織。

　　又有前人實地考察後記錄 1935 年香港警察總數爲 2270 人，除官佐 200 餘人爲英人外，其餘則英人占少數。警隊中英人、印度人和華人的人數分別爲 261 人、776 人和 1233 人〔註124〕，各占全體警員總數的 11.5%、34%和 54.5%。

　　通過以上三年數據的比較，我們可以看到香港警隊人口構成的變化：首先是由於移民的增加，警隊規模擴大了，其次是印度籍警察和華人警察的百

〔註123〕〔日〕松井茂：《東洋警察見聞錄》，警察協會出版社 1901 年，第 16～18 頁。
〔註124〕〔清〕賴連三：《香港紀略（外二種）》，廣州：暨南大學出版社 1997 年，第
　　　　　176 頁。

分比提高。1935 年華人警察占總數的一半以上，成為警隊的主體部分。華人中還分為廣東籍和山東籍警察。時人云：「交通警察三百餘人中，幾皆為威海衛人。詢其為何向遠如威海衛之處招募警士，則云：山東人身軀魁偉，為交通警，指揮車輛較易，且服務之忠實。亦有最優之記錄也。」〔註 125〕有史料記載其中英籍警察的工資最高，印度警察每月港幣十八元，華人警察則十七元，家餉每次四元。較之歐警，每月數十元乃至數百元，印警和華警的待遇相去甚遠。〔註 126〕

專業人員是指教師、護士、牧師和傳教士、技術人員等。香港開埠後，隨著城市的日趨成型，各國移民在其各自的社區裏建立了醫院和學校等，因此就從自己國家招聘來了教師和醫生、護士等。

香港作為一個貿易自由港，宗教信仰也是自由的。各種宗教在這裏都能找到它的領域。牧師和傳教士一直是在香港活動非常活躍的一種職業，當然多為西方神職人士擔當，在一些華人社區，也有一些華人信教後，也開始從事這一行業。

技術人員在香港的城市建設中發揮了重要的作用。早期香港島破敗蕭條，地勢險要，英國政府在最初開展城市建設時，從本國和印度等地調來不少建築設計師，工程師，道路和橋梁設計人員，在這些專業技術人員的主持下，當然也少不了下面要提到的華人勞工的貢獻，香港才根本的改變了最初的蕭條景象，並吸引了更多的移民來到這裏。除了政府部門雇傭的技術人員，還有一些人是受個別公司的雇傭來到香港，參與其雇主所負責的建築項目。

5、雜業

雜業，主要是指那些從事百工雜役之人，這也是近代香港外來移民的重要職業構成，而且行業範圍甚廣，對近代香港外來移民職業構成具有重要的意義。

1845 年的一份報告〔註 127〕中列出了當年在香港島的中國人從事的職業就有上百種，其中包括理髮匠、買鳥人、木匠、圖書裝訂者、鐵匠、買辦、

〔註 125〕〔清〕賴連三：《香港紀略（外二種）》，廣州：暨南大學出版社 1997 年，第 176 頁。

〔註 126〕〔清〕賴連三：《香港紀略（外二種）》，廣州：暨南大學出版社 1997 年，第 176 頁。

〔註 127〕Tarrant，William：The Hongkong almanack and directory for 1846，Hong Kong：Office of the China Mail，1846.

裁縫、捲煙商、藥商、水果商、鞭炮商、象牙雕刻者、米商、製繩者、找換商、茶商、銀匠、鴉片商、雨傘製作者、玩具商、鐘錶匠人等，此處不能一一列舉。

由此可見，近代香港的外來移民，尤其是華籍移民，從事百工雜役，發揮自己的聰明才智。在這麼廣泛的職業範圍內，一般可以分為兩大類型，一類是技術類型，一類是勞動類型。

技術類型包括那些技術性較強的行業，比如打石行業，船隻修造行業等。

勞動類型主要是指從事低級的體力勞作的行業。比如人力車夫，挑夫，採石工人，傭人等。在後期香港的工業興起後，還有眾多的華人從事各種工業的產品製造。

很多西方人在遊歷香港之後，在其遊記中都提到香港街頭的一些職業。這些記載可以為我們復原當時的香港外來移民的職業提供素材。我們在這裏可列舉幾例。比如外國人 Norman 在遊記中提到了十九世紀五十年代後半期的香港街頭有在街頭擺攤，號稱「包治百病」的庸醫〔註128〕；還有身著黑衣，頭戴白帽的傳教士，挨家挨戶推銷福音書一類的物品〔註129〕。另一位奧地利人的口述中也提到了 1858 年香港街上的手工藝者，比如一些用各種材料進行雕刻的雕刻師。尤其給他留下深刻印象的是在米紙上作畫的藝人。他指出這一技術，其他國家尚無人能模仿，是手工藝中利潤最高的一行〔註130〕。兩位外國人因大致同時期來到香港，他們的筆下不約而同的提到了香港街頭的用馴化的金絲雀算命的人〔註131〕。大約這種把戲實在是能引起外國人的好奇。Norman 甚至說到他花了一便士親身體驗了一次金絲雀為他算命。

在近代香港的記載中還有一種職業須得一提，那就是妓女行業。早在 1844 年，日本的漂流船員過港時就有這樣的發現，《東航紀聞》載曰：「市街為英

〔註128〕Norman，Francis Martin："Martello Tower" in China，and the Pacific in H. M. S.，London：G. Allen，1902，page97.

〔註129〕Norman，Francis Martin："Martello Tower" in China，and the Pacific in H. M. S.，London：G. Allen，1902，page 97.

〔註130〕Scherzer，Karl，Ritter von：Narrative of the circumnavigation of the globe by the Austrian frigate Novara，London：Saunders，Otley， and Co.，1862，page363.

〔註131〕Norman，Francis Martin："Martello Tower" in China，and the Pacific in H. M. S.，London：G. Allen，1902，page95～97.Scherzer， Karl，Ritter von：Narrative of the circumnavigation of the globe by the Austrian frigate Novara，London：Saunders，Otley，and Co.，1862，page362.

國人新關，主要面向海港，縱橫劃分爲三區，洋人、唐人、娼家等，各個聚居」〔註132〕。

由於近代早期香港是城市的建設發展時期，生活環境艱苦，來此謀生的大部分爲單身男性。而且香港是無稅口岸，客商往來眾多。最初是爲了繁榮市場，娛樂客商，准許妓院公開營業，因此就誕生了妓女這一行業。妓院由華民政務司管理。「妓院有高級和低級之分，每家妓院的的妓女多少不定。在辛亥革命前，妓院多設在上環水坑口，其後高級的遷往西環石塘咀。但不久水坑口的所有妓院都遷往西環。至於九龍油麻地新填地一代的妓院，都是中下級的。」〔註133〕另外《香港掌故》中也有相關的描述：

> 香港的公娼成了高級的妓女，私娼成了低級的妓女。當時香港的公娼
> 又有大寨和細寨的區分，大寨集中在水坑口，細寨則在水坑口上面一
> 帶的荷里活道。大寨差不多是上流社會中人才有資格光顧。〔註134〕

1903 年，公娼的大寨全部由上環的水坑口遷往石塘咀，石塘咀因此繁榮起來。隨著 1860 年英國租借九龍半島，香港的版圖擴大，娼妓業也擴至九龍。至 1903 年，九龍的油麻地的廟街已經是妓院林立，但主要是細寨。〔註135〕從 1910 年到 1935 年，香港的娼業處於全盛時期。記載中著筆較多的主要有兩類妓女。一類是華人，還有則是日本移民的「大和娘子軍」。日本小說家石川達三曾指出：「日本人前往發展的地方，最先行的拓荒者就是勇敢的大和撫子——日本娘子軍。隨後，男的就必然在附近開店，巧妙保持聯絡，一舉兩得……」〔註136〕有關香港的日本娼妓的記述可以追述到 1880 年，一直到二十世紀 20 年代之前，日本娼妓在香港都相當繁榮。據香港的日本領事館 1886 年所作的調查顯示：當時在港經營的日本妓院和咖啡室分別有八家和兩家，合共雇傭了七十名女子「工作」〔註137〕。這一數字雖不算多，但估計已占當時居港日人的一半了。日本人的不少有關香港的記錄中都談到這

〔註132〕《東航紀聞》（卷三）彌市漂流記，陳湛頤《日本人與香港——十九世紀見聞錄》，香港：香港教育圖書公司 1995 年，第 22 頁。

〔註133〕陳謙：《香港舊事見聞錄》，香港：中原出版社 1987 年，第 35 頁。

〔註134〕魯言：《香港掌故》第二集，香港：廣角鏡出版社 1981 年，第 104 頁。

〔註135〕魯言：《香港掌故》第二集，香港：廣角鏡出版社 1981 年，第 112 頁。

〔註136〕石川達三的《最近南美事情》（6），中公文庫 1981 年，第 132 頁。

〔註137〕〔日〕奧田乙治郎編：《明治初年在港的日本人》，臺灣總督府熱帶產業調查會 1937 年，陳湛頤《日本人與香港——十九世紀見聞錄》，香港：香港教育圖書公司 1995 年，第 218 頁。

一點。如 1899 年訪港的日本記者井口醜二在其《世界一周實記》中寫道：
「……在港日本人有三百七八十人，其中公娼九十人，私娼約三十人……」。
〔註 138〕到 1906 年，公娼近兩百，私娼不詳。1909 年，香港日僑人口約一
千，公娼數量達到兩百五十左右，私娼不詳。在此期間，日娼占居港人口的
半數，甚至達到六七成。關於二十世紀初日娼在香港的分佈，有日本人記載：
「位於香港市區的日式餐館『野村樓』是『娘子軍』的參謀本部；『娘子軍』
的『野戰部隊』則在灣仔區。」〔註 139〕作者還描述了灣仔的日娼的生活條
件：

> 我們走進一家狀似大工廠那樣的建築物二樓，屋內彎曲的通路兩
> 旁，並排著幾十間方九尺的小房子，每間房子都有一個或兩個日
> 本婦女，有些著浴衣，也有些穿像護士那樣的服裝，髮型有捲髮
> 帶左右兩個鴉髻的啦、束成牛糞狀的啦和其他奇形異狀的，這些
> 怪物都像冬瓜般塗得發白。她們邊扇著團扇，邊向過路的人搭
> 訕，招引他們進去休息……不知他們是出於自願還是招人誘騙
> 的。〔註 140〕

從日本人的遊記中可以看出近代香港的日娼生活條件很差，和華人的娼妓一
樣，也是分為三六九等的。至於為何要到這裏做娼妓，一位日本的評論家在
他 1896 年 6 月在香港停留三天后寫下的《香港三天》一文中深刻的揭示了日
娼的悲慘遭遇，

> 這些娼婦來自什麼地方呢？主要是由長崎或口津拐帶來的。她們被
> 驅到汽船的船底或貯存煤炭的角落，九死一生的來到此地。一旦登
> 岸，便不管妍醜，一律遭人以 250 圓左右的價錢賣掉。〔註 141〕

直至二十世紀二十年代中，香港取締娼業，日娼受到影響，趨於萎縮。1932
年，香港頒佈條例禁止婦女賣淫，加之日本國內經濟改善，婦女有更多的機
會就業，日娼在香港才逐漸消失。

〔註 138〕〔日〕井口丑二，《世界一周實記》，經濟雜誌社，1904 年，第 37 頁。
〔註 139〕〔日〕坪谷善四郎：《南清遊記》，載《海外行腳》，東京：博文館 1911 年，
　　　　　第 226～227 頁。
〔註 140〕〔日〕坪谷善四郎：《南清遊記》，載《海外行腳》，東京：博文館 1911 年，
　　　　　第 227 頁。
〔註 141〕〔日〕德富蘇峯：《香港三天》，陳湛頤《日本人與香港——十九世紀見聞錄》，
　　　　　香港：香港教育圖書公司 1995 年，第 232～233 頁。

近代香港的外來移民的職業構成十分廣泛繁雜，遍及香港的各行各業，為近代香港的社會發展和繁榮做出了重要的貢獻。

二、職業分佈的地緣性

在近代香港的外來移民的職業構成上我們還可以明顯的看出這種職業構成具有地緣性的趨向。也就是說，某一種職業往往集中被某一類來自同一地區或國家的人擔任。比如華籍移民基本從事的是雜業中的體力勞動者和農業及漁業等。

1、外來華籍移民所從事的職業

早期香港華人就業人口絕大多數是未經技術和技能訓練的非熟練勞動者，文化素質低，主要是為航運、船務、基礎設施和市政工程以及商業部門提供勞務。1891 年僅店員（15222 人）一項，即占全部就業人口的 14.800。手工工人充斥勞力市場，僅木工、泥瓦工、石匠、鐵匠、銅匠、錫匠、舂米工、裁縫等 8 種行業，1876 年有 7854 人，1881 年為 9588 人，1891 年達 16991 人，分別占當年就業人口的 15.6%，13.8%和 16.5%。從事個人服務業的僕役、苦力和轎夫，1871 年為 10144 人，1881 年共 23881 人，1891 年共 25507 人，約占當年就業人口的 25%左右〔註 142〕。十九世紀八九十年代興起的近代製造業，也容納了相當數量的勞動者。此外從事漁、農業的人口仍占一定的比例。處於社會上層、財力雄厚、生活富足的商人和買辦，在華人中只占極少數。

在眾多的華人從事的職業中，廣府人經商的較多，同時在新界的五大家族主要以從事農業為主；客家人則是活躍在建築業，比如打石或採石等，在新界的許多客家村落也是以農業為生的；蜑民當然是以漁業和雜貨經商為主的；福佬則主要是活躍在碼頭等地，成為船務船運等行業的勞工，除此之外，還有一批福佬因精於經營海產品而成為香港的華商，如南北行街的商鋪均是潮汕人或者閩人開辦的。福佬族群中的潮州人尤其善於經商。在近代香港，潮州人經營南北行、保險、客棧、莊口以及客棧等，尤其以米業為先。史云：

〔註 142〕《香港政府憲報》（Hong Kong Government Gazette），1871 年第 17 卷第 18 號，第 199 頁；1877 年第 23 卷第 9 號，第 85 頁；1881 年第 27 卷第 24 號，第 441 頁；1891 年第 37 卷第 38 號，第 766 頁。

「目下潮人在港開創三盤米業，有一百五十餘家，其營業逐年進步雲」〔註143〕。從歷史資料上來看，潮州人早在英國佔領香港之前，就已經有人在港經營白米零售店了〔註144〕。1933 年 6 月成立的香港米業商會（零售），也是由潮州籍零售米商發起的。此後，該商會不停吸納潮籍成員，最後幾乎變成一個全屬潮籍零售米商的組織。至於近代香港的批發米業，早期則是廣府籍米商占主要力量，因爲二次大戰前的香港入口的食米，除了供應本埠外，大部分轉口廣州，再由廣州分銷臨近各市鎮，因此廣州語系的批發商自然佔優勢。但是戰後，香港批發米業中的主導力量逐漸轉爲潮籍米商。這種現象一直維持，直至米業的衰落。〔註145〕

2、外來歐美籍移民的職業

歐美籍就業人口通常在政府機關、司法部門、商業和金融等單位任職。按職業不同，大致可分公務員、商人、專業人員（包括教師、護士、牧師和傳教士、技術人員等）、文員和翻譯、監工和其他低收入者（如警察、監獄看守等）四類。其中以收入豐厚的商人和公務員爲多，一少部分屬於社會下層。

3、近代香港印度人的職業

在香港的印度人直到 1941 年前，主要從事的職業有商人、警察和士兵、公務員。

英國殖民政府除了從印度徵兵到香港之外，還會聘任一些印度人到香港從事郵政、健康和教育等行業，這些職位即使中國人有相應的語言和專業技能都是無法得到的。除此之外一些老牌的印度公司已經逐漸擴大了經營和貿易規模，如開始經營茶葉、絲綢、鴉片和其他印度和英國的商品。這些公司遂在香港等中國的口岸開辦了分公司。在近代一百年裏，整個的印度在香港的移民主要分爲兩類：一類是和英國殖民政府簽訂合同來港服務的公務員，另一類就是來港經商的，其中要麼是自主來港，要麼是母公司（大多數總部在孟買）派來的。

〔註143〕〔清〕賴連三：《香港紀略（外二種）》，廣州：暨南大學出版社 1997 年，第69 頁。

〔註144〕陳荊淮：《香港潮商經濟發展略述》，載《潮商俊彥》，廣州：廣東人民出版社1994 年。

〔註145〕鄭宏泰等：《香港米業史》，三聯書店（香港）有限公司 2005 年。

　　據記載，在英國佔領香港那一刻，在港島上的有 2700 名印度籍士兵和 4名印度商人〔註 146〕。至 1845 年，印度居港人數達 362 人（不包括士兵），其中 23 名警察，2 名從事郵政行業的牧師，60 餘人從事廚師、信差和傳令兵等職位，其餘都是商人及其雇傭的職員。〔註 147〕

　　1931 年在港的印度人共 4745 人，其中士兵 1270 人，警察 398 人，公務員 127 人。這些公務員包括廣九鐵路的工程師、醫生、老師和電信人員等，都是一些有知識和技術含量的職業。餘下的 1680 人中有 1294 人從事商業貿易，108 人是自由職業者或是非政府雇傭者，其中有行醫者 24 人，船舶建造和建築工程顧問 6 人，註冊會計師 18 人等，一些非政府單位如家庭、學校、醫院和跨國公司也解決了一些印度人的工作問題。比如，34 人被雇為家庭傭人，還有 194 人擔任一些門衛和凡俗升職人員等。〔註 148〕

　　公務員的比例本來就不大，這些技術人員在合同期滿後，很快就會回國了。印度技術人員來港人數的增多直到戰後 50 年代才出現。

　　近代香港的印度籍警察是印度移民的主要職業之一。十九世紀八十年代日本人的訪港遊記中就有關於香港印度警察的記錄，記載為「當地在通衛上的巡警是膚色淺黑、骨骼強壯的印度人。他們頭纏紅布，身穿洋服，腰間繫短棍」〔註 149〕。1871 年，香港政府從印度的旁遮普邦招募了 182 名錫克警察和 126 名穆斯林警察，英國人任警官。開辦警察培訓學校，正式教授英語。任期十年，退休後享有退休金。十九世紀九十年代，警隊才開始招募中國警察，1896 年，有 293 名中國警察在編。隨後中印警察的數目一直是持平的。英國警察占 10% 左右。到 1939 年，香港警察中有 272 名歐洲人，774 名印度人和 1140 名中國人。〔註 150〕

〔註 146〕K.N.Vaid：The Overseas Indian Community in Hong Kong，Hong Kong University Press1972，page15.

〔註 147〕K.N.Vaid：The Overseas Indian Community in Hong Kong，Hong Kong University Press1972，page17.

〔註 148〕K.N.Vaid：The Overseas Indian Community in Hong Kong，Hong Kong University Press1972，page23.

〔註 149〕〔日〕稻垣達郎編：《明治文學全集（15）矢野龍溪集》，東京：築摩書房 1970年，第 284 頁。

〔註 150〕K.N.Vaid：The Overseas Indian Community in Hong Kong，Hong Kong University Press1972，page38～40.

4、近代香港葡萄牙人的職業

葡萄牙人的主要職業是文員，翻譯，也有葡商從澳門遷來，從事印刷業和園藝業等，如 Noronha & Co 印刷公司，即香港印務局（Hong Kong Government Printer）前身。〔註 151〕

5、近代香港日本人的職業

日本人在近代香港的職業主要是日本駐香港領事館的公務員，商人及小攤販，還有就是日本的娼妓。

近代香港外來移民的職業遍及社會中的每一行業，各國的移民都在自己的崗位上為近代香港的城市社會發展作出貢獻。由於各族群的外來移民來港後都會自動融入各自的族群或者是遷移時就以種族和同鄉聚合遷移，移民的職業構成較為容易的形成地域性傾向。總之，近代香港外來移民的職業構成和社會生活各方面息息相關。

小　結

某一地區的人口構成在人口學上可以從很多角度去分析，比如男女比例、年齡結構、出生死亡率等等。我們本節所討論的是從歷史的角度，選取近代香港外來移民的地緣構成、族群構成和職業構成三個方面進行分析。在對比分析近代香港的有關人口統計的檔案基礎上，我們結合史料記載，得出結論：近代香港外來移民的人口構成複雜。

首先，外來移民的地緣構成複雜。近代香港的外來移民的遷出地遍佈世界各地，組成了一個中西交融的社會。近代香港的外來移民主要分為華籍移民和外籍移民。在這兩個大的範疇下，華籍移民可以細化到很多省份；外籍移民則可以分為數十個國籍地。其中向近代香港輸送華人最多的省份是廣東省。

其次，近代香港外來移民的族群構成多元化。香港外來移民的族群構成主要是華人和外籍移民兩大類。外籍移民的族群是按照移民的國籍地來劃分的。華籍移民則劃分為廣府、福佬、客家和蜑民四種。每個族群都有各自的語言和習俗，彼此互不干涉，但又有交融，在近代香港社會扮演各自的角色。

〔註 151〕Mr. J. P. Braga，O.B.E：Portuguese Pioneering：A hundred years of Hong Kong，Hong Kong Centenary Commemorative Talks 1841～1941：the collection of the broadcast「talks」from the Hong Kong studio of ZBW，page 52.

　　最後，近代香港外來移民在來到香港後所從事的職業遍及社會的方方面面。近代香港的商業氣息非常濃厚，洋行商鋪比比皆是。由於商業的發展旺盛，由商業及其附屬行業帶來的就業機會最為充沛，也迅速被外來移民填充。同時，城市運轉所必需的各行各業都出現在這裏。

　　總之，近代香港外來移民的人口構成是東西方複雜的結合，也是以廣東籍華人和歐美人為主，其他多種人口類別為輔的一個移民社會。

第三章　近代香港外來移民的區域分佈

　　近代香港外來移民來到香港後，先是找到棲身之處，再開始他們的社會生活。從這些外來移民在城市中的地域分佈可以看出城市的區域分佈。分析移民的分佈情況，總結移民分佈的特點，展望移民分佈趨勢，對城市的發展有很大的借鑒作用。本章基於對香港香港殖民政府 1841 年至 1941 年間發佈在《香港政府憲報》（Hong Kong Government Gazette）或《議事錄》（Hong Kong Sessional Paper）上的各年人口普查數據的分析，結合史料的記載，對近代香港的外來移民的地域分佈情況進行探討，同時分析近代香港外來移民分佈的特點並嘗試展望未來移民分佈對城市發展的影響。

第一節　近代香港外來移民的分佈情況

　　研究移民的分佈狀況，主要看移民到達移入地後落腳點的分佈。這個題目可以從多種角度來展開研究。本節主要從族群分佈和職業分佈兩個角度探討近代香港外來移民的分佈情況。

一、近代香港外來移民的族群分佈

　　根據前文第二章的關於近代香港外來移民的族群構成的分析，我們這裏也按照外來外籍移民和外來華籍移民的區分來討論各自在近代香港的分佈情況。

1、近代香港外來外籍移民的分佈

（1）概況

近代來到香港的外籍移民儘管人數上和華人比，不算多，但是他們的來

源地十分卻多樣化。1872 年的香港的人口普查顯示出當年僅歐美籍的外籍移民就來源於 16 個國家，分別為英國、葡萄牙、美國、德國、西班牙、奧地利、丹麥、法國等〔註1〕。到了 1911 年，歐美籍的外籍移民的來源地增加到了 22 個國家，非歐美籍的外籍移民也有 17 種國籍的記載，包括日本、菲律賓、馬來西亞等。〔註2〕這些外籍移民來到香港後，如果族群的人口數量成一定規模，移民會選擇和同族群的移民聚居，像歐美人、印度人、日本人和葡萄牙人等。但是從整個外籍族群來看，他們在近代香港的分佈是比較集中的，主要聚居在香港島的中環（早期維多利亞城一帶）和九龍半島北部尖沙咀地區。

（2）主要族群聚居地

近代香港的外籍移民儘管整體上有一個集中的聚居地，但是在其內部還是有小聚居的特點。尤其是一些人口規模比較大的外籍族群，他們會在這個大的外國人分佈區內形成小聚居區。我們這裏就主要討論外籍人口中人口數量排名最靠前的幾個族群，分別是歐美人、葡萄牙人、印度人和日本人。

歐美人

以英國人為首的歐美人來到這塊土地後，自視是土地的主人，在香港島的城市建設初見雛形後，就落腳在港島的中心地帶維多利亞城區，居住區則是在半山山頂一帶的富人區。在租借九龍半島以後，尖沙咀一帶逐步發展成為歐洲人的居住區。

印度人

有關印度人在香港的居住地域的官方記載始於 1911 年。是年，在港印度人 2012 人，其中 75%居住在港島，25%居住在九龍半島，4%居住在新界，1%居住在昂船洲。直到 1931 年，在港印度人口翻倍，大多數新來的商人選擇九龍為落腳點，因此 1931 年的印度人在香港的聚居地發生轉移。46%居住在九龍，44%居住在港島，7%居住在新界，3%在船上生活。直到 1941 年，這種比例沒有大的改變。後期印度人的聚居地轉移到九龍主要是因為商人選擇離其工廠近比較便利的原因。具體數據見下表：

〔註 1〕 Hong Kong Government Gazette，1873 年 2 月 15 日，第 55 頁。
〔註 2〕 Hong Kong Sessional Paper，1911，No.103，page12～13.

表3−1　近代香港印度人口分佈情況〔註3〕單位：人

地　　點	1911 年	1931 年	1941 年
香港島	1511（75％）	2114（44％）	3342（45％）
九龍半島	401（25％）	2180（46％）	4037（55％）
新界	95（4％）	311（7％）	——
昂船洲	5（1％）	——	——
船上	——	140（3％）	——
總　　數	2012（100％）	4745（100％）	7379（100％）

　　1931 年在香港島的印度人有 6 個家庭中的 23 人生活在山頂，1382 人生活在維多利亞區，106 人散佈在島嶼其他地方〔註4〕。1941 年，在港島的印度人已經遍佈全島了，其中港島東部以跑馬地為中心的一代成為印度人的聚居地。同時，1941 年在九龍居住的印度人也呈現出以深水埗和尖沙咀為兩大聚居地。

　　在港的印度人一般會以聚居的形式建立自己的社區，與其他族群分隔開。這是由於英國人是主子地位，他們不會以平等的心態對待殖民地的人民，只是偶爾和一些印度的富豪有些面子上的往來；而中國人由於印度人特殊的宗教，語言和食物等文化差別，也是較少的和印度人雜居的。

　　印度人在跑馬地修建了印度教廟，錫克教廟和清真寺各一座，還開辦了一所學校除了教授英語和粵語外還教授旁遮普文，烏爾都語和印度文。由此九龍半島的尖沙咀和港島的東部就成了近代在港的印度人的聚居地。

葡萄牙人

　　有記載顯示英國佔領九龍後，幾位葡萄牙商人最早的來到九龍落腳，在十九世紀末，葡萄牙人已經聚居在尖沙咀和九龍車站附近的區域了。九龍塘是在香港的中產階級的葡萄牙人的另一處聚居地。在二十世紀初期，香港島上的羅便臣道的整個西山以及西營盤的西區，都有葡萄牙人聚居。葡萄牙人在港島上的惠靈頓 Wellington）街和缽乍甸街（Pottinger　Street）的街角修建了天主教堂（Catholic　Mission），在灣仔設有一間較小的天主教堂。斯湯頓大街（Staunton　Street）還有為葡萄牙男孩子開設的男校（St.　Saviours）以及女校（Canossian

---

〔註 3〕　K.N.Vaid：The Overseas Indian Community in Hong Kong，Hong Kong University
　　　　　Press1972，page 27.

〔註 4〕　K.N.Vaid：The Overseas Indian Community in Hong Kong，Hong Kong University
　　　　　Press1972，page 27.

Sisters）。在羅便臣道（Robinson Street）和凱恩道（Caine Street）之間，在葡人的天主教堂附近，以及謝利街（Shelley Street）都是葡人的聚居點。〔註5〕

日本人

近代香港日僑由於所屬階層不同，自踏入香港以來，它們就分爲兩大陣營：上町與下町。

上町意指市街的高地，是日本官紳富豪居住之處。在香港，日僑的上町就是當時的半山區，即港島的麥當奴道、寶雲道和乾德道附近〔註6〕。反之，下町意指市街低地，是工商業者的聚居之地。在香港，日僑的下町就是當時的灣仔一帶。

2、近代香港外來華籍移民的分佈

（1）概況

近代香港的外來華籍移民是香港的主要人口組成部分，歷年的人口統計均顯示，華人是香港人口的主體部分，占總人口數的 95％以上。不同於外國人在香港的集中分佈，近代香港的外來華籍移民遍佈整個香港地區的每一個角落，從香港島的城市和鄉村到九龍半島的商業區和工業區，以至整個新界的肥沃的農田上，都有華人的生活軌迹可循。在分佈廣泛的前提下，外來華籍移民也有相對集中的聚居點。首先華籍移民最集中的地段也是全香港地區人口最集中的區域，及香港島的維多利亞城。近代香港歷年的人口報告大都有維多利亞城的人口分類統計，我們這裏只是擇取幾個年份，就不難看出維多利亞城的華人人口密度有多大。根據各年香港人口普查報告，1871 年，維多利亞城的華人爲 72984 人，占全部華人（115744 人）的 63％〔註7〕；1881年，該區華人 96856 人，同樣的人口比例爲 60％〔註8〕；1891 年該區人口爲136901 人，占全部華人的 65％〔註9〕；1901 年，維多利亞城的華人 175056

〔註 5〕 Mr. J. P. Braga，O.B.E：Portuguese Pioneering：A hundred years of Hong Kong，Hong Kong Centenary Commemorative Talks 1841～1941：the collection of the broadcast「talks」from the Hong Kong studio of ZBW，page 53.

〔註 6〕 陳湛頤編譯：《日本人訪港見聞錄 1898～1941》，三聯書店（香港）有限公司 2005 年，第 557 頁。

〔註 7〕 Hong Kong Government Gazette，1854 年 3 月 11 日。

〔註 8〕 Hong Kong Government Gazette，1871 年 5 月 6 日，第 196 頁。

〔註 9〕 Hong Kong Government Gazette，1881 年 6 月 11 日，第 437 頁。

人，占全港華人總數的 75%〔註10〕；1911 年，該城內華人達到 217773 人，占全港華人總數半數以上〔註11〕；1921 錄得的該地的華人數量是 314300 人，占全港華人總數的 58%〔註12〕。從以上連續六年的數據，我們可以看到近代香港的外來華人一半以上都是分佈在香港島的維多利亞城，這說明該地區是華人最集中的一處。

除了城市中心之外，從官方的人口報告中，我們還可以看到，香港島的村莊筲箕灣，九龍地區的油麻地和大角咀，以及新界的大埔、屏山等都是華人人口比較密集的聚居地。

（2）四大族群的大致分佈

近代香港的華人基本上是華籍族群內部的雜居，尤其是在城市商業中心一些繁華的地帶。但是，由於華人一向有宗族觀念，他們遷移的落腳點往往會受同族內先到香港的人的吸引而形成小聚居的局面。因此，近代香港的外來華籍移民整體是分佈廣泛，呈現雜居態勢，但內部也有廣府、客家、福佬和蜑民四大族群的小聚居點。

在早期香港，本地族群人士不僅在華人總人口的數量上佔優勢，從人口分佈著眼，他們也呈集中分佈態勢。從香港開埠的第一天起，華人流入人口的目的地，主要就是維多利亞城。

表 3－2 　1851 年 12 月 31 日港島華人人口分佈地區〔註13〕單位：人

	男　性	女　性	人口數	居　民	職　　業
維多利亞城 10656 經商	7	157	1772	825	902
農村	3442	895	512	380	5244 以農業、打石為主
總計	10599	2667	1342	1282	15890

表 3－2 農村地區的華人人口，基本上都是香港原有的人口。維多利亞城的華人人口，則基本上都是開埠後自外地流入香港的。因此，由上表可以清楚看出，早期的流入華人人口主要集中於香港島的維多利亞城內。如

〔註10〕Hong Kong Sessional Paper，1901，No. 39，第 8 頁。
〔註11〕Hong Kong Government Gazette，1891 年 8 月 22 日，第 749 頁。
〔註12〕Hong Kong Sessional Paper，1921，No. 15，第 172～173 頁。
〔註13〕數據來源於 1851 年的香港人口統計。

果以地域論，早期的維多利亞城大體等於華人統稱為「四環、五約」的狹小區域，相當於今天香港島上以中環為中心的中、西區的若干地帶〔註14〕。那時的維多利亞城可以分成海岸、半山、山頂三個區，半山區基本上都是由歐洲人居住，山頂區更是完全由歐洲人居住，華人基本上完全居住於海岸區域的一部分地域。由於早期的具體地區的分區族群統計資料缺乏，我們無法確切地指明維多利亞城一帶華人具體的族群人口構成數目、具體街區的族群分佈情況。但是，既然流入香港的人口絕大多數是本地人士，因此，我們可以合理地推測，維多利亞城一帶華人也主要屬於本地族群，即廣府人。

根據史料和當事人的回憶錄可知，限於香港當時的具體條件，早期流入的華人普遍採用的是中國人傳統的分族群聚居的策略。即同一族群的人士居住在同一個街區，至少居住於同一棟房子；不同族群的人士不在同一個街區居住，至少不共同居住於同一棟房子。例如，流入港島的蜑民主要聚居於維多利亞港口的水面上，福佬主要聚居於「南北行」周圍。本地和客家則主要聚居於太平山、中環一帶，不過，他們雖然共同居住於這一區域，卻是分居：本地人居住於本地人開辦的客棧之類中，客家人居住於客家人開辦的客棧之類中，並不相混。因此，雖然我們無法確切指明本地族群的具體分佈位置和人數，但我們確切地知道他們採取聚族而居的集中分佈模式〔註15〕。

至於後期香港華籍移民的分佈，我們可以用第二章中的一個關於家庭語言使用及地區分佈的表格來分析，大概得出各族群的分佈情況。

〔註14〕1903 年，「香港政府在憲報頒佈法令界定維多利亞城範圍，並豎立界石標明範圍。界石約高一米，上面刻有『City ofVictoria 1903』的字樣，它們分別位於堅尼地城西寧街堅尼地城臨時遊樂場內、克頓道近寶珊道、薄扶林道近摩星嶺道的行人隧道入口、寶雲道近司徒拔道、舊山頂道近地利根德里山邊，及黃泥涌道聖保祿學校對面停車場行人路」（http://www.amo.gov.hk/yfoh/b5/victoria_city. php）。

〔註15〕張振江：《香港開埠初期的華籍族群與族群關係》，載周大鳴、何國強主編《文化人類學新視野》，香港：香港國際炎黃文化出版社 2003 年。

表3-3　1911年香港家庭語言使用及地區分佈〔註16〕單位：人

	港　九	新界北區	新界南區	總數	百分比
本地	311992	31595	16395	359982	81%
客家	22822	37053	7321	67196	15.1%
福佬	6949	75	1369	8393	1.9%
其他	2864	124	——	2988	0.7%
未提供	5791	275	39	6105	1.3%

　　表格3-3是關於語言使用人數的統計。一般來說，一個人在家庭中使用的往往是其籍貫的方言，因此家庭語言的使用大致體現出該家庭的籍貫。從這個統計指標中，我們可以側面的看出在1911年這個時間點，香港的華人分佈的幾個特點：

　　首先，本地人，即廣府人的人數占絕對大多數，比例達到81%；客家族群位於其次，占人口比例的15%左右；福佬作為另一個華籍族群，其實人數是比較少的，只占到2%左右。

　　其次，本地人主要分佈在港九地區，在全港的本地人中，八成以上居住在港九；客家人則不同，他們大多活動在新界北區，其次是港九；福佬則又是另一種情況，他們八成以上的人分佈在港九，剩餘幾乎全部在新界南部；新界北區主要本地人和客家人的活動地點。

　　由於以上的數據和分析，沒有將近代香港的疍民計算在內，因此我們將這一族群的分佈就已經獲得的資料作單獨的分析。疍民，即漁民，主要生活在水旁。從以下的一份疍民的人口表格和一份疍民在香港的分佈地圖，我們可以對疍民的分佈有一個清晰的印象。

表3-4　1936年香港各海灣漁民人口表〔註17〕單位：人

地名	長洲	香港仔	筲箕灣	汲水門	赤柱	青衣	荃灣	大埔	塔門	吉奧	大澳	西貢	滘西	糧船灣	將軍澳	布袋澳
人口	一萬五千	一萬五千	一萬五千	一千	二千	五百	一千五百	六千	二千	三千	六千	四千	一千	一千五百	三百	五百

〔註16〕Hong Kong Sessional Paper，1911，No.103，page18～19。
〔註17〕謝愷生：《香港漁民概況》，香港：中國漁民協進會1939年，第6頁。

　　由以上的數據我們可以看出，當年的漁民總數爲七萬四千三百人，占當年人口總數的 7.4% 左右，算是香港人口中華籍族群中比較重要的一支了。有記載稱「香港又名香島、香江、香海、紅爐峰、裙帶路等名。香港之英文名稱爲 Hong Kong，土音讀爲「康港」，乃從疍語而來」〔註18〕。由此可見，疍民在香港初期就活躍於港島，而且是主要的華人群體。

　　漁民由於以打漁爲生，因此大多分佈在香港島，大嶼山，九龍和新界周圍的港灣裏，以船爲家。他們的分佈地點比較固定，不會隨著年代的推移而出現大的變動。圖 3-1 清晰的呈現了近代香港的水上居民分佈圖。

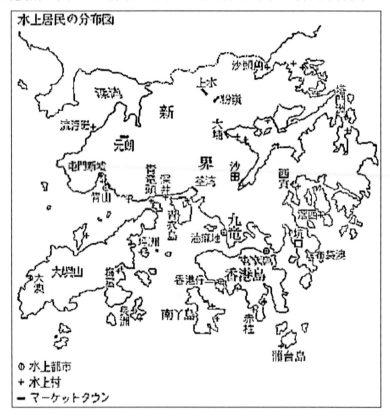

圖 3-1 水上居民分佈圖〔註19〕

　　由以上分析，我們可以看到近代香港外來移民的大致分佈狀況。華人和西方人是分開居住，各有各的聚居地。外國人的聚居地比較集中，主要在香

〔註18〕謝愼生：《香港漁民報告》，香港：中國漁民協進會 1939 年，第 1 頁。

〔註19〕〔日〕可兒弘明：《香港の水上居民ホンコン　ノ　スイジョウ　キョミン：中國社會史の斷面》，東京：岩波書店 1970 年，第 1 頁。

港島的中環附近和九龍半島南端的尖沙咀一帶。華人的分佈則遍佈於香港三區，每個區內又有人口密度比較高的聚居地。在中西族群內部，各種次一級族群則呈現大雜居、小聚居的分佈狀況。

二、近代香港外來移民的職業分佈

近代香港的外來移民在香港從事這社會的各行各業。職業的分佈和移民的分佈有密切的關係，但是職業的分佈也受政策和地理等因素的控制，從而呈現出和移民的分佈不完全一樣的局面。以下我們將近代香港的各種職業概括到六大類，並探討這六類職業在近代香港的分佈情況。

1、商業

由於英國人在香港開埠後，最先開發的是港島北岸。在那裏，殖民政府修路建房。很快，各地的外來移民就聚居在維多利亞城，這裏成為近代香港人口密度最高的區域。根據施堅雅的宏觀區域學說中的核心——邊緣理論[註20]，人口密度高的核心地帶，擁有良好的生產力資源和交通設施的優勢，這些都會刺激市場的發展。維多利亞城一帶最終發展成為香港最著名的商業區。根據各種史料的記載，我們可以看到後來的中環、上環一帶矗立著各家銀行和百貨公司的高樓大廈，很多的酒店、食肆、商鋪相繼開業。

1860 年英國租借九龍半島後，由於更多的移民的到來，原維多利亞城的人口密度超高，即使在港島北岸進行的填海造地依然無法解決這個問題，於是人口開始向港口對面的九龍半島南端的尖沙咀流動。隨著廣九鐵路的修建，尖沙咀成為一個交通運輸中心。進入二十世紀後，這裏先後建立了市場，並且修建了九龍酒店和半島酒店。這些發展使得尖沙咀成為香港的繼港島中環一帶之後的第二個商業區。

2、打石業

打石業是香港早期的行業。香港開埠後，由於香港島地形的特點，發展城市建設需要開山劈道，這就需要大批的勞力進行採石，還有大批的技術工人進行建築和雕刻。前文已經分析過，早期來港的打石業移民為廣東省嘉應州五華人居多。他們到港後，選擇島西一帶為落腳點，因為那裏便於運輸，又有易採

〔註20〕〔美〕施堅雅：《中文版前言》，施堅雅主編，葉光庭等譯、陳橋驛校：《中華帝國晚期的城市》，北京：中華書局 2000 年版，第 3 頁。

鑿的大量的花崗岩。石塘咀和西營盤於是成為早期打石業的集中地段。

3、漁業

近代香港的漁業主要是由香港的疍民經營的。由於漁業這個行業特有的要接近海面的特點，近代香港的漁業區主要是香港島、九龍和新界離島等陸地周邊的海灣。首先，漁民遍佈在各個海灣，他們捕魚後，一般都是上岸就與人進行交易。如果要採購新鮮的海貨，必然要去漁民經常停留的漁港。

4、農業

近代香港的農業主要分佈在新界。這一點和新界的土地因素及歷史有關。新界在被英國佔領前，就是當時新安縣轄內的農業區。新界的本地人和客家人在明清時代就被這裏的肥沃的土地和風土吸引來到這裏進行耕種。傳統的農業經濟在 1898 年新界被納入香港界內後一直保持到第二次世界大戰後。這一點從香港政府的官方人口統計的數據中也可以得到證實。1911 年的人口普查報告中關於新界的華人從事的職業數據顯示，新界的男性農民有 13934 人，女性有 13973 人〔註21〕，新界居民中從事其他職業的人數則大多以百計。這種明顯的差距也說明了新界是近代香港的主要農業區。九龍半島在被英國租借前也有不少村莊從事農業種植，但是隨著人口的增加，商業區的擴大，農業耕地不斷向北萎縮。到二十世紀三十年代時，九龍的農業比例已經大大降低。

5、工業

近代香港本是一個商業氣息非常濃厚的地方，工業的發展起步很晚。直到二十世紀三十年代開始，香港的工業才開始得以發展。香港初期工業的發展在香港島和九龍地區都有。太古船塢、太古糖廠等是最早出現在港島的大型工業之一，此外還有繩廠、煙廠等。九龍方面，史料記載「（紅勘水泥廠）工人數百名，水泥質量好，行銷港內和中國國內」。〔註22〕又有「九龍地區，有李裕興、利工民的織造廠最為有名」〔註23〕。《鏡海叢報》也曾有過關於香港紅磡火柴廠的報導，稱「香港對海紅磡火柴局為商人吳某所創，九月三十日失慎，全間燒毀，計損壞機器等物值銀三千元，焚去火柴值三千元，房屋

〔註21〕 Hong Kong Sessional Paper，1911，No. 103，page51～53.
〔註22〕 陳謙：《香港舊事見聞錄》，香港：中原出版社 1987 年，第 129～131 頁。
〔註23〕 陳謙：《香港舊事見聞錄》，香港：中原出版社 1987 年，第 129～131 頁。

值銀七百兩，未買保險」〔註 24〕。近代香港後期興起的工業主要集中在九龍半島，有各種製造業的工廠，比如水泥廠、玻璃廠、毛織廠等。工廠的建立使得一大批的工人分佈居住在工廠周邊地區。

6、雜業

近代香港的雜業可謂是多種多樣。從歷年的人口普查中關於在港外來移民的從事職業的統計中我們可以看到，除了以上幾種主要的職業分類外，還有苦力、裁縫、工程設計、理髮師、娼妓等數百種職業。這些職業的從業人員也有其大致的集中分佈區域。比如苦力大都分佈在港口，因為這些地方是貨物中轉的地方，需要大量的苦力做搬運工；裁縫、理髮師、傭人等職業都和居民的日常生生息息相關，因而主要分佈在移民聚居點；娼妓業集中在石塘咀一帶〔註 25〕等等。總之，大多百工雜業和商業相關，都在商業區內部和附近分佈。

本節從族群分佈和地域分佈兩個角度探討了近代香港外來移民的地域分佈情況。

首先，近代香港的外來移民是華洋分居的。華人廣泛分佈於香港的各個地方，而外籍移民則主要集中於香港島的中環一帶和九龍半島南部的尖沙咀一帶。華籍移民的高密度聚居地則在香港島的筲箕灣，九龍半島的油麻地和大角咀，以及新界的屏山、大埔等地。在華人和外籍族群內部均呈現大雜居的局面，但同時在華洋移民裏的一些次一級族群則又有聚居的地點。比如歐美人主要位於中環、山頂一帶；印度人在九龍和港島都有集中分佈；葡萄牙人在港島的羅便臣道和西營盤一帶；日本人中的富豪和平民分別居於半山區和灣仔等。華籍族群中的疍民主要分佈與各海灣漁港；廣府人集中在港島和九龍地區；客家人以新界北區為主要聚居地；福佬則是集中分佈在港九地區和新界南區。

其次，我們考察了近代香港外來移民從事職業的分佈情況。商業主要集中在港島的中環和九龍半島的南端；農業集中在新界；漁業和疍民的居住地是重合的，主要分佈在各大海灣漁港；工業興起的比較晚，集中在九龍地區；其他雜業則以商業區為中心，分佈於其中或周邊。

〔註 24〕《鏡海叢報》，1894 年 11 月 7 日。

〔註 25〕魯言：《香港娼門滄桑》，《香港掌故》第二集，香港：廣角鏡出版社 1981 年，第 104 頁。

　　近代香港的外來移民在香港自主地構成聚居區，分佈在整個香港地區的每一角落，從事各種職業，爲香港的城市建設打下堅實的基礎。

第二節　近代香港外來移民的分佈特點

　　通過前一節的分析，我們看到近代香港的外來移民在香港的基本分佈狀況。本節我們則以前文的分析爲基礎，嘗試總結近代香港外來移民的特點。

一、近代香港外來移民最集中的核心地帶：維多利亞城

　　近代香港的城市建設始於香港島北岸，英國人最早在這裏開始城市建設，因此這裏成爲移民到來後的首選之地。這裏首先是華洋雜處的一塊地域，其次從香港政府官方的人口統計報告可以看出，維多利亞城一直是香港人口密度最高的區域。我們在近代香港歷史上選取 1853 年、1871 年、1881 年、1901 年和 1921 年 5 個年份，然後來參照當年的官方人口普查結果，就可以看到歷史上維多利亞城的持續人口密佈情況。1853 年的維多利亞城內華人是 15962 人，外籍人 1287 人，共有居民約 1.7 萬人，占當時全島人口（39017 人）的將近一半〔註26〕；1871 年，這裏的華人是 72984 人，外籍人約 9000 人，共有居民約 8 萬人，占當年全港人口總數（124178 人）的六七成〔註27〕；1881 年，該區的華人爲 96856 人，西人約 1 萬人，共有人口超過 10 萬人，占當年全港人數（160402）的六成以上〔註28〕；1901 年維多利亞城的人口達到 181918 人，全港人數爲 283975 人，該區人口占總人口的六成以上〔註29〕；1921 年維多利亞城的人口達到 323273 人，占全港人口的六成以上〔註30〕。由以上數據我們可以看出，在整個近代年間，維多利亞城區都是香港人口最密集的地帶。這個人口聚集的核心地帶一直容納著一半以上的全香港的人口。雖然隨著早期填海等方式增加了城區的地理面積，但是和人口的增長速度來比，這實在是很有限的。人口的絕對值的增長是我們不得不驚訝於這個地域對人口的容納彈性。

〔註26〕The Hong Kong Government Gazette，1854 年 3 月 11 日。
〔註27〕The Hong Kong Government Gazette，1871 年 5 月 6 日，第 196 頁。
〔註28〕The Hong Kong Government Gazette，1881 年 6 月 11 日，第 437 頁。
〔註29〕Hong Kong Sessional Paper，1901，No. 39，第 8 頁。
〔註30〕Hong Kong Sessional Paper，1921，No. 15，第 172～173 頁。

二、近代香港外來華洋移民大分居、小聚居

由於近代香港的外來移民的地緣構成複雜，他們來到香港後也會自然地趨近於各自的族群。外籍移民和華籍移民在宗教文化和生活習俗上的諸多差異，導致香港華洋移民的大分居局面。外籍移民人數少，主要分佈在香港的最繁榮的商業中心。華人則遍佈全香港。

三、近代香港外籍移民分佈集中，華籍移民分佈分散

我們將近代香港的外來移民中的華人和外籍移民的分佈區對比後，還會發現外籍移民的分佈比較集中，位於維多利亞港灣的南北兩岸。華人的分佈則比較分散。一個原因是華人的人數眾多，需要有更多的土地面積來供養人口；另外由於歷史上香港就是中國的一部分，很多的華人早就在此生活。但是華人在整個香港地區也並非是平均分佈的。在香港三區華人的人口高密度聚居點也清晰可見。人口密度最高的是在香港島，以維多利亞城為中心，向西至西營盤，向東至筲箕灣一帶。在九龍半島，油麻地和大角咀是華人的聚居處。新界的人口密度相比港九，要小得多。一些歷史悠久，農作物經濟發達的地方是人口比較集中的地方，比如大埔、屏山等地。

四、近代香港外來移民呈現南密北疏的分佈狀態

縱觀香港全區的人口分佈，我們可以看到，香港人口分佈呈現非常明顯的南密北疏的特點。由於早期發展的城市位於香港島的維多利亞城，因此在最初時期，人口的湧入目的地大都是該城市，原因是城市的發展為工匠提供了就業機會，為商人提供了商機。香港島的人口密度相比九龍要高出很多。隨後九龍半島南部的城市化進程使得那裏的人口也開始密集，但始終沒有超過香港島北岸。新界更是一個地廣人稀的地方，主要是農業區。英國佔領新界的主要目的也是把新界作為港島的腹地，以此和中國大陸連接。在第二次世界大戰前，香港殖民政府還沒有開始對新界的開發。因此和港九地區比較，新界是地廣人稀。這種南密北疏的人口分佈特點在下文 1931 年的香港人口分佈地圖中可以清晰的看到。

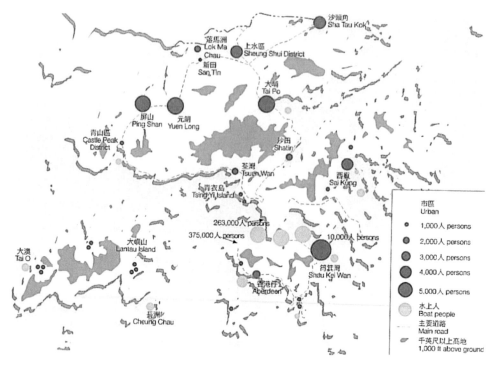

圖 3－2　1931 年香港的人口分佈圖〔註 31〕

第三節　近代香港外來移民的分佈趨勢

在上文得出近代香港外來移民的分佈特點後，我們將各時段靜態的分佈連接起來，可以看出近代香港外來移民的動態分佈趨勢。

一、近代香港外來移民分佈是由城市到鄉村的擴散

香港島的維多利亞城，以及後來原維多利亞城周邊的中環一帶一直是人口最密集的地方。這就說明，外來移民來到香港後，最先選擇的就是這裏，因爲這裏的城市建設最快，經濟最爲繁榮，生活更加便利，這些都成爲遷入地的吸引力使外來移民源源不斷的湧來，直到城市人口飽和，不得不向海港對面的九龍半島延伸。這種移民的分佈狀況顯示出外來移民首選城市區域，然後才會是鄉村。在 1938 年的香港政府報告中談到人口時，報告中稱「之前的難民來到香港後都是以城市爲目地的（即指港島的中環和九龍半島南端），

〔註31〕薛鳳旋：《香港發展地圖集》，三聯書店（香港）有限公司 2010 年，第 124 頁。

後來的難民則充斥了新界的市鎮和鄉村」〔註32〕。這也說明香港殖民政府也注意到了這種移民流入後的分佈情況。

二、近代香港外來移民分佈呈現由南向北推進趨勢

由於香港的城市化進程是由南向北推進的，因此香港的人口分佈趨勢也是由南向北推進的。

在香港島的維多利亞城的發展已成規模時，該城的人口已經十分擁擠，為了增加土地使用面積供人居住，香港政府開始了填海造地的工程。在香港的第一個都市開始建設而是年後，英國洽時的佔領了九龍。九龍本來是英國政府用來作為一個重要的軍事要塞，但是香港政府則把它看成一個疏散擁擠人口的一個地方。經過和軍方的協商以及英國政府的調停。香港政府開始了九龍的城市建設，逐步發展了尖沙咀、油麻地、旺角等商業區。由此，港島的人口開始向九龍部分轉移，繼續外來的移民也開始更多的落腳於九龍半島地區。在新界被納入香港殖民地後，由於香港政府在近代沒有大規模的在新界發展城市建設的規劃，因此人口由南向北流動不是十分明顯，但是由於港府在道路建設方面已經深入新界地區，比如廣九鐵路的建設。這些道路的打通的同時也把人口輸送到了新界。

近代香港就像是一個沙漏，外來移民像沙子一樣從其他方向把沙瓶由下到上填充。

總體來說，近代香港地區的人口分佈是先集中於香港島，在港島飽和後，向九龍推進，九龍的城市發展比較成熟後，又向新界開始流動的，這樣就呈現出一個由南向北推進的分佈趨勢。這個趨勢一直在近代結束後的很長時間裏都被保持著。

由這種移民分佈的趨勢我們可以斷定，隨著新界一些鄉村地區人口密度的加大，城市化進程必然加快。這些新城市的出現會再吸引更多的移民到來，這樣又會反過來促進城市建設。隨著移民由南向北推進的分佈趨勢，我們可以預見到香港的城市建設的步伐也是由南向北進行的，新界的城市化進程勢在必行。在香港的各區的城市化完成之後，不同地區的人口密度的差異會逐漸縮小。

〔註32〕Hong Kong Administration Report，1938，page6.

小　結

　　從香港 1841 年開埠到 1941 年香港被日本佔領這一百年間，香港作為一個自由港，吸引外來移民不斷湧入。在這裏他們都能尋找到各自的一片領地，在這塊有著特殊歷史的土地上生活和勞作。

　　本章研究近代香港外來移民的的地域分佈，主要是從族群分佈和職業分佈兩個方面展開。外來移民遍佈香港的每一個角落，但是整體來看，華籍移民和外籍移民是呈現分地而居的局面。如果把整個香港地區看成一個整體，那麼占人口少數的外籍移民基本上處於香港地區的核心地帶，即香港島的北岸中環一帶和九龍半島南部的尖沙咀一帶。在這塊核心地帶，中外移民是雜居的狀態。在這批區域之外的香港島、九龍半島和新界的廣大區域，則為華人所佔據。其中香港島的維多利亞城區及向東的筲箕灣、向西的西營盤一帶，九龍半島的油麻地和大角咀、新界的元朗、大埔、屏山等地是近代香港華人比較集中的地方。在中西族群內部的每一個小的族群，又在各自的大區域裏形成有地緣性傾向的小的聚居區。比如葡萄牙人主要聚居在羅便臣道，日本平民主要集聚在灣仔等，華人中的疍民主要處於各個漁港，客家人大都在新界北部。

　　近代香港外來移民的特點可以總結為外來移民以香港島維多利亞城及周邊為中心形成華洋大分居、小聚居的南密北疏的分佈狀況。

　　第一，香港島北岸的維多利亞城及周邊是外來移民的集中地。在維多利亞城及周邊地區幾乎集聚了近代香港所有外來移民的族群，不論是外籍移民，還是華人中的廣府、客家、福佬和疍民，任何種族的人在這裏都可以找到。因此我們說這一區域是人口密度最大，構成最複雜的一個區域，同時也是商業最發達的區域。

　　第二，近代香港的外來移民整體上是華洋分居的，除了城市中心地帶，香港的其他區域還是呈現明顯的華洋分居。但是在華洋族群以下，還是形成一些次一級族群的聚居地。因此我們說大分居、小聚居是近代香港外來移民的分佈特點。

　　第三，近代香港外來外籍移民分佈集中，而華籍移民則比較分散。外籍移民主要集中在維多利亞港兩岸，華籍移民的分佈比較分散，在香港島、九龍半島和新界都有華人人口比較集中的市鎮或村莊。

　　第四，從整個香港地區的人口分佈密度來看，近代外來移民呈現明顯的南密北疏的特點。這與近代香港的城市建設的進程有密切關係。

　　由上述近代香港外來移民特點我們可以看出移民進入香港後的選址是先城市後鄉村的，隨著香港城市化進程由南向北推進，近代香港外來移民的分佈趨勢是由城市向鄉村擴展，由南向北逐步推進的。由此我們可以嘗試設想，隨著戰後城市化建設在新界的全面展開，香港地區的城鄉差異縮小，隨後的外來移民的分佈會逐漸趨於平衡。

第四章　近代香港外來移民與香港城市建設

　　香港從 1841 年開埠到 1941 年日占時期前的這一百年間，城市的發展速度是引人注目的。首先香港地區的佔地面積由最初的港島的 78 平方公里，至 1860 年租借九龍半島後增至 128 平方公里，最終至 1898 年佔領新界及離島區共約 1095 平方公里，陸地面積增加約 13 倍；人口由 1841 年開埠初期的約 7000〔註1〕人增至 160 萬〔註2〕人，人口增幅達 200 多倍；其次在經濟方面，香港由一個漁村，經歷了鴉片貿易和苦力貿易，至日本佔領香港前成為國際上重要的貿易轉口港，而且本港的工業的發展經歷從無到有的過程。這些都表明近代香港的經濟經歷了巨大的飛躍；第三，城市的交通由山間小徑發展成街道縱橫，加上港九鐵路的通車、港口設施逐步完善以及建立起香港和世界各地來往的航線，香港已然形成了一套內外部完善的交通系統。近代香港的這些城市發展的進步和這期間巨幅增加的移民有著密切的關係。除了香港政府的行政因素外，可以說是外來移民推動了香港的城市建設和城市發展。

　　近代香港的城市發展是逐步進行的，也是符合城市發展規律的。這個發展過程可以用施堅雅的宏觀區域學說中的核心——邊緣理論來解釋。

　　施堅雅在《十九世紀中國的地區城市化》一文中界定了「中間地」的概念，認為它是「一個以履行重要中心職能，不光是經濟的，而且還有政治行政的、文化的和社會的」〔註3〕為特點的聚居區。

〔註 1〕　Hong Kong Government Gazette，1841 年 5 月 15 日。香港官方第一次人口普查記錄，準確數字是 7450 人。

〔註 2〕　數據來源：陳康棣《香港人口地理》，載於《經濟地理》1986 年第 1 期，文中具體數據是 1639357 人，作者注明是非官方人口統計數據。

〔註 3〕　〔美〕施堅雅：《十九世紀中國的地區城市化》，施堅雅主編，葉光庭等譯、陳橋驛校：《中華帝國晚期的城市》，中華書局 2000 年，第 256 頁。

　　施堅雅在中心地的基礎上形成了施堅雅模式的核心概念：「核心地區」（Core）和「邊緣地區」（Periphery），而其宏觀區域學說的中心觀點就是：「不僅大區域經濟具有核心——邊緣結構，它的每一層次上的區域系統均呈現和大區的核心——邊緣結構類似的內部差別。」〔註4〕

　　他認為從自然地理角度看，每一區域都可以分為「核心」與「邊緣」兩大部分。自然地理條件的不同，促成了「核心」區與「邊緣」地帶的種種差異。首先表現為資源集中程度的不同。在農業社會中，最主要的資源為可耕地，可耕地的多少與單位面積的勞動生產率和人口集中程度密切相關。因而，核心區的可耕地比例自然比邊緣地帶高，而且土質肥沃。在核心區，用於排澇、墾荒、灌溉、抗洪等方面的資金、人力遠較邊緣地帶為高，人口密度更是邊緣地帶無法比擬的。這幾方面因素共同作用的結果，導致核心區的農業生產率遠遠超過邊緣地帶。其次，與邊緣地帶相比，核心區具有明顯的交通優勢。核心地區對道路、橋梁、運河、船閘等運輸設施的投資，相對較多。除水系外，核心區的低地因地勢平緩，鋪設公路和開鑿運河的費用也較為低廉。這樣，每一區域的運輸網絡和交通樞紐都集中在核心區。第三，交通設施的相對優越有利經濟往來，刺激市場經濟的發展，使核心區商業化程度遠遠超過邊緣地帶。這是因為，核心地區為市場生產較多的商品作物和手工業產品，其家庭消費品更加依賴市場。進而，每一區域的主要城市都崛起於核心區或通向核心區的主要運輸路線上。簡言之，核心地區在資源、交通、市場等方面都比邊緣地區有優勢。就城市之間的平均距離來看，核心地區小於邊緣地區，由核心向邊緣呈現逐漸增加的趨勢；就市場規模及商業服務水平而言，核心地區大於和高於邊緣地區，由核心向邊緣地區呈現依次減弱和降低趨勢。在經濟層級裏往上的任何一級，核心的中心地總是多於邊緣，最高兩級的差別最為明顯；同時，對於任何一層級來說，地區核心的城市規模明顯大於邊緣的城市規模。要言之，核心地區是商品化程度較高的區域，邊緣地區的商品化程度相對就要低些。因此，從絕對意義上來講，每個大區的市場範圍均可分為中心和邊緣兩部分，而且從中心到邊緣依次等距離展開為若干蜂窩狀六邊形，即每一個規模最大的區域經濟中心被若干低一級的次經濟中心所圍繞，依次類推，直到最低一級，從而使中國商業城鎮和市場分佈呈現出一種層級結構。

〔註4〕〔美〕施堅雅：《中文版前言》，施堅雅主編，葉光庭等譯、陳橋驛校：《中華帝國晚期的城市》，中華書局 2000 年，第 3 頁。

　　施堅雅的理論探討的主要是鄉村城市化的過程。香港是一個比較特殊的案例。英國人在踏上這個島嶼的最初，就開始了城市建設。根據施堅雅的理論，城市的發展或者是鄉村的城市化過程是一個由中心向邊緣滲透的過程。最先發展或最先城市化的就是城市或市鎮的中心地帶，之後向外擴展。近代香港的發展基本上是符合這個理論的。

　　香港開埠後，英國人首先登上港島，在港島北岸開始城市建設，即維多利亞城。政策、商機和就業機會使得大批中外移民最先聚居於此（現在的中環），並以此為中心向西發展上環華人商業街（南北行街），向南發展太平山區為華人聚居區；之後在香港佔領九龍半島後，由於大量的移民聚居在九龍半島的尖沙咀和大角咀、油麻地一帶，這些點逐步成為維多利亞城發展的輻射範圍內的商業區；在 1898 年新界被納入香港版圖之後，情況有所變化。因為新界幅員遼闊，原本就是中國領土的一部分，這裏世代居住的居民一直從事農業和漁業經濟，是典型的鄉村。在這樣的地區發展城市建設和在香港島及九龍半島是不一樣的。後者是一張白紙，移民對聚居點的選擇和香港政府的政策很大程度上決定了城市發展的節點在哪些區域；前者則是鄉村城市化的一個過程。在近代四十年左右時間裏，新界的城市發展僅限於一些鄉村的墟市的擴大或聯合，還有一些地方有工業發展的雛形。新界真正的市鎮的發展是在戰後六十年代以後。但是從整體上來說，近代香港的城市發展是遵循這樣一個過程：以香港島中環為中心，逐步向東西南北擴散，直至最邊緣的新界。在每一層核心以外的邊緣層級也存在著各自的中心地和邊緣層。在這個過程中，外來移民起到了至關重要的作用。

　　外來移民最初是在某些地方形成聚居點，之後他們有消費和生活的需求，由於香港的水路交通便利，貨物到港方便，在移民提供充分勞動力的情況下，港口設施逐步完善，使得水路交通的貨物接駁便利。同時，香港地區內部的溝通需要促進了香港的陸地交通運輸系統的形成。由於人口密度大的地方對商品的消費量比較大，便利的交通和對商品的吸引力使這些地方逐漸形成了城市的商業中心。簡而言之，移民形成聚居點，帶來了生活需要和消費需要，帶來了建設城市的勞動力，也就帶來了城市發展的動力。

　　根據以上的分析，我們將從近代香港外來移民在香港港口發展的過程中、城市交通系統形成的過程中，以及城市商業中心的形成過程中起到的作用等三方面來探討近代香港外來移民與城市發展過程的關係。

第一節 近代香港外來移民與香港港口的發展

英軍登上香港島之前，就發現了這個島嶼擁有優良的港灣。1841 年，英國佔領香港後，就開始在港島北岸建房屋、倉庫，以安置居民和存放貨物。隨著移民的增加，可居住面積開始匱乏，於是城市開始填海造地的工程。在新填地上，日益增加的移民的生活和貿易需要，以及大噸位的船隻頻繁進出港等因素催生了船塢的建立和修造船業的發展。香港島和九龍半島之間的港口建設由此逐步展開。

一、港口的地理位置和氣候條件決定其爲優良海港

很多在近代期間訪港的西方人都對香港港口的印象深刻，這一點充分的體現在他們的遊記或日記中。明治時期一位日本的漂流船員曾這樣描述香港的港口位置：「香港方圓 20 里多，港口面向西南，入口狹窄，港灣寬闊，內裏停泊數百艘船隻。」〔註5〕香港位於珠江入海口的西側，水深面闊，適合大噸位的汽輪船停泊及裝卸貨物。香港的港口主要有兩個入口。東邊是鯉魚門，西邊是硫磺海峽。鯉魚門入口處水深達 40 米左右，寬只有 400 米左右，主要供遠洋汽輪船進出港口。硫磺海峽的寬窄和鯉魚門相差無幾，水深不足 20 米，只允許輕型船隻通過。〔註6〕港口的南北兩面均是陡峭的高山，這樣的地形對港口的屏蔽性很好，使得港口內停泊的船隻可以躲避颱風和抵禦海盜，比較安全。此外，香港距離西江和北江的出海口的蕉門、洪奇瀝、磨刀門等較遠，這樣受珠江泥沙威脅就比較小，不易淤淺。

從氣候條件來講，香港港口具備發展海上運輸的有利條件。珠江口地區的氣候受亞洲季風的影響和控制，每年自 4 月到 8 月，在海洋氣團的控制下，盛吹西南季風；自 9 月至翌年的 2、3 月，受大陸氣流的影響，盛行東北風。這種周期性的極爲有恒的季風，對於借助風力航行的帆船有順分順水的便利。

香港所處的地理位置決定了其優良海港的特點，尤其是隨著航海業的發展和航海運輸技術的不斷提高，大噸位的遠洋船隻成爲海上的主要交通工具後，香港更是體現出它的優良深水海港的特點。

〔註 5〕《東航紀聞》卷三（漂流始末·彌市漂流記），陳湛頤《日本人與香港——十九世紀見聞錄》，香港：香港教育圖書公司 1995 年，第 21～22 頁。

〔註 6〕 T. N. Chiu：The Port of Hong Kong-A Survey of its Development，Hong Kong：Hong Kong University Press，1973，page 5.

二、英國選擇香港的原因和貿易港定位

英國與中國的貿易在十六世紀就開始了，18 世紀 80 年代開始鴉片貿易，到了 18 世紀末的時候，廣州仍是當時唯一允許歐洲人進行對外貿易的港口。外商進口中國的茶和絲，銷往自己的國家；又向廣州出口棉織品和毛織品。〔註 7〕東印度公司在 18 世紀不斷發展壯大，到十九世紀初，它已經完全控制了中國同西方列強的商業往來。〔註 8〕中國通過廣州與世界各國的貿易不斷擴大。進口廣州的貨物主要分為兩類，一是從歐洲直接購買的，主要有羊毛製品、絨布、銅、鉛、錫等；二是從印度或東印度公司購買的，主要有生棉花、布匹、鴉片（孟買）、胡椒和米（馬來西亞和東印度公司）、以及一些昂貴的商品，比如象牙、燕窩和玳瑁等。中國出口的商品有茶、絲、糖、白銀等。在這種對外貿易中，最重要的商品就是茶、絲和鴉片。〔註 9〕由於路途遙遠，加之中國在對外貿易中的貿易壁壘，英國政府越來越感覺到隨著在遠東的貿易日趨活躍，有必要在中國沿海尋找一個英國統治下的交易地。

最終，英國用炮艦政策獲取了香港的統治權。據一位學者的分析，英國之所以選取香港，可以從兩個原因來闡述：一個是英國處於保證貿易安全的角度考慮。在十九世紀，按照當時的貨物運輸條件和技術來看，符合這個條件的最理想的地方就是一個水位較深，而且具有防禦性的一處停泊大噸位船隻的地方，而且還要盡量和中國內陸保持一定距離的。另外，葡萄牙人在澳門的先例讓英國人羨慕不已。根據這兩點，英國最後確定香港為最優秀的選擇。之前也確定過大嶼山，但是由於停泊處的屏蔽性差，不利於防禦外敵侵襲而放棄。〔註 10〕

這種解釋看起來比較合理。但實際上英國殖民者佔領香港最根本的目的是為了其在遠東的貿易利益尋找一個基地。而香港的地理位置恰好符合這個要求，既和中國大陸有地理上的分隔，易於殖民控制，又面臨中國大陸和整

〔註 7〕 Morse，H.B.，The Chronicles of the East India Company Trading to China1635
　　　 ～1843，London，1929，Vol.IV，page 2.

〔註 8〕 T. N. Chiu：The Port of Hong Kong-A Survey of its Development，Hong Kong：
　　　 Hong Kong University Press，1973，page 13.

〔註 9〕 T. N. Chiu：The Port of Hong Kong-A Survey of its Development，Hong Kong：
　　　 Hong Kong University Press，1973，page 14.

〔註 10〕 T. N. Chiu：The Port of Hong Kong-A Survey of its Development，Hong Kong：
　　　 Hong Kong University Press，1973，page17.

個東南亞地區。這是英國在亞洲進行遠東貿易的最佳地點。在 1841 年英國人佔領香港的時候，英國曾數次申明其佔領香港是基於外交、軍事和商業目的。但實際上，外交和軍事目的都只是途徑，從英國選址香港的過程就可以看出商業才是英國佔領香港的最終目地。香港港口發展的因素也就是隨後的漫長的國際貿易歷史。

三、近代香港外來移民與港口設施的發展

這一部分我們主要討論港口設施的具體發展狀況和近代香港外來移民對港口設施發展的推動作用。

（一）港口設施的發展狀況

我們主要從修建倉庫、建立碼頭、修造船業的發展和港口內填海造地這四方面來討論近代香港外來移民與港口的建設。實際上這四方面的發展是某種程度上的同時交錯進行的。

1、港口倉庫的修建

香港港口貿易發展可以從港島早期出現的倉庫及其擴展體現出來。1841年 1 月 26 日，英國佔領香港，在水坑口豎起英國國旗，隨後緊鑼密鼓的修建兵營、炮臺和海軍倉庫。歐洲人認為和東西兩端相比，維多利亞港灣中部的環境更適宜居住。西點軍營附近的山石被鏟平以修建房屋。1843 年在偏東方向的黃泥湧地處的山坡上見了幾處房屋，政府本想把這裏建成即維多利亞之後的另一城區，然而由於潮濕的氣候實在不適合居住，因此隨後的商業建築還是逐漸向西推移〔註 11〕。當時的城市發展最活躍的地方應該在水坑口和美利炮臺中間這一片區域。從圖 4−1 中我們可以看出 1841 年香港島北岸的主要開發的區域。

1841 年 2 月，很多國外的傳教士從澳門來香港尋找落腳點。由於沒有木材建造房屋，因此從新加坡進口木屋，直接建在石基上。在香港島的東邊的採石場裏，中國的打石工人辛苦勞作，提供房屋的石基。在香港開埠最初的兩年裏，港島建築的房屋大部分是石底木屋。〔註 12〕

〔註 11〕 T. N. Chiu：The Port of Hong Kong-A Survey of its Development，Hong Kong：Hong Kong University Press，1973，page 19.

〔註 12〕 T. N. Chiu：The Port of Hong Kong-A Survey of its Development，Hong Kong：Hong Kong University Press，1973，page19.

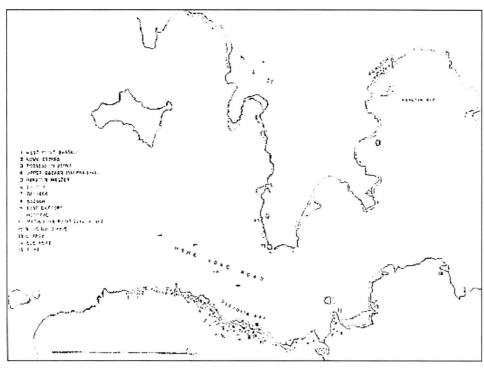

圖 4－1　香港維多利亞城（1841 年）〔註 13〕

　　英國人剛登上香港島就開始土地的售賣，以此來吸引商人來香港蓋屋開店。香港島上的土地拍賣始於 1841 年 6 月 14 日。怡和洋行（Jardine Matheson & Company）買下好幾塊地皮，並且在東南角修建房屋作為總店。同時修築了簡易的貨倉〔註 14〕。這可以稱得上是港島上建成的第一批真正意義的建築了。此外，同時期出現的還有位於灣仔的林賽洋行（Lindsay & Company）的倉庫。怡和和林賽兩家公司的這兩座倉庫都是私人斥資建造的。〔註 15〕從最早的建築物是碼頭倉庫這一點我們也可以看出，香港港口的早期發展的注意力是放在港口的貿易事務上的。

〔註 13〕T. N. Chiu：The Port of Hong Kong-A suvey of its development，Hong Kong：Hong Kong University Press，1973，page18.

〔註 14〕陳寧生等編：《香港和怡和洋行》，武漢：武漢大學出版社 1986 年，第 65 頁。怡和洋行的這座倉庫一直用到 1923 年：位於東南角的總店用到 1864 年，後來遷至香港市中心的地方，原來的建築改為普通食堂了。1923 年，東南角的舊址出售。

〔註 15〕T. N. Chiu：The Port of Hong Kong-A suvey of its development，Hong Kong：Hong Kong University Press，1973，page 25.

　　隨著航運船隻的尺寸的增長，一次性運輸的貨物量大大增加，因此必須要建造更多的倉庫以儲存貨物。

　　除了外資的倉庫，中國內地移民來的商人所投資修建的貨倉比較集中在香港島的西角和灣仔。最開始，這些倉庫只接受本公司的貨物。隨著對倉庫的需求量的增長，這些貨倉除了接受自己公司的貨物外，也逐漸開始替他們的顧客和朋友暫時接受貨物。這也敦促了公共貨倉的建立。1871 年，香港貨倉公司（Hong Kong Wharf and Godown Company）建成，該公司利用灣仔的碼頭和地皮，建造了第一個公共貨倉。與此同時，以前的那種將貨物貯存於底層或地下室的方法也顯得不能滿足需要了。香港貨倉公司自己建造駁船，甚至自己從汕頭招來工人，提供公司宿舍給工人，主要是不想讓自己的員工受行會的影響以便於管理。由此，該公司不僅建立了倉儲業務，也逐步建立了港口內的駁船與貨物運輸業務。1875 年，該公司開發了尖沙咀的部分海灘。至 1888 年，此處的兩個碼頭可以爲遠洋輪船提供深水泊位。〔註16〕

　　後期，近代香港港口的倉庫的發展更爲長足。清末民初的陳謙記載曰：

> （港口）船舶聚集，百貨充闐。轉運、待運之貨急需大量倉庫存儲。九龍尖沙咀的九龍貨倉，香港干諾道西和德輔道西的均益倉，永安倉及其他各大商行的貨倉因此建築起來。各貨倉中，有的是股份有限公司的性質，有些事私人經營。九龍貨倉的股份在香港證券交易所是熱門貨。九龍貨倉是香港地區貨倉面積最大、業務最多者，位於尖沙咀廣東道，一旁靠近九龍倉大碼頭（共三四萬噸的皇后船、總統船等停泊的碼頭），一旁接近廣九車站。並築有輕便鐵路由碼頭直至貨倉，轉運貨物，最爲便利。在 1941 年前，九龍倉的建築物頗不一致，有平房，有樓房，進出倉的運輸，多是人力，多用起重轆轤滑車上落。九龍倉的總經理由英人充當，下有大寫（秘書長），核數師，司庫等高級西人職員，華人文員亦不少。雇有管倉多人，負責貨物進倉出倉事宜。門衛由印度人擔任，荷槍巡邏，守衛森嚴。〔註17〕

〔註16〕T. N. Chiu：The Port of Hong Kong-A suvey of its development，Hong Kong：Hong Kong University Press，1973，page 25.

〔註17〕陳謙：《香港舊事見聞錄》，香港：中原出版社 1987 年，第 79 頁。

從上文的記載我們可以看出二十世紀 30 年代，香港港口新建而且比較有名的貨倉是九龍貨倉以及位於港島的均益倉和永安倉。這些貨倉的管理井然有序，可見碼頭的倉儲業到了香港的近代後期已經發展的比較完善了。

另有記載描述當時貨倉的分工及存儲能力，曰：

> 均益、永安等貨倉，都是由德輔道西直通干諾道西，每間佔地頗廣。均益倉多存米糧雜貨，永安倉多存罐頭洋貨，其他各倉多存南北行進口的雜貨。各倉存放貨物，更多用人力，上下高處，亦用轆轤滑車，各倉長工不多，是按件多寡付給工人搬運費。有記載顯示當時的貨倉的規模：在 1925 年香港大罷工時，永安公司罐頭部曾誇口說他們的貨倉存儲罐頭可供全港人數月之用。〔註18〕

雖然永安公司有「誇口」之嫌，但是我們認爲作爲一個商業實體，該公司的貨倉是有一定實力，才能對外如此宣稱的。由此可見，當時的貨倉的存貯量是非常驚人的。

另外，從上述記載中，我們可以看到在港口的各大倉庫中，各種國籍的外來移民都在此忙碌穿梭。首先是一些大的商行或公司爲了自己的商業利益，由商人私人投資修建倉庫，之後是各地的外來移民提供勞力，使倉庫的業務能夠正常運轉。因此，外來移民的經濟和勞動力資源的投資是近代香港港口的貨倉的發展的基礎和必要條件。

2、碼頭的建立

在香港早期階段，中國內地移民來的勞工幾乎全部被召去做建築工作。大多數從九龍跨港口而來。緊跟其後的是大批的商人，手工匠人。他們逐步定居在太平山、西營盤和尖沙咀一帶。

隨著維多利亞城的發展，城內東西距離較長，而且人口逐漸增多，爲了溝通的方便，在港口建立碼頭已經日趨必然。

關於碼頭建設的記載比較少。從當時中國方面的材料來看，我們在當時的一些官員的奏摺中可以看出香港開埠早期英國人進行的碼頭建設的工作。《清實錄》中有記載云：「另片奏夷匪在香港對面之裙帶路建蓋僚棚，修築碼頭等。語香港地方緊要，豈容該夷久據。」〔註19〕之後又有人向皇帝呈報曰：「逆夷

〔註18〕陳謙：《香港舊事見聞錄》，香港：中原出版社 1987 年，第 80 頁。
〔註19〕《清實錄（38）宣宗成皇帝實錄（六）》，三百五十二卷，道光二十一年五月，北京：中華書局 1987 年，第 363 頁。

將大角、沙角、橫檔等礮臺磚石移往香港起造碼頭房屋；又於香港開大路。」
〔註20〕這些記載雖然不能詳細的告訴我們碼頭建立的具體地點，但是至少我們可以知道在 1841 年中，英國人已經開始在香港島的港口上修建碼頭了。

除了清政府的官文外，一些外國人的遊記也爲我們提供了一些香港早期港口碼頭的情況。日本 1860 年派出的遣美使節團的成員中，有兩位都對當時看到的香港的碼頭給以關注。一位注意到「碼頭造成石壇模樣，高僅達三層。陸地的左上方是塊空地，用作貨物起卸場。」〔註21〕另一位則注意到「海港四面皆山，那種停泊外國船五十多艘，多位英國船隻。港口內有五個碼頭。」〔註22〕這兩條記述爲我們勾劃出 1860 年香港港口的碼頭形態和數量。

早在 1845 年時，怡和洋行已經開發東南海角，並在那裏停泊他們自己的船隻。另外在島上運輸貨物的設施還只是局限於可供帆船和駁船使用的陸地碼頭和海灘。港島這一邊的港口設施發展比較緩慢。有學者分析原因大概有兩個：一個是由於勞動力資源充足，因此把貨物先從輪船上卸載到駁船上，再從駁船上卸到岸上的做法是可行的，只是時間上比較慢，但是這對當時經過漫長航行的海上運輸來講，這點卸載貨物所用的時間算不了什麼。另外一點是港府的政策。香港政府的政策是把海灘發展成商人住宅。直到 1855 年，商業利益才被立法委員會關注。〔註23〕這種分析還是比較合理的，但是隨著航運速度的提高，由駁船轉卸貨物的方法開始顯得落後；加之商人對商業利益的追求，使得政府意識到碼頭給本港帶來的經濟效益，因此調整原來的政策，開始著手船塢的建立。

轉口貿易的持續發展以及船運活動的擴張要求港口的設施進一步改善。十九世紀末，由於香港周邊的戰亂，如義和團起義，美西在菲律賓的戰爭等導致了香港黃埔船塢公司停泊設施的過度增長。1901～1903 年，香港港口無力提供遠洋輪船的靠泊停宿問題亟待解決。1900 年至 1901 年間，太古船塢公司在英國註冊成立。1902 年在鰂魚湧的太古糖廠旁邊的海旁興建船塢，1907 年

〔註20〕《清實錄（38）宣宗成皇帝實錄（六）》，三百五十三卷，道光二十一年六月，北京：中華書局 1987 年，第 371 頁。
〔註21〕〔日〕玉蟲左太夫：《航美日錄》1860 年 9 月 11 日，《日本人與香港——十九世紀見聞錄》，香港：香港教育圖書公司 1995 年，第 54 頁。
〔註22〕〔日〕柳川兼三郎：《航海日記》1860 年 9 月 10 日，《日本人與香港——十九世紀見聞錄》，香港：香港教育圖書公司 1995 年，第 75 頁。
〔註23〕T. N. Chiu：The Port of Hong Kong-A suvey of its development，Hong Kong：Hong Kong University Press，1973，page 24.

8 月船塢完成。船塢可以維修三萬噸輪船及建造萬噸級輪船和引擎。1910 年，太古船塢爲太古輪船製造出第一艘客輪。〔註 24〕

1906 年，海軍船塢的擴展完成。

海軍船塢和太古船塢的完成標誌著香港的泊船設施發展到高峰並且終結了。1908 年以後沒有再建造旱碼頭。

1906 年，九龍站船塢和魚湧船塢建立；1915 年香港貨倉公司（Hong Kong Wharf and Godown Company）的貨倉擴展工程結束，另外建成了一個可以停靠遠洋汽輪的碼頭；1924 年在北角由私人投資建成的一個深水泊船點；直到 1925 年爲止，香港共有 18 個深水泊船點。〔註 25〕在二十世紀二、三十年代，清人陳穗勳記載：

> （香港）步（作者按：埠）頭約有數度，或皇家，或商家。如必打
> 步頭，則屬皇家；由必打步頭而西，則德忌利士輪船公司步頭，則
> 屬商家；再行數百碼，則有太古行漢口輪船步頭；百行百餘碼，則
> 由香港省城澳門輪船公司步頭。餘數步頭，則小輪船及渡船灣泊，
> 以爲起落貨物及上落搭客之所。〔註 26〕

由此可見，同開埠初期相比，香港的碼頭建設在二十世紀二、三十年代已經發展的比較完善了。

3、港口修造船業的發展

香港的造船和修船業在早期就開始發展了，由於一直比較受關注，因此保持在一個較高的水準上。根據日本漂流船員的回憶，1843 年間他們在香港就見到了英國的蒸汽船，

> 船長 31～33 公尺，左右安裝車輪，船中有大釜煮熱水，利用噴出之
> 蒸汽推動車輪，航行海上時飛快，連飛鳥亦不及其迅捷。自香港至
> 舟山 500 里之距離，3 日便可來回，我等曾親眼目？自本國首都倫
> 敦來航時，13000 里的海面，14、15 日便可往來。〔註 27〕

〔註 24〕郭少棠：《東區風物志》，香港：東區區議會 2003 年，第 24 頁。

〔註 25〕T. N. Chiu：The Port of Hong Kong-A suvey of its development，Hong Kong：Hong Kong University Press，1973，page 44.

〔註 26〕〔清〕陳鏸勳著：《香港雜記》（外二種），廣州：暨南大學出版社 1996 年，第 77 頁。

〔註 27〕《呂宋國漂流記》，轉引自《日本人與香港——十九世紀見聞錄》，香港：香港教育圖書公司 1995 年，第 14 頁。

由此可見當時的西方的船隻製造業已為先進。香港因為要接納這些船隻的入港和修繕，必須在同時期內儘快掌握相關的維修技術。1846 年，香港就可以造出噸位達到 300 噸的船隻。〔註 28〕1857 年以後的十幾年裏，香港建成了 5 個旱碼頭。〔註 29〕到了十九世紀 70 年代，舢板船很快消失，被鋼殼汽輪取代。由於船塢設備不足，像東方半島公司的一些大油輪在香港船塢無法得到足夠的服務，只能開到黃埔港停泊。1880 年，一號碼頭（又稱金鐘碼頭）落成〔註 30〕，這個碼頭不僅為前來香港進行貿易的船隻提供服務設施，同時也吸引了在遠東海域的船隻前來進行修繕業務。十九世紀末，修船業的擴張使得船塢公司的成立成為必然，政府開始考慮建造更大型的船塢。

在香港由英國出資建造的船塢主要有三個，分別是位於皇后大道中至皇后大道東中間一段濱海地面的皇家海軍船塢，位於筲箕灣、鰂魚湧濱海一帶地方的太古船塢，以及在九龍濱海地方的黃埔船塢。前者由英國政府出資建造，後兩者均是以英國大資本家為首組成的股份有限公司投資建造。

海軍船塢只負責維修海軍船隻。香港黃埔船業公司和太古船塢工程公司這兩家商業船塢一直與遠東航運保持著密切的聯繫。隨著殖民地的發展，船塢在主要重工業的發展上起了重要的作用。

此後在香港銅鑼灣及旺角、大角咀、香港仔等濱海地都建有船塢，或是股份公司或是私人經營。各船塢中最大的，長約 500 英尺，上闊 86 英尺，下闊 70 英尺，深 29 英尺。〔註 31〕萬噸以內的商船都可以在此修理，並且可以承建遠洋船及內河船。

由中國商人管理的很多造船廠主要是沿海岸線分佈在大角咀、長沙灣和九龍灣的東北部，從事修造輕型船隻。比如有記載顯示「銅鑼灣海濱的敬記船廠，規模不大，是中國人資產，可裝修小艇及渡船。香港仔船廠多為修理漁船。」〔註 32〕

〔註 28〕 T. N. Chiu：The Port of Hong Kong-A suvey of its development，Hong Kong：Hong Kong University Press，1973，page 25.

〔註 29〕 T. N. Chiu：The Port of Hong Kong-A suvey of its development，Hong Kong：Hong Kong University Press，1973，page 25.

〔註 30〕 陳謙：《香港舊事見聞錄》，香港：中原出版社 1987 年，第 68 頁。

〔註 31〕 陳謙：《香港舊事見聞錄》，香港：中原出版社 1987 年，第 70 頁。

〔註 32〕 陳謙：《香港舊事見聞錄》，香港：中原出版社 1987 年，第 72 頁。

　　近代香港的船塢、碼頭需要大量的工人來維持正常的運轉。巨幅增長的外來移民正提供了這種勞動力的需要，成爲船塢運轉發展的根本人力基礎。但是在不同的船塢工作也有差別。清末民初的陳謙目?當時香港海軍船塢修理工工作的情景，記錄如下：

> 海軍船塢修理部除了工程師是英國人之外，修理工人都是雇傭中國人，但工人全是零食雇傭性質，區別爲熟練手和新手。有所謂「工頭」隨意指揮，任意定級。那是每日所發工資大約一元兩角到三元左右，無福利補助。在 1941 年前，香港未淪陷，每日凌晨，在英國海軍金鐘兵房附近的騎樓下，入船塢做工的工人，連群結隊，坐立其間，數以千百計，都是等候工作。即上午八時汽笛聲響，魚貫而入，懇求工頭分配工作。由朝至暮，下午五時，汽笛又響，各工人收工，才又蜂擁而出。每日工作十小時，獲得工資，僅堪糊口。由於是海軍重地，門禁森嚴。那是船塢門口，都設有大鐵閘，中通甬道，道旁由英國海軍戰士持槍佇立，虎視眈眈，更有全副武裝印警一人佇立海軍之旁，監視工人出入。倘發覺有可疑人物，立即大聲呼喝，令高舉雙手，由印警搜身。如遇有工人竊取小工具，如螺絲、鐵錘等，一經發覺，立即拘捕，送往警署定案。〔註 33〕

由此可見，當時的華籍移民在英資的軍用船塢裏工作，猶如坐監獄。但爲了糊口，很多華人忍受高強度的工作和失去尊嚴的恥辱，繼續在這裏工作。

　　相比較軍用船塢，私營的商業船塢似乎對待工人的態度要緩和一些。有記載曰：

> 太古和黃埔船塢都是私營企業，但兩處大門口，都固有印度人荷槍實彈保衛一切。工人出入常被搜身檢查有無盜竊。但雇傭工人多是長工，經過一個時期的訓練，按月發給一定工資，按年遷升。太古在筲箕灣西灣河大街並建有屋宇，廉價租給工人；更設立學校免費招收工人子弟入學，由小學一年級至六年級。但船工在船塢修理船隻，或髹漆船身，或清理船底，或更換鍋爐積水，或修理破損機器，或改良客位設備，時而高空作業，時而潛伏水下作業，若修理船隻頭部桅燈，攀懸十數丈的高竿，工作艱苦，更難以形容，由於工時

〔註 33〕陳謙：《香港舊事見聞錄》，香港：中原出版社 1987 年，第 68 頁。

> 過長，工作量重，一旦患病，無公費醫療，因公受傷，亦無補貼，
>
> 部分工人未老先衰，而至早死。〔註34〕

從上述記載看，在商業船塢裏工作的華籍移民的待遇要比在軍用船塢裏的工人好得多。實際上，這些也是商人爲了安穩民心，留住有技術的工人，保護自己的利益而採取的措施。事實上，這些商業船塢對華人海員和洋人海員的待遇差異非常之大。1922 年省港大罷工前夕，華人海員的「月薪平均僅得二十到三十元。……而同船的洋人海員，則可得五倍工資，膳食與住宿也受差別待遇。」〔註35〕

總之，近代香港的華籍移民在英資的船塢公司中承受著高強度的體力勞動，說明資本主義國家對華人勞工的剝削，同時也可以看到正是這些華籍移民用自己的汗水和智慧推動了港口船塢的發展。

4、港口的填海造地

十九世紀 50 年代，隨著內地移民的大量湧入香港，城市發展中土地的匱乏問題凸顯出來。1854 年負責調查的主要官員建議城市沿海岸向西發展。〔註36〕1855 年，該官員又建議港口向東延伸至灣仔的 Alberny 貨倉以東。在文咸東街前進行填海造地。填海的土石是由挖掘水坑口的山石所得。水坑口由於挖掘山石獲得了一塊可以建造百餘幢房子的平地，填海造地使得沿海岸的外沿，多出了 1800 英尺的空地，可供 3000 餘移民居住〔註37〕。

這種填海造地的方法後來一直被香港政府使用來增加陸地使用面積。香港填海的主要工程始於 1868 年。當年，香港殖民政府開始建造長達 2700 英尺的海堤。海堤位於填海後的土地外沿，從威利麻街道到文咸東街。在文咸東街東面，一些私人和政府興建的房屋在新土地上一幢幢矗立起來。〔註38〕1873 年，沿著後來的德輔道形成了一個斷斷續續的海旁地帶，之後就是蓬勃興起的填海造地和海旁地的建築工程。主要的工程集中在銅鑼灣和堅尼地

〔註34〕陳謙：《香港舊事見聞錄》，香港：中原出版社 1987 年，第 69 頁。

〔註35〕蔡榮芳：《香港人之香港史》，香港：牛津大學（中國）出版社有限公司 2010 年，第 111 頁。

〔註36〕T. N. Chiu：The Port of Hong Kong-A suvey of its development，Hong Kong：Hong Kong University Press，1973，page 21.

〔註37〕T. N. Chiu：The Port of Hong Kong-A suvey of its development，Hong Kong：Hong Kong University Press，1973，page 21.

〔註38〕T. N. Chiu：The Port of Hong Kong-A suvey of its development，Hong Kong：Hong Kong University Press，1973，page 21.

城。1884 年的填海使銅鑼灣增加了 23 英畝土地，堅尼地城也在 1886 年的填海工程中增加了 22 英畝土地。〔註 39〕1889 年的海旁地填海方案為港島的中區增加了一條寬達 250 英尺的帶狀的土地，使海岸線延長了將近 3100 米，並由此將維多利亞城西端定型。〔註 40〕港島早期 1843 年至 1855 年由填海造成的海岸線的改變的示意圖參見本節結尾的附圖。

港島 1941 年前海岸線的最終定格於東部海灘填海（Praya East Reclamation）和北角的填海工程。東部海灘填海是由商人查特・保羅（Paul Charter）在 1897 年提出，直到 1921 年被政府允許，1930 年結束。最初這個區域的使用水源不夠，後來在 1930 年建成了跨海用水管道，新界的淡水可以供給港島使用，這個問題才得以解決。〔註 41〕北角的填海 1934 年結束。〔註 42〕上述兩塊填海得到的地域很快成為居住用地。

在海港的北端，九龍的填海工程也大肆展開。十九世紀末以前，九龍西岸因填海造地已經向西推移了。油麻地和大角咀便是填海的結果。1916 年九龍灣的填海工程開始。由啓德土地投資公司承擔，初期主要目的是為中國內地移民建造居住區，整個工程計劃造地 210 公頃。1921 年以後，該項目進展緩慢。1927 年，則由政府接受，改為建造啓德機場。〔註 43〕九龍其他的填海造地工程則紛紛由船塢公司、紅勘的綠島水泥公司和馬頭角的私人企業承包。〔註 44〕在二十世紀的最初 20 年裏，九龍各地都進行填海造田的工程，或是夷平打通山脈以獲得建築用地或道路用地。

九龍之前的不規則的海岸線隨著陸地向淺水區的擴展繼續被平整。這種填海造成的陸地的擴張最明顯呈現在海港的北部邊緣的深水埗、長沙灣和馬頭角。在九龍灣的東岸，唯一的發展就是殼牌油業公司為安裝加油站用地進行的填海。

填海造田是滿足香港對日益增長的對土地的需求的有效方法。英國佔領九龍半島和新界事實上為香港提供了很多平地來建造房屋。然而，現實情況

〔註 39〕 T. N. Chiu：The Port of Hong Kong-A suvey of its development，Hong Kong：Hong Kong University Press，1973，page 21.

〔註 40〕 T. N. Chiu：The Port of Hong Kong-A suvey of its development，Hong Kong：Hong Kong University Press，1973，page 21.

〔註 41〕 Final Report of the Praya East Reclamation，Hong Kong Sessional Paper，1931.

〔註 42〕 Hong Kong Government Gazette，7tth. September，1934，No.686.

〔註 43〕 Hong Kong Government Gazette，8th July，1927，No.413.

〔註 44〕 T. N. Chiu：The Port of Hong Kong-A suvey of its development，Hong Kong：Hong Kong University Press，1973，page 41.

卻是在香港的一邊瘋狂的填海造地，另一邊很多內陸平地卻無人問津。這種發展看起來有些失衡。

除了填海工程的一部分是由香港政府負責的，香港政府對改善港口航運只是採取了極有限的措施。1875 年 4 月的《申報》曾報導過香港政府建造燈塔的事項，日「香港海口前經議築燈塔，以便夜行船進出。茲悉工程乃竣，惟以後費用浩繁，須得妥籌善章方爲長久之計。故現議得進口之船計裝貨一噸則徵仙士一板，於本月十一日爲始。若省港澳輪船以及日間載貨之華船則不在此例也。」〔註45〕除了航行燈，政府還提供了停泊浮標，爲在避風塘裏停泊的小船提供航行和避風的氣象信息，但是這並不能對港口的發展起主要作用。近代香港政府對港口發展的不積極，反襯出一些私人公司爲商業利益在這方面做得努力反而是促進港口發展的主要力量。很大程度上，是商會對港口的管理起著重大的影響，這也就使得港口的發展能夠吸引貿易的往來。

（二）近代香港外來移民對港口設施發展的推動作用

從以上的香港港口設施的發展歷程上來看，我們可以瞭解到近代香港的外來移民對香港的港口發展起到了至關重要的推動作用。這種推動力主要體現在以下兩個方面。

1、外來移民人口的增加促進港口設施的必然發展

在香港開埠後，從各地湧來的外來移民不斷增多。人口的增多必然帶來對生活資料需求的增加。香港地區的海島地理特點決定了香港不可能靠本地物產來供給數量巨大的人口的生活需求，因此需要從外界輸送生活資料；同時香港地區瀕水的地理特點又決定了該地區水上交通的便利。因此爲保證香港居民的基本生活，水上運輸應該是近代香港最先著手建設的運輸系統。然而，發展水上運輸的前提是要有良好的港口條件和港口設施，這樣才能吸引各種類型的船艫在此停泊和修繕，由此可以運載來大批的貨物和生活資料。香港的港口條件是天然的優良海港，港口設施在開埠初期則非常落後。隨著外來移民的不斷增加，香港城市人口對生活資料需求提高，這也就要求必須儘快改善港口的設施，使船舶能夠比較便利的將物品運輸至香港。這就是說近代香港外來移民的不斷增加帶來的生活資料的需求促進和加速了香港港口設施的發展。

〔註45〕《申報》，1875 年 4 月 19 日，第 1 版。

　　另外，我們還要提到的一點是，香港在開埠之初就被定義爲一個商業港口，英國政府對香港的政策一直是重視商業，給商人在政策上提供各種便利。正是這種濃濃的商業氛圍吸引了大批的中外商人來到香港。基於商業利益，他們更加迫切的希望貨物能更快捷和便利地在香港的港口中轉流通，因此移民中的商人對港口設施的發展和交通運輸線的建立的需求比普通民眾還要強烈的多。從前文關於港口設施發展的回顧中，我們可以看到大部分的碼頭、船塢和填海工程都是由近代香港的中外商人主持，而不是政府包辦。因此近代香港外來移民中的商人在推動港口設施發展的過程中起到了更大的推動作用。

2、外來移民對港口設施建設的貢獻

　　近代香港外來移民的不斷增加導致了發展港口設施的必然性，同時，也是這些外來移民共同努力，把香港港口的設施從無到有，從落後到先進，一步步建設起來。在港口設施的建設過程中，外來移民主要分爲三種力量。

　　首先是移民中的商人提供修建港口設施的資金。比如前文提到的怡和洋行在 1841 年就在東角買下地皮，修建貨倉；太古洋行在 1902 年於鰂魚湧海旁建立大型船塢；均益、永安等大型貨倉則是華籍商人主營等等。絕大部分的港口設施的建設項目都是商人承辦的。他們提供資金爲港口設施的發展提供了經濟上的可能性。

　　商人提供資金後，必須要有人力投入具體的建設，也就是港口設施建設過程中的人力資源問題。通過史料記載，我們可以發現，在這個建設過程中的人力資源可以分爲兩種：高層技術人員和低層勞工。

　　港口建設項目的高級技術人員一般會由歐美人擔任。比如前文提及的九龍倉的總經理和秘書長、核數師、司庫等高級的職員由西人擔任；在一些船塢、碼頭和貨倉的修建過程當中，各承建公司會聘請一切外籍的工程技術人員負責設計工作。這主要是當時歐美，尤其是英國本身就是一個島國，對於港口的建設不缺乏有經驗的技術人員。當時的中國還處於或剛脫離於封建社會，在港口設施及船幟的修造技術上相對比較落後。因此，近代香港的一些外來外籍移民承擔了港口設施建設的設計和管理的角色，爲近代香港的港口設施的建設提供了技術和知識。

　　最後，也是最關鍵的，就是在近代香港的港口建設中投入人口數量最多，位於最底層的勞工。由於近代香港的華籍移民占人口的絕大多數，這也就爲香港港口建設提供了源源不斷的勞動力。從前文史料中描述太古船塢、黃埔船塢

和海軍船塢的華人勞工的境況我們可以看出，這一層次的外來移民非常艱辛，待遇極低，但是他們卻是港口設施發展過程中最關鍵的一環，因爲一磚一瓦是他們親手搭砌的，每一顆螺絲是他們擰上的，他們是港口建設的基礎力量。

在近代香港的港口的建設過程中，近代香港外來移民中的中外商人提供資金；一些外籍移民擔任高級技術人員，提供技術和管理資源；廣大的外來華籍移民提供勞動力。這三者缺一不可，共同造就了近代香港港口的發展。

四、港口的經濟發展狀況

香港港口的發展與人口及貿易的波動是緊密相關的。

香港政府在開埠初期沒有任何措施限制中國商人同英國進行進出口貿易。同時由於內地的戰亂等原因，不少中國內地的移民被迫避難香港。香港的商機和就業機會也使一部分人定居下來。因此在港島被佔領最初的幾年裏，國內移民的數量是顯著增加的，由1841年的5650人增加至1847年的22466人〔註46〕。

爲了保證商船團隊的信心，不等英國完全獲得香港島的主權，早在 1841年的 6 月，島上就開始售賣土地〔註47〕。英國商人開始大興建築，不少商人把總部從廣州遷來香港。同時來港的還有澳門的英國商人和葡萄牙商人，這也加強了香港的商業團隊的力量。

然而人口的增長並沒有伴隨相應的貿易的增長。1850 年，英國政府收到香港政府有關市政建設和開銷的評估報告〔註48〕。報告結果不容樂觀。所有由英國或是印度到達香港的船都必須服從命令，不得在港停留，只在距離香港 40 英裏外的鴉片中轉站或者在不同倉庫卸貨。1843 年至 1847 年間的微小的貿易量也逐漸消散了。事實證明由於香港開埠初期的局勢的不穩定和社會治安的極差，沒有太多的中國商人願意冒險來香港經商。香港變成了英國政府的一個負擔。英國方面的失策在於英國商人對於英國製造業產品從香港進口中國過於樂觀了。他們認爲在香港的任何地方都可以進行交易和在國內只

〔註46〕數據來源於 1841 年和 1847 年香港政府人口普查報告。
〔註47〕陳寧生等編：《香港和怡和洋行》，武漢：武漢大學出版社 1986 年，第 65 頁。
〔註48〕T. N. Chiu：The Port of Hong Kong-A suvey of its development，Hong Kong：Hong Kong University Press，1973，page 27.

有五個通商口岸可以交易相比較，中國商人必然會選擇香港。但其實在香港進行交易的形式在當時是被廣州政府嚴令禁止的，因此香港一直以來都是走私貿易的地方。

　　走私貿易的具體數字是沒有記載的。但是從印度的出口記載等其他資料來看，1842 年至 1849 年，中國消耗鴉片有 28508 箱增加到 43075 箱。1850年，一名政府官員的備忘錄中記載有 1845～1849 年間的印度的全部鴉片都是在香港儲存和裝船運出的。〔註 49〕大部分與中國進行貿易的外國船隻都是先在香港或澳門卸下他們的走私貨物，然後再去上海、天津、寧波等地進行合法的貿易。中國出口的貨物在上海、廣州等地直接裝船，回程時經過香港。外國的船隻大都還是會沿珠江航行到黃埔港，因爲早期香港的修造船技術沒有黃埔港的完善。這種走私貿易爲早期的香港的外國公司積纍了大量的財富，爲殖民地帶來了利益，但是香港政府也意識到爲了香港的正面城市和港口形象，打擊走私是必要的措施。

　　儘管鴉片運輸對港口的發展很重要，合法的貿易也起了一定的作用。由於缺乏貿易數據，份額無法估計。航運記錄反映出貿易的增長：1884 年到港的船只有 672 艘，噸位達到 226998 噸，1885 年則增長到 884 艘船，噸位是299009 噸。除了原棉和紗線，羊毛、金屬、胡椒等各種貨品進口。英國的製造業產品包括紡織品、印度棉花和棉紗，主要通過出口貿易再次分配到上海、廈門、廣州等地。從香港出口的中國商品有茶、絲、瓷器、席子、糖、靛青和其他各種各樣的產品。港口的腹地就是中國沿海和南中國。白銀支付鴉片的貨款在香港裝船，運往英國、孟買、馬德拉斯、加爾各答、新加坡、悉尼、毛里求斯、波士頓、紐約、南美和東印度群島。〔註 50〕

　　1850 年以後，香港的經濟情況好轉，貿易業多樣化了。廣州的貿易當中由香港過去的汽船帶來的貿易量增加，但是國外過去的遠洋輪船的貿易量下降了。汽船不僅服務快捷，但更吸引人的一點是帆船不具有的保險服務。在港口周圍海盜盛行的情況下，安全因素必然是選擇交通運輸時要考慮的。加州金礦的發現促進了跨太平洋的貿易。國外的吸引加之國內太平天國運動導

〔註 49〕 T. N. Chiu：The Port of Hong Kong-A suvey of its development，Hong Kong：Hong Kong University Press，1973，page 27.

〔註 50〕 T. N. Chiu：The Port of Hong Kong-A suvey of its development，Hong Kong：Hong Kong University Press，1973，page 28.

致的時局動亂引發了中國人經由香港向海外移民。很多人去了澳洲和東印度。這次移民潮也推動了香港的航運及貿易。

移民海外的中國人在大洋彼岸對中國的貨物及供應的需求的提升使得很多香港的船隻滿載家用物品，從凳子到爐子，從米到薑，無所不有。1849年，報告中開往舊金山的船達到2艘，但是到1852年，則有34艘。〔註51〕由此可見，香港和美國之間的貿易量大幅度提高。

太平天國起義引發了內地向香港的第一次移民高潮。1853年香港總人數由39017人增長到1854年的55715人，再到1855年的72607人。十九世紀60年代由於九龍的割讓，香港人口暴增至119321人。1861年後，人口依然因內地戰亂遠遠不斷湧入。〔註52〕人口的增長使香港港口曾有一小段時期內變得很繁忙。因爲廣州的帆船貿易爲逃避戰亂轉移到香港。同時由於中國海關一度癱瘓導致走私自由。這段時間之後，香港的貿易量下降了。因爲起義波及到長江流域的絲和茶的產地。同時由於第二次鴉片戰爭使廣州的工廠遭到破壞，阻斷了貨物的輸出。第二次鴉片戰爭不僅導致了港口的地理擴展（九龍半島和昂船洲一帶），也把對外貿易中心由廣州遷到香港。廣州由中國唯一的外貿港轉變成爲香港港口的前哨。

隨著人口增長，商業和航運聯繫也逐漸擴大至港口周邊以外的地方。最重要的是和日本、菲律賓和暹羅建立了航運聯繫。1861年總商會的成立說明了商業利益的增長情形，商會的成立是「鑒於監督和保護商業總體利益的需要」。商會以及後來的工業社團在港口發展中所起的主要作用在於他們早期對政府的影響。在商會成立的第一個十年裏，它就敦促政府在擴張貿易商採取一些措施。比如1867年要求政府保證商船行至長江流域，以及允許珠江流域的汽船交通的擴張，允許商人有權居住在通商口岸之外的地方，允許貿易措施擴張到內陸市場和沿海等。這些建議都給英國本土政府提供了有用的導向，特別是中英在1897年的談判中得以體現。〔註53〕

〔註51〕 T. N. Chiu：The Port of Hong Kong-A suvey of its development，Hong Kong：Hong Kong University Press，1973，page 29.

〔註52〕 Historical and Statistical Abstract of the Colony of Hong Kong，1841～1930，3rd edition，Noronha & Co.，Government Printers，1932.

〔註53〕 Pennell，W. V.，History of Hong Kong General Chamber of Commerce1861～1961，Hong Kong，1961，page 2.

　　1866 年，由於中國貿易蕭條曾導致香港的經濟輕微後退。中國人民的購買力由於動亂而降低。由於香港是國外進口中國貨品的分發地，因此貿易受到影響。同時，廣州政府在香港港口外圍的汲水門、長洲等地設海關關卡，阻撓英國殖民者在香港的帆船貿易，這種情況一直到 1886 年。隨著蘇伊士運河的開通和上海、香港到歐洲的通信電纜的架設成功，這種情況得以改變。運河的開通提升了航運的速度。以前的那種航海的商船逐步被鋼殼船取代。中國沿海一帶汽船運輸量也由 1872 年的 670 噸增長到 1881 年的 845 噸。〔註 54〕做生意的方法也因為電纜的接通而改變了。商業公司的代理人可以坐在家中執行歐洲製造商的命令。由於市場報告容易傳達，也無需費力預測。商業公司還可以將配額分給小進出口商，使他們從大公司的貿易中分一杯羹。

　　蘇伊士運河開通後的二十年裏，香港的貿易持續增長。人口在 1866 年停滯後，1872 年再增長，直至 1890 年。1876～1877 年，由於饑荒，人口再次湧入香港。針對住宿需求，1881 年，地價上漲了 15%～50%〔註 55〕。這期間中國人開始接受外國的製成品。香港在中國的貿易額中占的比例加大，而且主要是中英貿易。中國對外貿易增加，進口主要是煤油、石油、火柴、米、煤、染料、鍍錫、鉛和鐵，出口主要有大豆、豆餅、獸皮、羊毛、植物油、種子、草編、大麻、煙草和席子。〔註 56〕這類東西大都笨重，但之所以能進入外貿中，是因為蘇伊士運河的開通使運費大大降低。除此以外，日本人一色生在 1912 年在香港做商業視察後，指出：

> 還有不定期的貨船，從日本輸入煤炭；西貢暹羅輸入大米、爪哇馬尼拉輸入粗糖、麻；上海、漢口輸入芝麻、豆；南洋輸入磷酸、椰子的乾核；新加坡、暹羅輸入木材、硬木；加爾各答輸入黃麻；牛莊、大連輸入大豆等。不定期的貨船中，挪威船尤多，僅次於英、德、日船。其中運煤船來港每月達四十多艘，當中日本開來

〔註 54〕 T. N. Chiu：The Port of Hong Kong-A suvey of its development，Hong Kong：
　　　　 Hong Kong University Press，1973，page 31.

〔註 55〕 T. N. Chiu：The Port of Hong Kong-A suvey of its development，Hong Kong：
　　　　 Hong Kong University Press，1973，page 31.

〔註 56〕 T. N. Chiu：The Port of Hong Kong-A suvey of its development，Hong Kong：
　　　　 Hong Kong University Press，1973，page 31.

　　　　者甚多。香港每年主要輸入的商品有鴉片、棉紗、棉布、米、麵
　　　　粉、砂糖、石油、海產、煤炭和火柴等〔註57〕。

九龍半島在 1860 年被英國佔領後，它的北部海岸在東西兩邊也發生了很大變化。基於港島的發展經驗，英國人對於九龍的發展的做法顯得比較成熟。比如香港政府在九龍實行土地招標售賣，這樣可以控制局部區域的人口不會過分擁擠；尖沙咀和油麻地的網格式的道路模式和港島太平山及西點附近的蜿蜒的街道形成對比。

　　九龍的地勢不平，山丘林立。這些山丘自然地規劃了九龍的發展。被山地隔開的尖沙咀、油麻地和紅磡是最早發展起來的定居點。隨著這些市鎮的發展，連接三地的道路被逐漸開通。同時挖山開路得到的土石也提供了更多的填海的原料。到了十九世紀末，油麻地已經向北延伸至和旺角及大角咀融爲一體了。

　　九龍的建設以港島的建設爲經驗。1860 年 10 月英國佔領九龍半島時，香港政府就限制軍事用地。當時的總督羅賓遜（Hercules Robinson（1859～1865））指出九龍半島的目的是提供倉儲和泊船以及緩解維多利亞城的擁擠的人口。在英國政府的命令下，儘管在港的英國軍隊仍然佔據了最有力的位置之一，但是羅賓遜盡力保留了尖沙咀西北部的與深水區域相連的土地。這裏後來成爲港口的深水泊位和倉庫的最重要的地區〔註58〕。

　　十九世紀末，香港將新界納入版圖，一方面爲了爲加強對殖民地的防禦，一方面可以疏散擁擠的人口。

　　對於整個港口來說，最重要的發展是由於邊界向北推移，九龍成爲了殖民地的中心，整個海港被重置了。在此之前，九龍在殖民地邊緣，大部分被軍隊佔用。而此時，九龍半島的發展可以從與維多利亞城一體化的角度上去進行了。

　　二十世紀初，九龍被納入了發展海港和維多利亞——九龍雙子城的規劃和進程當中。港口向東由北角延伸至鯉魚門，向西由深水埗延伸到荔枝角。這使得九龍灣和昂船洲東北部的避風塘水域有可能納入未來港口的發展。〔註59〕

〔註57〕〔日〕一色生：《臺灣、中國、東北、朝鮮視察》（21），載於《東京時事新聞》1912 年 10 月 9 日，轉引自陳湛頤：《日本人訪港見聞錄 1898～1941》，香港：三聯書店有限公司 2005 年。

〔註58〕T. N. Chiu：The Port of Hong Kong-A suvey of its development，Hong Kong：Hong Kong University Press，1973，page 24.

〔註59〕T. N. Chiu：The Port of Hong Kong-A suvey of its development，Hong Kong：Hong Kong University Press，1973，page 38.

　　近代香港由開埠初期的漁港發展成一個重要的國際轉口貿易港，一方面是天然的地理位置和優良的海港條件造成的，更重要的則是外來移民對港口的建設。港口從荒蕪的海旁地變成貨倉林立。為滿足外來移民的聚居地需求，港口經歷數次填海造地，並且在新填地上修建了多個碼頭和船塢。港口設施的改善源於外來移民中三方面的力量，分別是商人的經濟投資、高層人員的技術投資和豐富的底層勞動力投入。完善的港口設施吸引了更多的商船到港進行交易，港口的經濟隨之發展。

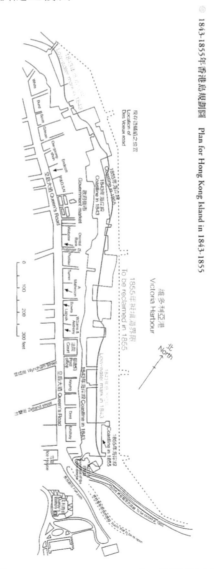

圖 4－2　1843～1855 年香港規劃圖

第二節　近代香港外來移民與香港城市交通運輸系統的形成

　　香港是一個海島。在英軍最初登島時，島上人煙稀少。島嶼的大部分面積是荒蕪的山石叢林，除了村民走的山間小路，沒有道路交通可言。英國佔領香港島後，開始開山闢路。隨著外來移民的湧入以及他們對內對外溝通的需要，近代香港的交通運輸系統逐漸形成。我們可以從航運的發展、道路的興建和其他方面的交通的發展三點來討論近代香港外來移民與城市交通運輸系統形成的關係。

一、近代香港外來移民與香港水上交通運輸系統的形成

　　《香港紀略（外二種）》有記載曰：

> 「香港四面環海，東有鯉魚門，西有汲水門，爲輪船入口的要道。凡輪船經大西洋、印度洋從南亞、歐非而來的，入口從西面的汲水門；若經太平洋從北亞及美、澳、日本而來的，入口從東面的鯉魚門。輪船入口，太平山上的旗杆，升旗報告。青衣島海面並設有燈塔顯示礁石水線，使輪船入口確保安全。港內水深海闊，波平浪靜，爲泊船的天然良港。英國人佔領香港後，築長堤、建碼頭、設貨倉、辦旅店、以招徠客商，東西商行駛的輪船，樂於停泊，成爲大港。」〔註60〕

由此可見，香港是一個優良海港，利於大噸位船隻的停泊，又因其位於遠東太平洋的一角，吸引著世界各地的眾多商船來此停泊和交易。本書以下部分將著眼於分析近代香港優先發展水上運輸系統的原因，尤其著重分析近代香港外來移民對其的推動和影響作用；以及近代香港外來移民對各種類型的航線形成的關係。

（一）近代香港外來移民對香港水上交通運輸系統的推動作用

　　近代香港的交通運輸系統的形成是以水上運輸系統完善爲先，道路的網絡發展爲後的。在近代香港，之所以是水路交通優先發展，除了有其地理因素外，還有香港的外來移民對水路運輸發展的推動和促進作用。我們將從以下幾點來分析近代香港外來移民對香港水上交通運輸系統的推動作用。

〔註60〕〔清〕賴連三：《香港紀略（外二種）》，廣州：暨南大學出版社1997年，第6頁。

　　首先，隨著外來移民的不斷增加，近代香港的城市人口對生活資料的消費量持續增加上漲。香港島是一個海島，九龍半島又是半島，這種瀕水的地理環境和特點造成了香港本地生產生活資料的能力有限，不能持續滿足不斷增加的人口的消費。因此要滿足和維持大量的移民的基本生活需求，就必須有各種生活資料源源不斷的從其他地區輸送至香港，同時香港的一些物產也可以運送出去，以此形成物質流通與交換。外來移民的生活需求是推動發展香港交通運輸系統的原動力。而香港地區瀕水的地理特點和天然良好的港口條件保證了香港水上交通的便利，因此香港必然首先發展水上交通線路。

　　其次，近代香港外來移民中的商業人士直接推動香港水上交通線路的形成。香港在開埠之時，就已經是一個商業味道很濃的地域，這種重商的氣氛一直維持至今。出於對商業利益的需求，香港的商人更是關注海上運輸的發展。因為海上運輸系統越完善，他們的貨物周轉的就越快，利益也就越大。一些大的商行甚至可以自己造船，開闢航線。近代期間香港的各主要航線上運營的船隻都是商人在運作，如英國昌興輪船公司（皇后號）的路線、美國輪船公司「總統號」的路線等。近代香港的外來移民中的商人群體對商業利益的追求直接推動了香港水上交通運輸系統的發展。

　　再次，近代香港外來移民的往來和原居地的溝通需要促進了香港水上交通的發展。香港的外來移民要麼來自外國，要麼來自中國大陸和香港臨近廣東省或是沿海的福建省。這些來源地的共同性是都可以走水路到達香港。外來移民雖然住在香港，但他們和原居地的關係是切不斷的。定居香港的外來移民要和原居地的家人建立信件和物質上的溝通，這種需要就促成了一些固定航線的形成。比如 1845 年，半島和東方航運公司每月都有固定的一艘汽船又倫敦始發香港。這條航線在早期不僅為香港輸送更多的英國移民，而且滿足了在港的英國人和家鄉的聯繫需要。

　　最後，近代香港優先發展水上交通系統的其他因素。除了外來移民對水路運輸發展的推動作用，香港特殊的被割占的歷史也決定了香港的交通運輸系統要以「水」為先。香港地區最廣表的陸地在新界，但是新界被納入香港版圖已經是香港的城市發展開始半個多世紀以後的事情了。香港的經濟發達的地帶已經位於香港島和九龍，這一帶人口最密集，也是對發達的交通運輸系統要求最迫切的地方。如果放棄港九地區優良的水運資源，跨過新界地區發展和中國大陸的陸地交通，顯得有些舍近求遠。此外，由於近代期間，香

港是英國的殖民地，政治上的原因使得臨近省份的中國官員不想過多的和英國人打交道，因此在早期的廣東和香港之間的陸地交通線的開闢上不是非常積極。這些抑制陸地交通系統發展的因素反過來就促成了近代香港水上運輸系統的優先發展。

基於以上幾點原因，我們可以說明近代香港的外來移民人口的不斷增加，對生活資料的需求上漲以及和原居地溝通等需要極大的推動了香港優先發展水上交通運輸系統。

（二）近代香港外來移民與香港港口航線的形成

1、近代香港外來移民與香港港口外洋航線的形成

香港港口的外洋航線的開闢主要是為了滿足香港商人的經銷貨物的便利、加強香港的外籍移民和原居地的信息和物品的溝通、以及在香港和原居地間輸入和輸出更多的外來外籍移民。

1845 年，半島和東方航運公司（the Peninsular and Oriental Steam Navigation Company）每月有固定的從倫敦出發至香港的一艘汽船，航程約為 48 天〔註61〕。直到 1871 年，蘇伊士運河開通後，乘客和郵件才能跨越大陸從半島到蘇伊士。在香港第一家定期運營的外國航運公司是 the French Messageries Maritimes，於 1863 年開始運送包裹和郵件。〔註62〕

自 1869 年 3 月 11 日蘇伊士運河通航後，由歐洲至亞洲的輪船，不必遠繞非洲南端的好望角，縮短航程不少，有利於香港的航業。加以 1872 年香港電報局的海底電線，有香港與歐洲各埠的一律竣工，更使香港的航業日有起色。據陳惠勳《香港雜記》的記載：「1847 年前，計西人之船出入不過 694 艘，載貨不過 229465 噸……1891 年輪船出口有 27137 艘，載貨 67773243 噸；入口輪船 26953 艘，載貨 67689180 噸……此後年年續有增加。」〔註63〕又曰：「統計輪船數內，每百艘有 53 艘屬英商，31 艘屬華商，16 艘屬各處洋人。」〔註64〕但 1914 年世界大戰爆發後，香港港口輪船進出入銳減，只有 25,000 艘，

〔註61〕陳謙：《香港舊事見聞錄》，香港：中原出版社 1987 年，第 58 頁。

〔註62〕陳謙：《香港舊事見聞錄》，香港：中原出版社 1987 年，第 58 頁。

〔註63〕〔清〕陳鏸勳：《香港雜記（外二種)》廣州：暨南大學出版社 1996 年，第 59 頁。

〔註64〕〔清〕陳鏸勳：《香港雜記（外二種)》廣州：暨南大學出版社 1996 年，第 59 頁。

載貨量是 12,000,000 噸；至 1924 年才增加到進出口的輪船數量為 57,000 艘，載貨量 38,000,000 噸，其後儘管情況有所變化，總之，香港出入口的輪船英國佔有首位是無疑的。〔註65〕

十九世紀英國號稱海上霸王，具有由英國至香港的紅線（Red Line），即由英國利物浦南行入直布羅陀海峽，經地中海，至塞浦路斯島，經塞得港如蘇伊士運河，經亞丁出紅海，經印度洋至印度加爾各答，過馬六甲海峽，抵新加坡，入南太平洋而至香港，此為亞歐往來的主要航道。在百年前每星期都有郵船通航一次。此為英國鐵行輪船公司郵船所經營，稱為「祖家船」。若法國郵船則由香港至安南西貢，經印度洋入紅海，經蘇伊士運河入地中海，直駛馬賽。德國郵船入地中海後，駛至漢堡；荷蘭郵船則駛至鹿特丹。這些郵船成為「雜港船」。〔註66〕

至於由香港航行至北美洲的輪船，則英國船由香港至上海，經日本、檀香山，以加拿大溫哥華為終點。為英國昌興輪船公司「皇后船」的路線。美國船則由香港至檀香山後，駛泊舊金山，為美國輪船公司「總統號」的路線。在三十年代後，日本郵船公司亦派船參加此線。因此，三國航業公司競爭很劇烈，所造巨輪，船內一切設備，務求華麗，並有舞池、劇場、音樂室、游泳池、圖書室等等。時人稱為「海上的皇宮」。但無論皇后船、總統船、日本船，抵香港後，都灣泊於尖沙咀九龍倉碼頭。在數十年前，碼頭附近，即有古玩店、中國絲綢店等中國土特產店的開設，以便遊客採購。〔註67〕

香港外洋線輪船，除了德忌利士輪船公司、大阪商船會社在中環干諾道有專用碼頭外，其餘俱停泊海面，以電船或小汽船駁接上岸。到 1941 年，有 25 家英國和外國的航運公司開辦有固定的到香港的海上航線。

由以上列舉出的近代香港的外洋航線的開闢情況，我們可以看到有了在港移民的溝通需求和在港商人對商業利益的追求，近代期間，多條外洋航線已經把香港和世界各地聯繫起來了。

2、近代香港外來移民與香港港口內河航線的形成

近代香港港口內河航線的形成主要是香港的廣大華籍移民和原居地的溝通關係以及香港的中外商人和中國的貿易需求促成的。

〔註65〕陳謙：《香港舊事見聞錄》，香港：中原出版社 1987 年，第 58 頁。

〔註66〕陳謙：《香港舊事見聞錄》，香港：中原出版社 1987 年，第 59 頁。

〔註67〕陳謙：《香港舊事見聞錄》，香港：中原出版社 1987 年，第 60 頁。

　　由於近代香港的外來移民的百分之九十以上都是華人，他們來自廣東、廣西以及福建等臨近香港的省份。由於一部分華籍移民只是在香港居住和工作，並未定居，因此他們和原居地的關係是持續保持的。這種關係的保持需要他們自己或他們的家人要經常往來於粵港或閩港之間，或是至少有郵件的溝通。

　　近代香港的很多中外商人和廣東、福建甚至中國內地其他地區都有商業來往。香港在近代已經是個貿易轉口港。貨物從外洋運來，經香港向中國一些地方轉銷。同時中國內地的很多貨物銷往香港，或經香港出口海外。

　　這些需求也就促成了香港與中國大陸各地及澳門之間的固定內河航線，如省港線、澳門線、江門線和梧州線等。

　　其中省港線主要以珠江為水道。珠江水道的水深「可供三千噸級的內河蒸汽船上下」〔註68〕。1912 年間日本商人在視察香港的省港線的內河航運後，寫下這樣的記錄：

> 這條航線上主要有英國人經營的粵港澳蒸汽船公司的四艘蒸汽船運營。有兩船黃昏時自香港出發，溯江而上，至早上抵達廣州，約需七個鐘頭。客船的設備及其豪華，船員多數僱中國人，船長、事務長等要職則由英國人擔任。後來又有法國人經營的法華公司（又有一說實為中國人經營）的兩艘船在同一航線上運營，因此引發英法競爭，結果就是乘客在交通上的便利不斷得到改善。此外，還有不少中國商人來往兩地的多艘夜航船，顧客對象主要是中國人，特別是下層勞動者……除輪船行走外，貨運尚有中國渡船，常川往來。俗稱三枝桅，乘風張帆，時速較慢。多泊於油麻地海面，由汲水門入口，報關檢查。那時香港建築用的磚瓦灰料多由渡船運往，甚至順德的塘泥，亦多運港，作為種花之用。〔註69〕

以上的兩段記載清晰的為我們勾勒出二十世紀香港和廣東等地的內河航線上的繁忙景象。

〔註68〕〔日〕一色生：《臺灣、中國、東北、朝鮮視察》（23），載於《東京時事新聞》1912 年 10 月 11 日。

〔註69〕〔日〕一色生：《臺灣、中國、東北、朝鮮視察》（23），載於《東京時事新聞》1912 年 10 月 11 日。

內河線貨運，在香港出口多是洋貨、西藥、煤油、水泥等，入口多是土特產、果品、蔬菜、豬羊三鳥、缸瓦瓷器等。〔註 70〕由於香港華人眾多，本國物產需要量大，加以在香港轉口的土特產運往世界各地，更為數不少。因此在二十世紀三十年代以前，經營內河航運，每多獲利。

3、近代香港外來移民與香港港口內部交通的發展

香港港口內部交通的發展主要是香港的外來移民在香港島和九龍半島、新界之間的溝通的必然性促成的。

在 1860 年，九龍半島被割占以後，九龍半島就被納入和香港島一體化的城市發展進程當中。香港島和九龍半島同屬於一個殖民政府管轄，兩地雖隔海相望，但是溝通越來越密切。由於香港島的人口密度已經非常高，後來不斷湧入的移民開始向九龍半島分佈。由於港島的商業發達，就業機會多，但由於人口眾多，地價、房租很高，很多移民就會選擇住在九龍，但是工作場所在香港島。香港島是香港地區最繁華的商業中心，這也吸引著人們跨海而來進行各種買賣。這種往來的交通需求拉動了港九之間的交通的發展。

1898 年新界被割占後，香港島和九龍、新界之間的溝通範圍更加擴大。新界作為香港地區的大後方，有著富饒的土地，物產豐富。因此，物產的運輸也拉動了港九之間的溝通

以上因素表明，連接維多利亞城和快速發展的九龍半島之間的水路交通是迫切需要的。

近代時期，在香港島和九龍半島之間的維多利亞港灣裏，有很多的私人及公共用途的船隻、小艇和帆船穿梭於港口各處。從事外貿業務的遠洋輪船由於要進出港口，主要使用港口內東西向航線；本地船隻則溝通港九，主要使用南北向航線。香港地區內部的水路交通主要是維多利亞港灣裏的走南北航線的小船。主要是在港九之間供應用品或者是搭載乘客。

時人的記載可以再現近代時期港九兩地的港口的內部交通狀況。記載稱：

> 港九兩地水道交通最初用小艇，艇以木製，用人力劃之。後有西人成立天星小輪公司，在香港於仁行對面，九龍貨倉對面建碼頭，碼頭可隨潮水漲落，駁船方便。用前後均有發動機的小輪，兩地對開，

〔註70〕陳謙：《香港舊事見聞錄》，香港：中原出版社 1982 年，第 66 頁。

幾分鐘一班。小輪分上下層。後華人自行組織油麻地小輪公司，在中環海岸，建有統一碼頭，分別灣泊往來油麻地、旺角、深水埗、筲箕灣等處的小輪，而油麻地、旺角、深水埗、筲箕灣等處則各設碼頭。每個數分鐘，有小輪對開，但路程較遠，不如天星小輪的迅速。1926 年以後，統一碼頭和油麻地碼頭改建，香港油麻地小輪擴展爲可以運載汽車渡海。〔註71〕

這段描述反映出香港最早的交通幾乎只有輪渡。由於香港不規則的沿海地理結構，比如有很多島嶼而且地勢有明顯的起伏，輪渡這種工具很好的滿足了交通的目的。（至今輪渡依然在交通方面發揮著作用，而且在旅遊方面也起到了很重要的作用。）和道路交通相比，輪渡明顯慢很多，但是後者的票價便宜更是吸引了大量的乘客。港島與九龍之間的輪渡每天不間斷運行 18 小時。由於香港島與九龍之間隔著維多利亞港，需要有渡輪服務去維持兩岸的交通，約在 1888 年，一位波斯拜火教教徒創辦「九龍渡海小輪公司」來往尖沙咀與中環。1898 年九龍倉收購「九龍渡海小輪公司」，並把「九龍渡海小輪公司」，改名爲「天星小輪公司」。隨著九龍的發展，市民對於港九之間的渡輪需求日漸殷切，二十世紀初葉，分別由 16 間小輪公司承辦來往由中環至油麻地，旺角及深水埗等地的航線。〔註72〕據載，二十世紀初期過港的乘客量每年不低於 600 萬〔註73〕。而在 1903 年，香港的人口總數才 325631 人〔註74〕。可見這種港口內部的航線承載的運輸量有多大。可能是由於太多公司承辦，易生混亂，故港府在 1919 年起，批出專營權予「四約街坊輪船公司」，營辦港九之間的渡輪服務。1924 年 1 月 1 日「四約街坊輪船公司」專營權期限屆滿，由「香港油蔴地小輪船有限公司」接辦服務。〔註75〕

進入二十世紀 20 年代以後，由於外來移民的增多，港口的交通擁擠問題呈現出來。1919 年，由維多利亞城濱海不同地點發往油麻地、旺角和深水埗的固定班次的輪渡開始營運，隨後班次逐漸增多。其中有 1919 年開闢的港島和旺角大角咀碼頭（山東道）之間的航線，1919 年開闢的油麻地和港島之間航線，以及 1924 年開闢的油麻地和昂船洲海灘之間的航線等。九龍城、紅勘

〔註71〕陳謙：《香港舊事見聞錄》，香港：中原出版社 1987 年，第 67～68 頁。
〔註72〕http://www.hudong.com/wiki/天星小輪。
〔註73〕Hong Kong Sessional Paper，1903.
〔註74〕Hong Kong Sessional Paper，census report，1903.
〔註75〕維多利亞港 http://baike.baidu.com/view/39143.htm。

和筲箕灣之間的航線在 1928 年開通；1932 年開通了維多利亞城中部的 Jubilee Street 和九龍的佐敦道之間的航線〔註76〕。

由以上分析我們可以看出，由於香港的地勢起伏不平，三面環海。瀕水的地理環境和近代香港不斷增加的外來移民的各種需求促成了近代香港的外洋航線、內河航線以及港九之間的航線形成，由此近代香港的水上交通運輸系統逐步完善。

二、近代香港外來移民與香港城市道路的開闢

相比較水路交通，近代香港的道路交通起步晚，發展比較緩慢。但是隨著香港地區的地理面積的不斷擴大、外來移民的迅猛增加、城市化發展不斷推進，人們對香港的內陸溝通的需要也越來越強烈。我們在這一部分主要討論近代香港外來移民對香港城市道路開闢的推動作用、近代香港三區的道路興建和不同時期香港的外來移民使用的交通工具，以此來反映外來移民與近代香港的道路開發的關係。

（一）近代香港外來移民對城市道路開闢的推動作用

前文已述，香港的城市交通運輸系統中最先形成的是水上交通運輸系統，這種水路交通線路把香港和外界，以及香港地區隔海相望的地域聯繫起來。香港城市道路的開闢，從某種意義上說，則是城市交通線路從水上到陸地的延伸。

和水路交通運輸系統相似，近代香港的城市道路的開闢也是受到香港外來移民不斷增加的壓力的推動而形成的。

首先，物品的內部配送和溝通推動近代香港城市道路的開闢。近代期間，香港的外來移民不斷湧入。人口的增加必然造成了移民聚居點的增加；同時，近代香港地區的地域的不斷擴大（先後割占九龍半島和新界），也造成了聚居點的相對分散。這些外來移民所需要的生產生活資料經水路，由外埠運抵香港後，需要進行分配後送達各個聚居點。各個聚居點之間，也要就不同的生活資料進行溝通。這種物品的配送和溝通的需要要達到滿足，城市內就必須修建道路。

〔註76〕T. N. Chiu：The Port of Hong Kong-A suvey of its development，Hong Kong：Hong Kong University Press，1973，page 45.

其次，近代香港地區內的人員流動推動香港城市道路的開闢。近代香港作為一個城市，其內部有不同的功能分區，比如居民區、商業區、工業區等。作為在香港生活的外來移民，要在這不同的功能區之間穿梭，這也就要求城市裏必須有便利的交通。

由此，我們看出依舊是不斷增加的外來移民帶來的生活需求推動了近代香港省市道路的發展。

（二）近代香港城市道路的修建

1、近代香港島的街道

我們先通過一些記載，來看看近代香港島的道路修建情況。

香港開埠之初，依山面海闢路，最先築成的是皇后大道（俗稱大馬路），分為三段：大道中、大道東、大道西。時人描述該路「路面填以砂石，上敷柏油，大約與上海馬路相類似。其上層道路則隨山陡勢，建斜路或石階以通之，斜路之多，為東南亞各地之冠」〔註77〕。

港島環線 1841 年動工，1848 年完工。這條環線採取分段進行。分段施工情況如下：1841 黃泥湧到筲箕灣；1845 筲箕灣到赤柱；1846 維多利亞到香港仔；1848 香港仔到赤柱。〔註78〕

居住在山頂區的居民則使用纜索鐵道。纜索鐵道 1888 年開始營運，上端終點是海拔 1306 英尺的維多利亞谷。在 1888 年這條索道運行後，官方曾數次嘗試將路線做調整以使得道路的起點能夠在維多利亞城的商業中心範圍內，這樣對居住在山頂區的居民比較方便。〔註79〕

1924 年第一條南北走向橫穿港島的機動車道路修建完工，該路段由灣仔到淺水灣。〔註80〕

在香港島開闢道路可不是一件簡單的事。因為沒有經驗可以參照，多山的地形讓設計施工人員絞盡腦汁，而且耗資巨大。但是經過工程設計人員的精心策劃和廣大勞工的勞作，香港島上終於出現了縱橫交錯的道路，儘管由

〔註77〕陳謙：《香港舊事見聞錄》，香港：中原出版社 1982 年，第 137 頁。

〔註78〕S. G. Davis：Hong Kong in its Geographical settings，London：Collins，1949，page 129.

〔註79〕S. G. Davis：Hong Kong in its Geographical settings，London：Collins，1949，page 130.

〔註80〕S. G. Davis：Hong Kong in its Geographical settings，London：Collins，1949，page 1129.

於事先缺乏合理的規劃，道路的設置顯得有些凌亂，但總是解決的島內陸地交通的大問題，爲島上的居民帶來了巨大的生活便利。

2、近代九龍半島的街道

有資料顯示，在英國佔領九龍初期，香港當時的總督（Hercules Robinson（1859～1865））就九龍的土地使用問題反覆和軍方協商。這位總督本想在九龍建造醫院、居住區、休閒場所等來緩解港島的人口過分擁擠的壓力。他也想在九龍的南岸修建一些碼頭和倉庫來促進貿易的發展。無奈當時的英國軍方是想把九龍變成一個軍事管制區，打算在那裏建造軍營，並且把港島的營地遷到九龍。這種爭論持續了三年之久。1864 年，英國政府出面調停。最後達成的協議是：在昂船洲島、尖沙咀和紅勘三地建造五座炮臺；在港島的西區、中區、奇力島、北角和筲箕灣還將建造七座炮臺；九龍南岸劃出三塊地用來建造裝煤站、兵站、軍用品倉庫以及已婚士兵的住宿地。九龍剩下的土地歸香港政府規劃。〔註 81〕九龍半島早期修建的最重要的一條路就是羅便臣道（1909 年改爲彌敦道），這條道路從後來的尖沙咀的中間道一直通到油麻地的加士居道。羅便臣道穿過伊利近街（1909 年改名爲海防道），和麥當奴道（1909 年改名爲廣東道）連接，最後達到尖沙咀的九龍站。〔註 82〕

之後九龍五個區（九龍城區、深水埗區、宋王臺區、油麻地區、觀塘區）開始逐步發展，最初的發展都是從修路開始的。基於港島的經驗，九龍的道路呈現網格式模式，非常整齊而且四通八達。這一點可以從下文的圖 4－3（1887～1904 年的九龍）、圖 4－4（1904～1924 年的九龍）以及圖 4－5（1941年九龍街道圖）中清晰的看到。

3、近代新界的道路

新界現代路網的發展，是爲了殖民地管制。最早的現代道路建設是 1904年由九龍直達當時新界的行政中心大埔。其他的現代化道路都是 1910 年以後逐步建成的。〔註 83〕當時新界北部被視爲邊遺之地，其作用是作爲英占九龍

〔註 81〕Cheng Po-hun & Toong Po-ming，A Century of Kowloon Roads and Streets，Hong Kong：Joint Publishing Company Ltd.，2003，page 16.

〔註 82〕Cheng Po-hun & Toong Po-ming，A Century of Kowloon Roads and Streets，Hong Kong：Joint Publishing Company Ltd.，2003，page 29.

〔註 83〕薛鳳旋：《香港發展地圖集》，香港：三聯書店《香港》有限公司 2010 年，第92 頁。

和港島的軍事屏障。因此新界現代公路都是由南至北，而且不與深圳道路連接。陡峭的地形也是該區遲遲未建現代化道路的原因。

新界的環線是 1919 年在荃灣到青山的一段完工後才完全建成的。這條環線全程 57 英里長，連接了大部分的沿海村莊，是香港道路工程上一項偉大傑作。直到 1940 年九龍至廣東的道路才開通。這條路後來也成爲鐵路和珠江輪渡的競爭對手。〔註 84〕

下文圖 4－6（1901～1931 年新界主要公路發展地圖）中展示的主要新界村鎮，在《展拓香港界址專例》（1898 年）之前已經存在。從圖中我們可以看到，新界較大的村鎮與便利的水路和內地（如深圳、南頭）的陸路交通有一定的聯繫。下文圖 4－7（1932～1949 年新界交通線發展）則顯示出新界已經有道路和深圳連接。

〔註 84〕薛鳳旋：《香港發展地圖集》，香港：三聯書店《香港》有限公司 2010 年，第92 頁。

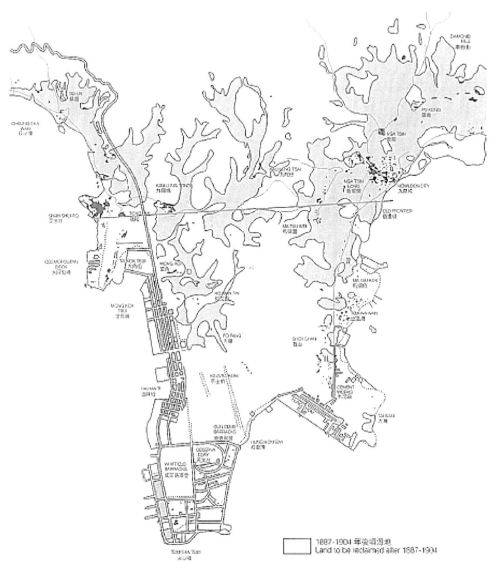

圖 4－3 1887～1904 年的九龍〔註85〕

<hr />

〔註85〕 薛鳳旋：《香港發展地圖集》，香港：三聯書店《香港》有限公司 2010 年，第
80 頁。

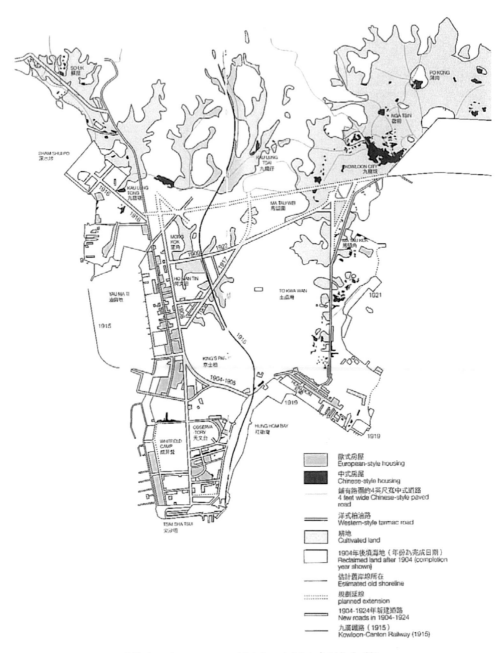

圖4-4〔註86〕　1904～1924 年的九龍

〔註86〕薛鳳旋：《香港發展地圖集》，香港：三聯書店《香港》有限公司 2010 年，第 80～81 頁。

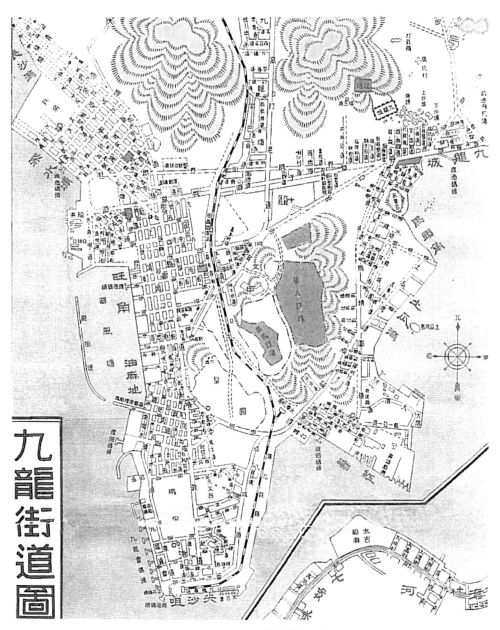

圖 4－5　1941 年九龍街道圖〔註87〕

〔註87〕薛鳳旋：《香港發展地圖集》，香港：三聯書店《香港》有限公司 2010 年，第
　　　 81 頁。

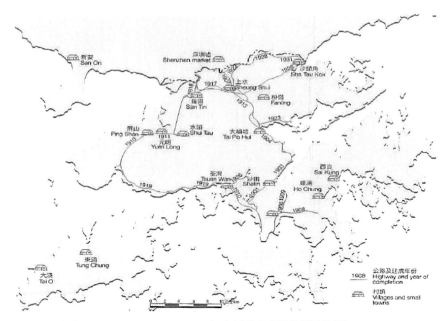

圖 4－6　1901～1931 年新界主要公路發展〔註 88〕

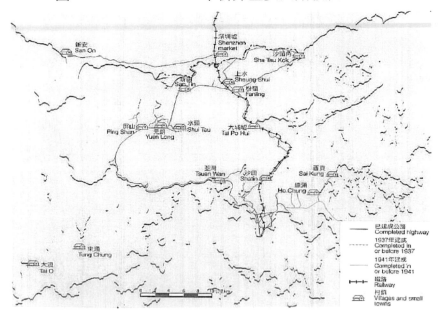

圖 4－7　1932～1949 年新界交通線發展〔註 89〕

〔註 88〕薛鳳旋：《香港發展地圖集》，香港：三聯書店《香港》有限公司 2010 年，第
　　　　92 頁。

〔註 89〕薛鳳旋：《香港發展地圖集》，香港：三聯書店《香港》有限公司 2010 年，第
　　　　92 頁。

（三）近代香港的道路交通工具

根據近代年間在香港訪問或居住的人士的回憶和記錄，我們可以得知近代香港的交通工具主要有以下幾種：

1、轎子

由於香港多山的地形，斜路多，上下行車不便，因而轎子是近代香港使用時間最長的一種交通工具。轎子在開埠初期就已經出現這香港島上，盛行於十九世紀。

西方人的遊記中稱轎子爲「sedan」，並指出在十九世紀 50 年代後期，島上沒有機動車輛，只有轎子〔註90〕；日本人的遊記裏記載了 1860 年香港街頭的轎子「主要是在十字路口街頭等處等候客人，轎子內有臺階。轎杆是兩根竹子，以左右肩承之，其杆甚長」〔註91〕，又曰「轎子可乘坐一人，乘者坐於椅子上，商覆以半拱形的板屋，左右的簾子塗上了清漆，再用白粉繪畫花鳥等」〔註92〕。以上兩段記載再現了十九世紀香港的轎子的式樣。還有人關注到了當時香港街頭的轎子是有上下等之分的〔註93〕。普通人坐的轎子就是二人擡轎，如果日本領事則坐四人擡轎，港督則乘八人擡轎，以隨行者多寡定其尊貴程度〔註94〕。轎子直到二十世紀都還在香港使用，並且納入了當時交通警察的管轄範圍內，因爲「每一個轎子內有椅子，上面寫著警察的登記號碼」〔註95〕。生活在清末民初的陳謙回憶：

> （當時轎子的）式樣與山兜相似，廣州省城的官轎小而且陋，竹或藤編織座位，兩人擡之，多停於大路和斜路之間，雇客互換，取價甚廉。醫生、大班（洋行經理）或官員有「私家轎」，兩人到八人擡，轎夫每月工資 12 元到 15 元，年節有時另給獎賞。〔註96〕

〔註90〕　Norman，Francis Martin："Martello Tower" in China，and the Pacific in H. M. S. "Tribune，1856～60，London：G. Allen，1902，page 88.

〔註91〕　〔日〕柳川兼三郎：《航海日記》1860 年 9 月 12 日，陳湛頤《日本人與香港——十九世紀見聞錄》，香港教育圖書公司 1995 年，第 85 頁。

〔註92〕　〔日〕森田岡太郎：《美行日記6》1860 年 9 月 12 日，陳湛頤《日本人與香港——十九世紀見聞錄》，香港教育圖書公司 1995 年，第 85 頁。

〔註93〕　〔日〕野澤鬱太：《遣歐使節航海日錄》1862 年 1 月 7 日，陳湛頤《日本人與香港——十九世紀見聞錄》，香港教育圖書公司 1995 年，第 116 頁。

〔註94〕　〔日〕松井茂：《東洋警察見聞錄》，警察協會出版社 1901 年，第 24 頁。

〔註95〕　〔日〕松井茂：《東洋警察見聞錄》，警察協會出版社 1901 年，第 24 頁。

〔註96〕　陳謙：《香港舊事見聞錄》，香港：中原出版社 1982 年，第 139 頁。

從以上的記載我們可以看到轎子在近代香港使用時間從開埠初期到二十世紀二三十年代，使用時間上跨度很大。這是香港的地形造成的，多山導致路面大多是傾斜的，轎子比較適合這樣路面。同時我們也看到似乎早期的轎子和後期在式樣上有些差別，但是轎子的三六九等的區分是歷來就有的。

2、馬車

近代香港的路面上也出現過馬車。見外國人 1862 年經過香港的遊記記載：

> 使節乘馬車到近處遊覽，兩匹馬牽一輛車，載三個人，連車夫在內，共坐四個人。乘客相向而坐，快捷與乘馬相若。今天自下午 2 時至 4 時過後，使節所乘馬車已繞行 6 里矣。室內隨處均有這樣的馬車。多乘兩人，或者一人，男女乘車者甚眾〔註97〕。

然而，似乎香港的馬車始終不能成為交通工具的主流。有人比較「香港的馬車不若上海多」〔註98〕，大概也是因為富人和洋人的樓房等大多建在山上，馬車還是沒有轎子方便的原因吧。

3、手車

手車也叫東洋車。通行於皇后大道至石塘咀及由皇后大道至灣仔一帶。1923 年左右，由花園道至薄扶林道亦通行手車。規定市區的手車不能上半山區，半山區的手車也不能到市區。在市區或半山區的交叉路口，有手車站，停車待雇，稱為「街車」。醫生、富人多住在半山區，因手車比轎要快，多以手車代步。每一手車要雇車夫 2 至 3 人，一人在前牽之，其餘在後推之或挽之，在斜路上也可行走。車夫的月工資是 12 至 15 元，年節有獎賞。汽車通行後，手車被廢棄不用。〔註99〕

4、電車

維多利亞城有軌道電車系統。該線由堅尼地城到筲箕灣，中段是銅鑼灣，又分一支入跑馬地。全程長約 10 英里。所經街道，上架電線，地面鋪設雙軌。當時是為了解決該區的人口極度擁擠的狀況。未有公共汽車時，電車是香港的工作人員上下班代步的主要交通工具。電車前後部都有發動機，

〔註97〕〔日〕野澤鬱太：《遣歐使節航海日錄》1862 年 1 月 7 日，陳湛頤《日本人與香港——十九世紀見聞錄》，香港教育圖書公司 1995 年，第 116 頁。

〔註98〕〔日〕松井茂：《東洋警察見聞錄》，警察協會出版社 1901 年，第 24 頁。

〔註99〕陳謙：《香港舊事見聞錄》，香港：香港中原出版社 1987 年，第 139 頁。

由司機一人司之。最初電車是單層，少部分頭等座位。1913 年以後，由於乘客增多，車輛改爲雙層。有軌電車直到 1941 年一直都是島上，甚至是世界上最便宜的交通工具，大約 10 英里的路程只要 5 個便士。到 1941 年這條線路已經搭載超過 8，000，000 乘客。

5、汽車

清末民初的陳謙在《香港舊事見聞錄》中寫道：

> 「聞之老一輩説：『香港在辛亥革命前的三數年，才有汽車出現』
> 〔註100〕。由於行車時，司機每響號使行人知所趨避，其聲『勃勃』，
> 故名之爲『勃勃車』。當時車數不多，只一、二醫生及富翁由英國
> 汽車廠購買運返香港，雇司機，行駛於大路上，成爲『私家汽車』。
> 在 1912～1913 年間，香港商人才於德輔道中及石塘咀等處，租有
> 鋪位，置汽車三數輛，待客租用，名爲『凌鳳汽車公司』，車租每
> 小時約 5 元，晚間人多雇以遊維多利亞城一周，或雇之以行遠程。
> 但車多是外洋的二手貨，發動機每每失靈，常多故障。」

作者回憶：「1914 年，隨父親往香港仔參觀大成紙廠，雇傭出租汽車，往返停車待修不下三、四次，費時不少，回到中環，要付車費十幾二十元。」〔註101〕

一次大戰後，香港的市場暫時繁榮，新興的富商竟事浮華，私家汽車不少。

1923～1924 年間，畢打街香港大酒店爲便於遊客與淺水灣酒店往來，特闢由畢打街至淺水灣公共汽車路線，但每日數班，次數不多。及後，城市發展。港府於 1926 年間劃定公共汽車路線行駛汽車，政府出標，年內納稅款若干，以價高者得，招人投承。香港方面由香港大酒店投得，九龍方面由九龍中華汽車公司顏成坤投得。行駛用車，以英國製造者爲限。司機要經過考試拿到牌照才能駕駛。香港的主要線路是由大坑至堅尼地城，及卜力碼頭至薄扶林道、卜力碼頭至跑馬地等。九龍的主要路線是尖沙咀天星碼頭至深水埗、紅勘、九龍城，與油麻地碼頭至深水埗、牛池灣、荃灣、元朗等。香港所用汽車爲單層，九龍多爲雙層。在西營盤海旁，另有一線專走香港仔。

1926 年左右，香港九龍才有計程車，行駛於港九大道間。自從有了計程車，手車生意冷淡，車夫多改行。但轎子仍存在，用於斜路或上半山區代步。

〔註100〕陳謙：《香港舊事見聞錄》，香港：中原出版社 1987 年，第 140～141 頁。
〔註101〕陳謙：《香港舊事見聞錄》，香港：中原出版社 1987 年，第 141 頁。

6、登山纜車

香港的太平山登山纜車被譽為英國人在香港完成的幾大奇迹之一。因為在如此陡峭的山坡上修建纜索火車，在當時實在是比較先進的技術。登山纜車於 1888 年 5 月通車，之後過往的外國遊人幾乎在遊記中都不約而同的提到這種交通工具，以及乘坐它的感受。1899 年經過香港的日本記者井口丑二在他的《世界一周實記》中用了較長的篇幅描述乘坐香港登山纜車的經過及其構造。那時的纜車只有一個車廂，車廂內分為三區，由前至後分別為三等、二等和頭等〔註102〕。

在近代香港的道路上出現過的交通工具由最原始的有中國民族特色的轎子，直到從西方引進的現代化的汽車和有軌電車。短短一百年時間，在香港卻集合了人類幾個世紀的文明和工業發展的成果，這不得不說是中西方的外來移民的交彙帶來的結果。

三、其他交通方面的發展

水路交通和道路的發展是近代香港交通系統構成的基本部分。除此以外，香港的交通系統還包含有其他方面的發展。

1、鐵路

早在 1865 年，香港的殖民政府就已經設想鋪設鐵路與外界溝通了，但是最先計劃的鐵路並不是通往中國廣東的，而是通往印度的。直到二十世紀初，才開始眞正投入到鐵路建設中。英方負責修建到廣東的鐵路段全程長 22 英裏，修建過程非常艱苦，遇到了許多橋梁和隧道難題，其中很長的一條隧道橫穿整座九龍山。中方負責的路段長 89 英里。〔註103〕

1911 年，中國方面負責施工的路段完工，首列列車有九龍開往廣州。廣九鐵路的完工對於香港而言意味著香港與腹地的首次現代陸地交通的開通。但是運費成本過高以及卸貨地點的不方便，使得鐵路貿易不能和航運貿易相匹敵。具體數字可見下表：

〔註102〕〔日〕井口丑二：《世界一周實記》，經濟雜誌社 1904 年，第 20 頁。
〔註103〕S. G. Davis：Hong Kong in its Geographical settings，London：Collins，1949，page 131.

表4－1　1918～1919年香港向中國南部的出口量〔註104〕單位：英鎊

	1918	1919
汽船運輸出口	12435480	13083302
帆船運輸出口	8660870	7600220
鐵路運輸出口	326193	571889

由上表我們可以看出1918年水路運送出口產品是鐵路運輸出口商品量的7倍，1919年同比下降爲5倍。鐵路運輸的出口量儘管在1918年至1919年間是增長的，但是和水路運輸相比，還是差距很大，船運仍然是當時人們首選的一種交通運輸方式。

鐵路運輸還會因爲廣州的動亂時常被中斷，直到1936年前，情況才有所好轉。在1938年，由於廣州淪陷，鐵路再度停運。儘管這條鐵路在近代沒有發揮出強大的運輸潛力，但是它至少是近代香港鐵路運輸的一個開端，並且在第二次世界大戰後，逐漸發揮出它的功能。

2、航空

香港的航空用於市政交通始於1930年。這一年，首批航班飛往廣州。香港殖民政府很快就意識到航空在距離和速度上的優勢帶來的商業利益，於是在1936年在啓德建造了機場。香港很快就成爲了很多航線的站點。1940年，在香港已經有5家大的航空公司開設了飛往世界各地的固定航線，有英國海外航空公司（英國），法國航空公司（法國），中國國家航空公司（中美），歐亞航空公司（中德），泛美航空公司（美國）。〔註105〕

近代香港的航空運輸起步較晚，但是在啓德機場投入使用後，第二次世界大戰前，這種運輸方式已經得到了充分的使用，爲後來的香港的航空運輸奠定了基礎。啓德機場至今仍然是香港繁忙的運輸空港。

3、通訊

電纜和遠距離通訊在香港很早就有發展。1870年，首根通往上海的電纜

〔註104〕Hong Kong Government Gazette，Trade Returns，1918～1919。

〔註105〕S. G. Davis：Hong Kong in its Geographical settings，London：Collins，1949，page 132～133.

鋪設完成。〔註 106〕1871 年，通往新加坡的電纜鋪設完成〔註 107〕。1874 年的《申報》有報導稱：

> 香港將設電報達粵東省城：前日香港郵來信報，謂廣東官憲與香港英憲擬議，欲在兩處隨陸路懸設電線一帶，以便傳報電音。但凡官憲所發各報，事屬因公，概不取費。〔註 108〕

這表明一條粵港的電報線即將鋪設。隨後，逐漸增加的更多的線路使得香港與世界各地保持著聯繫。1927 年，商業無線電短波廣播出現了。1937 年香港還開啓了與廣州和漢口三地間的電話通訊（日占時期被破壞）〔註 109〕。

近代香港的交通系統的形成始於水路運輸。香港地區三面環水，優良的海港條件，外來移民帶來的充足的技術和勞動力資源，以及一些商人的投資，使得近代香港的港口設施逐步完善，多條外洋航線和內河航線的開闢吸引和加強了水路運輸的商貿往來。港九兩地的外來移民的溝通運輸的需求也推動了港口內部的輪渡交通的發展。

近代香港的道路交通較之水路交通，發展較爲緩慢。但是隨著外來移民的逐漸增多，對貨物和人口區內流動的需求增加，因此推動了近代香港城市道路的開闢。經過初期的香港島的道路建設的探索期後，九龍半島的城市道路建設顯得比較成熟。新界的現代化道路建設沒有香港島和九龍發展的完善，只是爲了殖民地管制的目地，由南向北開闢了一些道路。這些道路把新界的主要人口聚居地聯繫起來，利於近代香港外來移民的溝通。

水路和道路是近代香港交通運輸系統的基本組成部分。除此之外，二十世紀以後，香港出現了鐵路運輸、航空運輸以及電纜通信等。這些都成爲近代香港的交通系統中的一部分。

總之，近代香港的交通運輸系統是在廣大外來移民的溝通需要和城市商貿發展需求下應運而生，並且逐步形成的。這種交通運輸系統體現出了多元化和現代化的特點。

〔註 106〕S. G. Davis：Hong Kong in its Geographical settings，London：Collins，1949，page 134.

〔註 107〕S. G. Davis：Hong Kong in its Geographical settings，London：Collins，1949，page 134.

〔註 108〕《申報》，1874 年 4 月 13 日，第二版。

〔註 109〕S. G. Davis：Hong Kong in its Geographical settings，London：Collins，1949，page 134.

第三節　近代香港外來移民與香港城市工商業中心的形成

本章將從近代香港城市的商業中心和工業中心的形成來探討近代香港外來移民與城市發展的關係。香港一直是個商業氣氛濃厚的城市，因此商業中心的形成始於開埠後不久。直到 1941 年日占時期前，香港各地已形成數個重要的商業中心。但是香港島、九龍半島和新界的商業中心的規模又各不相同。本節將選取香港歷史最悠久的商業中心，即香港島的中西區爲例，討論該商業中心的形成過程，以及近代香港外來移民和該區商鋪的分佈關係。

和發達的商業相比，近代香港的工業發展則起步較晚，主要發展階段是在二十世紀以後。本節將根據搜集到的史料，對近代香港的工業分佈和外來移民的關係做簡單的討論。

一、近代香港外來移民與城市商業中心的形成

近代香港的城市商業中心最早是形成於外來移民的聚居點的，因爲這些聚居點在移民到來後，已經修建了一些和外界溝通的交通道路。有了交通線，從各方來的商品物資才能運抵聚居區。物資流動來往頻繁以後，外來移民的聚居點就逐漸形成商業區。

近代香港地區涵蓋香港島、九龍半島和新界三區，各區內都有數個商業中心。由於資料和篇幅有限，我們這裏無法涉及近代香港所有的商業區。本書只是選擇近代時期，香港規模最大，並且歷史最悠久的商業區，即香港島的中西區爲例，來探討該商業中心的形成過程以及商鋪分佈和外來移民的關係。對九龍半島和新界的商業中心只是簡單提及，不做詳細討論。

（一）香港島商業中心的形成：中西區的華麗變身

我們這裏稱香港島的「中西區」是借用現在對港島的地理分區的概念，即香港島分爲南區、東區、灣仔區和中西區。中西區可以細分爲中區、西區和半山區三個部份，中區包括金鐘、中環和上環等地，西區包括西環（即西營盤、石塘咀和堅尼地城）和摩星嶺，而半山區則包括太平山和薄扶林北部一帶（主要是香港大學一帶）。近代時期，香港島的商業中心並沒有這麼廣闊的範圍。我們這裏的中西區是指近代時期的香港島的中環、上環和西環一帶。

英國人 1841 年登上香港島後，選擇開發港島北岸，並且開始了維多利亞城的建設。彼時，外來移民都聚居在港島北岸。歐洲人的聚居範圍是西至鴨巴甸街，東至花園道，南及荷里活道，還在灣仔春園街一帶聚居。華人最初則在鴨巴甸街以西的地方，後來聚居在文咸街一帶。基本上，香港島早期的商業區是以港島中區的中環一帶歐洲人的聚居點爲中心，向東和向西的華人聚居地發展的，尤其是向西環和上環方向發展。由於外來移民聚集在中環和上環、西環這一地帶，最初是建立民居和道路。進入十九世紀中葉，港島的道路網絡已經漸具雛形，交通的便利促進了商業的往來。於是在移民聚居的中環一帶最先出現了各種各樣的商鋪，形成了這一帶商業繁榮的景象。

1、近代香港外來移民在香港島中西區開店情況

以下我們主要從商鋪的開業數量和集中地來看該區的商業發達情況。我們可以按照店鋪的種類將近代時期香港中環的開店情況進行梳理。店鋪主要按照銀行類、百貨公司類、餐飲類、旅館住宿類、娛樂場所類等進行分類。

（1）銀行、銀號及找換店

銀行

香港開埠不久，總部設於印度孟買的東藩彙理銀行就來港開業了〔註110〕，隨後的二十年裏，又有多家英資銀行在香港開設分行，如香港上海滙豐銀行，印度新金山渣打銀行，香港有利銀行等。後來其他外資銀行進入香港，有美國萬國寶通銀行，法國的弗蘭西銀行，荷蘭的小公銀行，比利時華比銀行，日本的正金銀行等。華資銀行的建立開始於二十世紀初期。第一家是美國歸僑 1912 年創立的廣東銀行，隨後有港商創辦東亞銀行及國民商業儲蓄銀行。〔註111〕

在第二次世界大戰前，香港已經擁有中外銀行 30 家左右，多設於皇后大道中和德輔道中一帶。

銀號

銀號多有中國人經營，多設於皇后大道中中央商場一帶。主要有南海九江人，順德人，東莞人，臺山人等有瑞吉銀號、天福銀號，彙隆銀號，泰新

〔註110〕王賡武：《香港史新編》上卷，香港：三聯書店（香港）有限公司 1997 年，第 340 頁。

〔註111〕王賡武：《香港史新編》上卷，香港：三聯書店（香港）有限公司 1997 年，第 340 頁。

銀號，余道生金鋪等。其中歷史最悠久的，成立於 1880 年。至 1932 年已有規模較大的銀號 37 家，多集中於文咸東街、文咸西街（南北行街）及其鄰近之皇后大道中、德輔道西一帶。〔註112〕

找換店

找換店是香港金融界的一部分。香港成為東南亞的大商埠，客商雲集。世界各地貨幣不同，旅客到港，須兌取港幣。其主要設在香港皇后大道、干諾道中一帶。〔註113〕

（2）百貨公司〔註114〕

近代香港的大型百貨公司完全集中於港島中區。

先施公司

先施公司的發起人是馬應彪。馬應彪創業於澳洲，返港開設永昌泰金山莊，繼而集資創先施公司。該公司於 1900 年 1 月 8 日成立，鋪面設在皇后大道中。

永安公司

永安公司始創於澳洲，以經營果類為主。後 1907 年集資回香港開辦永安公司。選址在皇后大道中 167 號，形式是百貨商店，宣辦環球貨品，兼營金山莊出入口生意。

（3）餐飲

牛奶公司

為滿足香港的西方人對新鮮牛奶的需求。牛奶公司創辦於 1886 年，由蘇格蘭醫生 Patrick Manson 與 5 位香港商人合作成立。早期牛奶公司以 3 萬港元在港島西區薄扶林建立牧場，飼養 80 隻從英國入口的乳牛生產新鮮牛奶。〔註115〕1892 年在中環下亞釐畢道興建倉庫，以現今的藝穗會會址作辦公室。1904年，牛奶公司開始進口凍肉到香港，並在中環倉庫開設首間零售店。〔註116〕

〔註112〕王賡武：《香港史新編》上卷，香港：三聯書店（香港）有限公司1997年，第 342 頁。

〔註113〕陳謙：《香港舊事見聞錄》，香港：中原出版社1982年，第 109 頁。

〔註114〕楊國雄的《香港早期百貨公司是怎樣的？》，載於魯言等著《香港掌故》（第七集），香港：廣角鏡出版社1982年，第 113～125 頁。

〔註115〕梁炳華：《南區風物志》，香港：南區區議會2009年，第 60 頁。

〔註116〕陳謙：《香港舊事見聞錄》，香港：中原出版社1982年，第 129 頁。

<u>酒樓</u>〔註 117〕

辛亥革命前，水坑口是當時的妓院集中地，商業中心集中於中、上環。最大的酒樓是上環大馬路的杏花樓，「樓通數層，有廳有房，名貴酒席爲燕翅席」。

德輔道中有陶陶居和樂陶陶。陶園開設在德輔道西 375 號，即石塘咀電車總站對面。中環威靈頓街，有小蓬萊、冠南、瑞華園、一品升等酒樓。以上這些是比較高檔，是銀業界和一般商人的宴會之地。相比之下，荷里活道的萬聲記則是一般市民吃喝之地。

辛亥革命後，政府將妓院遷於石塘咀山道營地，因此石塘咀一帶酒店林立，除陶園外，還有澄天、共和、香江等。設於石塘咀皇后大道西 486 號的珍昌酒家，是專門爲回教徒服務的。

1924 年，皇后大道中南唐酒家，1930 停業。

香港大罷工後，德輔道中的大同酒家、皇后酒家、金龍酒家等先後開業。

廣州起義後，南園店主遷港，頂威靈頓街小蓬萊店鋪，成立南苑酒家，後來致使冠南、瑞華園、一品升等生意受打擊。瑞華園改爲西餐廳，其他關門。

三十年代，灣仔莊士敦道通電車，商業發展，先後設立英京酒家和鵝頸大三元酒家。除此以外，在一些外國人的遊記當中還提到了位於德輔道中 170 號的金龍酒樓（中式），德輔道中 55 號的清風樓（日式）等。

由以上總結，可以看到，在近代年間，香港島皇后大道中環一帶，只是酒樓，就已經是鱗次櫛比了。可見當時這一帶的繁華程度。

<u>茶居</u>

飲茶是廣東一帶居民的生活習慣，由於近代香港的華人有大部分是廣東人，因此這些移民把廣東的飲食文化帶到了香港，在香港開設了不少的茶居。辛亥革命前後，香港的茶樓以皇后大道中的三多、得雲得名（後前往灣仔大道東），上環大馬路的富隆，十王殿的平香最爲有名。低檔茶居在中環的荷里活道、威靈頓街、結志街都有開設。

1916 年的德輔道中的「第一樓」是香港第一流的茶居，其後是大道中的「嶺南」（現蓮香樓地址），「高升」以及在大道西的「武彝仙館」開業。〔註 118〕

〔註 117〕陳謙：《香港舊事見聞錄》，香港：中原出版社 1982 年，第 1211～116 頁。
〔註 118〕陳謙：《香港舊事見聞錄》，香港：中原出版社 1982 年，第 116～120 頁。

西餐館

香港島提供西餐的有不同場合，大致有大酒店、高級餐室和一般餐室的分別。

大酒店主要有中環畢打街設香港大酒店及告羅士打酒店；高級餐室主要分佈在德輔道中，九龍尖沙咀彌敦道，如德輔大道中的威士文餐廳，域多利餐室；港島的第一間華人西餐廳應該是 1905 年前開設的鹿角酒店內的餐廳，位於皇后大道中威靈頓街。〔註 119〕華人喜往安樂園餐室（在上環大馬路和大道中開分店）。辛亥革命後，皇后大道中中央市場對面開設馬玉山糖果餅乾公司，二樓為餐室。

一般西餐室主要位於中環德輔道中環以西一帶。那裏「餐室林立，以東園、華樂園生意最旺。政府文員和洋行工作人員在此進食。威靈頓街的嘗新、華英，瑞華園只供應散餐。」〔註 120〕

還有一些咖啡館和飲冰室也供應西餐。高級的咖啡館多設於皇后大道中臨近皇后戲院，娛樂戲院一帶，其中美利權，森永比較旺。荷里活道近大笪地一帶比較便宜。飲冰室以牛奶公司開設的最為高級。〔註 121〕

（4）旅館住宿

近代香港的旅館業也相當發達。一些高級的酒店都會提供餐飲及住宿。比如上文提到的位於中環畢打街的香港大酒店開業於 1898 年 3 月。《香港雜記（外二種）》中曾描述「香港大酒店為巨擘，其深處由皇后大道通至海旁。樓設六層。〔註 122〕」位於德輔道中、缽乍甸街和利源西街交界處的新維多利亞大酒店早於 1870 年就已經開業。香港早期的西式旅館中，幾位訪港的日本人在遊記中都有提到一個位於洋人區的商業旅館（Commercial Hotel），並附有對旅館風貌的描述，其中一則載曰：

> 房內有一張 1.8 公尺見方，略呈四方形，有四根支柱的床。白色像是麻的羅紗，又或是細棉布般的東西自四角垂下。被褥床鋪是有凸紋的細棉布和半毛織的毛毯等，二者俱晝夜擺放於床上。洗手間內置有陶臉盆。〔註 123〕

〔註 119〕 魯言：《西餐東傳及香港早期的西餐館》，《香港掌故（五）》，香港：廣角鏡出版社 1982 年，第 182 頁。

〔註 120〕 陳謙：《香港舊事見聞錄》，香港：中原出版社 1982 年，第 127～128 頁。

〔註 121〕 陳謙：《香港舊事見聞錄》，香港：中原出版社 1982 年，第 128～129 頁。

〔註 122〕 〔清〕陳鏸勳：《香港雜記（外二種）》，暨南大學出版社 1996 年，第 76 頁。

〔註 123〕 〔日〕野澤鬱太：《遣歐使節航海日錄》，陳湛頤《日本人與香港——十九世紀見聞錄》，香港教育圖書公司 1995 年，第 115 頁。

由此可見，早在 1862 年，香港的旅館和現在的擺設也並沒有太大的差別。

（5）娛樂場所

很多的外國遊人在遊記中〔註124〕都提到了在十九世紀，香港島市區中心就有一個中國劇院，這也成了一處當時來香港的外國遊客必去的一處地方。其中一則遊記更是詳細的描述了當時的中國劇院的建築式樣和觀看秩序。遊記中記載到：

> 中國劇院是一個巨大的無頂的建築，用竹子搭建而成。竹片用皮帶繫起，看似有一百英尺那麼高。劇院的大門面向街道，觀眾可由大門直接進入到比較低的觀看池。在觀看池兩邊是很多排設有座位的包廂，票價為半美元。中間的觀看池沒有座位，是免費的。擠滿了下等人。他們進出自由，可以根據自己的時間，在這裏待上幾個小時，或只是幾分鐘。舞臺上沒有幕布，有兩扇門，一門用於演員上場，一門用於下場。〔註125〕

這樣的劇院看起來並不豪華，但是卻是香港早期出現的可以娛樂普通貧民的一處場所。

此外，1894 年的《鏡海叢報》中的一則新聞報導了馬戲團來港演出的事情：

> 威士頓馬戲由日本到港初九晚在西營盤渣甸碼頭新填之海坡支蓋棚場開演技藝，各奏其能，所演之戲除晚間開場外每禮拜多演日戲二次，以禮拜三、禮拜六為期，皆下午兩點鐘開門。〔註126〕

隨後又有關於上述馬戲團買票送抽獎券的新聞。〔註127〕馬戲團之類的表演應該會首選人口比較集中的商業區來表演，以此招攬生意，因此我們可以看出當時的西營盤是一個人口聚居點。

由以上的商鋪開業和經營情況的記載，我們不難想像到近代香港島的中區已然是一個商鋪林立、人流熙攘、燈紅酒綠的繁華的商業中心。

〔註124〕陳湛頤：《日本人訪港見聞錄——1898～1941》，三聯書店（香港）有限公司 2005 年，第 111 頁；陳湛頤：《日本人與香港——十九世紀見聞錄》，香港教育圖書公司 1995 年，第 177 頁。

〔註125〕Norman，Francis Martin："Martello Tower" in China，and the Pacific in H. M. S. "Tribune，1856～60，London：G. Allen，1902，page166.

〔註126〕《鏡海叢報》，1894 年 11 月 14 日。

〔註127〕《鏡海叢報》，1894 年 11 月 21 日。

2、近代香港島中西區商鋪的分佈特點

從以上近代香港島中西區的商鋪開設情況，我們可以看到一個明顯的特點，就是集中在皇后大道中的一些商鋪都是財力雄厚的大財團經營的公司或商鋪，比如外資的各大銀行、先施百貨公司和永安百貨公司、香港大酒店等；其他的一些中小型商鋪，像一般的酒樓和西餐廳，華人經營的銀號等則分佈在臨近皇后大道中和德輔大道西一帶，基本是在中環以西的一帶爲主。

這也正符合了清人陳穗勳在《香港雜記》的論斷，「西人莊口俱萃於中環……上環與西營盤俱屬唐人鋪戶。〔註128〕」又云：「皇后大道爲香港街道之沖繁者，由東至西有四餘英里，其中則西人麇集之區，所有銀行及各國富商在焉〔註129〕」。

如果我們對比第三章討論的近代香港外來移民的分佈特點，會發現這種商鋪分佈的特點和外來移民分佈的特點是相吻合的。

（二）九龍半島和新界的商業中心

九龍半島被英國租借後，城市發展的步伐邁入九龍。一些本來已經在香港島開設的商鋪隨著新到來移民的聚居地北移，也在九龍半島開設了分店。比如1918年，牛奶公司在九龍彌敦道開設第二間店鋪，爲香港漁船提供大量冰塊；華人經營的高檔西餐廳安樂園在油麻地也開設了分店。在尖沙咀彌敦道一帶開設了很多的金銀找換店。九龍尖沙咀半島酒店也開設於近代。這些都顯示出顯示出九龍尖沙咀一帶和油麻地一帶成爲了當時的商業中心。

1、油麻地

油麻地坐落於九龍的西部。1860年之前，油麻地人煙稀少，大部分都是蜑民住在岸邊的漁船上。早年，清政府在油麻地的官湧山上建過堡壘。這個堡壘的舊址就在後來的佐敦道和廣東道交叉地的一個紀念公園內。這座公園旁邊就是炮臺街，這條街道見證了這個堡壘的歷史。從1860年九龍被英國佔領後，由於油麻地是一個避風港，因此此後得以發展。

1864年，原來定居在尖沙咀的居民就搬到了油麻地的舊的天后宮附近落腳。僅僅幾個月，這裏就發展成一處繁榮的市場。後來油麻地的一大塊沼澤地被排水後，那裏的衛生條件大大改善，帶動了該區的發展，尤其是北部的

〔註128〕〔清〕陳穗勳：《香港雜記（外二種）》，暨南大學出版社1996年，第74頁。
〔註129〕〔清〕陳穗勳：《香港雜記（外二種）》，暨南大學出版社1996年，第77頁。

發展。1892 年，在炮臺街和南京街之間修建了一家煤氣廠。1897 年前後，這裏的人口達到 8000 多人〔註 130〕，超過同時期的紅磡、何文田和大角咀，成為九龍人口最多的地區。

二十世紀初，由於擁有優質的土壤和海上運輸網絡，油麻地已經發展一個繁忙的中國人的商業區和居住區。

2、尖沙咀

尖沙咀位於九龍半島的最南端，由於多山的地形，這裏可以俯瞰整個海港。由於這裏的戰略重要性，清政府在尖沙咀和官湧分別建造了堡壘並且派了駐兵把守。1861 年英國佔領九龍半島。佔領初期，由於尖沙咀的大部分土地被劃為軍事用地，因此這裏人煙稀少，土地貧瘠，沒什麼發展。1867 年，為了建立 500 英尺的海堤，香港政府在尖沙咀的西南角開始小規模的填海造地，由此開始了之後的一系列填海工程。在新建的土地上，政府開闢了很多道路，比如花園街、北京路、德輔道等。至十九世紀末，尖沙咀的道路網絡已經基本成型。1874 年，九龍地價穩定增長，在尖沙咀和港島之間有固定的輪渡營運。1876 年，政府計

劃在該地建立公園、教堂和學校。1881 年，海警總署從海港的一艘舊船搬到麥當奴道的一座小山上。1886 年，香港九龍船塢貨倉公司成立（Hongkong &Kowloon Wharf & Godown Company）。〔註 131〕尖沙咀至此已經逐漸成為一個商業和船運中心。

二十世紀初，尖沙咀已經成為一個歐洲人的聚居區和旅遊區。這樣的變化緣於在 1898 年新界劃歸香港後，尖沙咀的軍事設施向北推進了。1901 年開始的廣九鐵路的修建也是的尖沙咀的發展加速。比如 1901 年在紅磡的鶴園為中國光電公司提供一塊地皮轉移它的發電廠；1904 年將梳士巴利道闊至 100 英尺；1906 年將梳士巴利道和德輔道接通，夷平了信號山。這些工程完成之後，1906 年開始廣九鐵路的修建。1916 年，尖沙咀車站的鐘樓建成。尖沙咀逐漸發展成為一個交通運輸中心。〔註 132〕

〔註 130〕 Cheng Po-hun & Toong Po-ming，A Century of Kowloon Roads and Streets，Hong Kong：Joint Publishing Company Ltd.，2003，page 20.

〔註 131〕 Cheng Po-hun & Toong Po-ming，A Century of Kowloon Roads and Streets，Hong Kong：Joint Publishing Company Ltd.，2003，page 28.

〔註 132〕 Cheng Po-hun & Toong Po-ming，A Century of Kowloon Roads and Streets，Hong Kong：Joint Publishing Company Ltd.，2003，page 36.

1898 年，天星輪渡公司在九龍船塢旁邊建立了一個碼頭，同年，在車站附近還開設了一個大的九龍郵局。1902 年建成一個市場〔註 133〕。1923 年開辦第一家九龍酒店以及 1928 年營業的半島酒店。這些發展都使得尖沙咀逐漸成爲一個旅遊區。二十世紀 30 年代，尖沙咀達到繁榮時期。

3、新界：被租借前的墟市

新界從 1898 年被納入香港版圖後一直到日本佔領香港前，地區的城市化進展是比較緩慢的，區內的商業區依然維持 1898 年之前的鄉村的墟市。

新界早期最主要的墟市有元朗墟和大埔墟。前者在明代就已經開墟，後者 1672 年開墟，舊墟址位於今汀角路口，觀音河的東北岸。〔註 134〕此外，1925 年成立上水石湖墟，以及長洲墟（長洲北社街）〔註 135〕。以上是新界早期最重要的墟市。

新界墟市的選址都是在交通便利的地區，所在地有廣大富饒的農業地帶，能夠提供大量農產品。舊時以元朗墟最旺，逢墟時，墟內有上百間店鋪，售賣食品、山貨、藥材、五金等，以油糖酒米交易爲大宗，又有當鋪、俱樂部等行業。〔註 136〕

1892 年，大埔區內的經濟已經較爲發達。大埔墟已不敷應用，加上區內個鄉村之間的長期小糾紛，泰亨文氏彙集附近的翕和、林村，集合汀角、樟樹灘及粉嶺，組成七約，另建太和市。以文武二帝廟作爲行政及宗教中心，並在廟前建立街道（即今富善街），建鋪戶七間，奠定未來商業活動的基礎。〔註 137〕

新界屯門一帶的墟市有早期的舊墟，位於後角天后廟附近，是一個墟集市的村莊。後來在屯門河谷南面與青山灣交接的濱海地帶，最初由宋、賴許三家開村，後來雜居各姓人氏。新墟得水陸兩路的地利，一直是屯門漁農物資交易的商業中心，是屯門少有的商業村。屯門河谷各村以至龍虎灘、掃管

〔註 133〕該市場 1979 年關閉，後來成爲郵局，警署用地和商業工廠直銷處，直至 1999 年消失。

〔註 134〕王賡武：《香港史新編》（上卷），香港：三聯書店有限公司 1997 年，第 218 頁。

〔註 135〕王賡武：《香港史新編》（上卷），香港：三聯書店有限公司 1997 年，第 218 頁。

〔註 136〕王賡武：《香港史新編》上卷，香港：三聯書店（香港）有限公司，第 219 頁。

〔註 137〕蕭國健：《大埔風物志》，大埔區議會 2007 年，第 16 頁。

笏等地的人經常聚集於新墟從事買賣。直至二十世紀中期，新墟仍然是屯門一帶最重要的市集。〔註138〕

各墟的本村村民因買賣的需要來往於各墟之間。一些農產品也有外銷深圳等地。自十七世紀以來，新界的墟市已經非常興旺，北連深圳、南頭等地形成龐大的經濟貿易網絡。

在香港的日占時期前，新界的商業中心基本是維持1898年之前的墟市。直到第二次世界大戰後的六十年代，香港政府才開始大力發展新界的新市鎮建設。

二、近代香港外來移民與城市工業中心的形成

1、近代香港工廠開辦情況

近代期間，香港島的工業並不發達，只是在商業區周邊有一些小廠，主要生產一些供應商業區的產品。其中有為保證商業中心的食品供應的新鮮，在中環大道開設的雪廠；為香港島提供麻繩的位於西環至堅尼地城吉直街的小型繩廠。此外，還有煙廠、糖廠和餅乾生產工廠等。九龍半島在二十世紀二、三十年代也興建了一些工廠。

辛亥革命後，南洋兄弟煙草有限公司在鵝頸橋附近設廠，製造地球牌、喜鵲牌香煙，，設發行部於德輔道中，為中國人在香港設立的有名的煙草公司。民國肇興，人民愛國心切，地球牌香煙一出，英美煙草公司的老刀牌受了影響，為之滯銷。其後喜鵲牌高檔香煙更是影響了英美煙草公司的三炮臺香煙。〔註139〕

為滿足西人食糖供應，在鵝頸橋設有中華糖局，以火車作為商標，又有渣甸糖局。《香港紀略（外二種）》記載：「渣甸糖房，昔日有潮人工作者，男女約六七百人，均潮陽籍，鄭、胡兩姓為多，亦已十餘年之歷史。」〔註140〕該書的紀事時間限於二十世紀三十年代，因此可以推斷，渣甸糖房的開設時間是1910年代。太古糖局1881年設於鰂魚涌，1883年投入生產。太古糖廠生產的粗砂、幼砂、車糖、冰糖、方糖及副產品桔水，是香港昔日的外銷名品牌。太古糖廠的開設，需要大量的勞動力，在太古糖廠投入生產後，招聘了3000多名工人，

〔註138〕劉智鵬：《屯門風物志》，屯門區議會2003年，第92頁。
〔註139〕政協廣州市文史資料研究委員會：《廣州工商經濟史料》，廣東文史資料第36輯。廣州：政協廣州市文史資料研究委員會1986年，第24～41頁。
〔註140〕〔清〕賴連三：《香港紀略（外二種）》，暨南大學出版社1997年，第66頁。

使 1881 年只有 3274 人口的筲箕灣區，人口在數年間倍增到 6669 人。〔註 141〕

　　香港的歐美移民的愛吃甜點麵包的飲食習慣催生了香港的餅乾麵包製造業。威靈頓街的正隆麵包店最有名。其設工廠於灣仔，每日以人力貨車運至正店。1925 年香港罷工，工廠停業。馬玉山糖果餅乾公司 1909 年在香港自設工廠，1911 年遷往銅鑼灣，生意興隆，1925 年因工人罷工，貨品滯銷，虧損停業。〔註 142〕同時還有安樂園有限公司。還有新會人張惠民於德輔道中先施公司對面開設的中發公司，工廠設於灣仔洛克道。〔註 143〕

　　1890 年，初期的發電廠設於灣仔永豐街和星街一帶；1913 年，舊的發電廠的電量超負荷，於是香港電燈有限公司選址北角海旁，填海後建新的發電廠。

　　1921 年，南洋華僑馮強在筲箕灣建立香港及中國華南地區最現代化及最具規模的馮強樹膠廠。

　　1932 年，美洲華僑甄秉鈞等人買下北角英皇道 704 號土地，開設國民製煉漆油有限公司。

　　1935 年，上海人項康原在筲箕灣西大街設康元製罐廠。

　　1914 年，廣東南海西樵人關蕙農創立亞洲石印局。最初在西營盤，稍後遷往銅鑼灣琉璃街，1937 年遷往英皇道 390 號。

　　1914 年，商務印書館在香港開香港分館。1924 年西環堅尼地城設印刷工廠，1932 年北角英皇道 395 號築新廠。

　　1892 年，煤氣廠在油麻地的炮臺街和南京街之間建成。

　　1901 年，中國光電公司在九龍半島的紅磡的鶴園建新的發電廠。〔註 144〕

　　在紅磡一帶，還有一些小的製造業工廠的興起，比如《香港舊事見聞錄》中提到的紅磡水泥廠是「英國公司經理，工人數百名，水泥質量好，行銷港內和中國國內。」〔註 145〕九龍地區還有不少織造廠，其中李裕興、利工民的織造廠最為有名。〔註 146〕還有資料顯示有紅磡火柴局設立，但是後來燒毀。〔註 147〕

〔註 141〕郭少棠：《東區風物志》，香港：東區區議會出版 2003 年，第 22～23 頁。

〔註 142〕郭少棠：《東區風物志》，香港：東區區議會出版 2003 年，第 26 頁。

〔註 143〕陳謙：《香港舊事見聞錄》，香港：中原出版社 1982 年，第 129～131 頁。

〔註 144〕郭少棠：《東區風物志》，香港：東區區議會出版 2003 年，第 20～37 頁。

〔註 145〕陳謙：《香港舊事見聞錄》，香港：中原出版社 1982 年，第 85 頁。

〔註 146〕陳謙：《香港舊事見聞錄》，香港：中原出版社 1982 年，第 87 頁。

〔註 147〕《鏡海叢報》，1894 年 11 月 7 日：香港對海紅勘火柴局為商人吳某所創，九月三十日失慎，全間燒毀，計損壞機器等物值銀三千元，焚去火柴值三千元，房屋值銀七百兩，未買保險。

1923 年，原廣東兄弟樹膠公司的股東，遷往香港，在深水埗開設分廠〔註148〕。

2、近代香港工廠選址與香港外來移民的關係

從以上有限的材料我們可以嘗試性的探討近代香港工廠的選址分佈的特點及其和香港外來移民的關係。

我們首先可以看出近代香港的工廠主要是開設於二十世紀以後，而且集中分佈在香港島和九龍半島。在香港島，又以東區工廠為最密集。這裏集中了老牌的外資工廠：渣甸糖廠、太古糖廠，太古船塢等。其中太古糖廠是香港極少數在十九世紀就開辦的工廠之一。除外資工廠外，華資工廠也相繼在香港島的東區開設，像馮強樹膠廠、商務印書館香港分館、國民製煉漆油有限公司的工廠等。因此香港島上工廠的分佈特點是以外資為首，華資緊隨其後，主要分佈在港島的東區。

再看近代九龍半島的工廠開設情況，我們發現九龍半島的工廠幾乎全部是華資的。重點分佈在九龍半島東部的紅磡和西北的深水埗一帶。

香港島的地價昂貴，在港島辦廠要有足夠的財力，因此這裏的外資工廠占主要地位。九龍半島的地價，和香港島比起來，要便宜一些，這是吸引華資一些小型工長在此開設的原因之一。另外，由於近代香港的工業起步較晚，在二十世紀二三十年代，香港島的確已經是沒有太多的空間可以設廠了，因此後來的很多華資工廠就會選址在水路交通也很便利的九龍半島的東西兩側。

在香港島也有不少華資工廠在近代期間開設，但是仔細分析，也是有其原因的。比如馮強樹膠廠是南洋華僑經營的，國民製煉漆油有限公司的工廠是美洲華僑經營的。這些歸僑在國外積攢了財富後回到香港辦廠，經營生意。他們的財力大都比較豐厚，因此有能力在地價極高的港島上置地辦廠；商務印書館香港分館則是有根基雄厚的總館支撐；還有就是一些餅乾糕點廠之類的，要求產出的產品必須保持一定的新鮮度而且不便於長途運輸，因此這類工廠只能選址在接近消費人群附近的地帶。

基於以上分析，我們可以大致總結出近代香港的工業發展中心位於香港島的東區和九龍半島的東西兩邊。華資工廠主要分佈在九龍半島，外資工廠主要分佈在香港島；在香港島，華資工廠和外資工廠有交叉分佈的現象。得

〔註148〕政協廣州市文史資料研究委員會：《廣州工商經濟史料》，廣東文史資料第36輯，廣州：政協廣州市文史資料研究委員會1986年，第50～51頁。

出這個結論後，我們仔細對比，會發現近代香港的工廠的選址分佈特點和近代香港外來華籍移民及外籍移民的分佈特點是相吻合的。

本節主要就筆者所掌握的材料，對近代香港的商業中心和工業中心的形成以及他們和香港外來移民的關係做一探討。

英國人佔領香港的目的就是將香港打造成一個商業港口，使之成為英國在遠東貿易鏈上的一個中轉站。因此，在開埠後的城市發展中，香港一直是一個商業氣息極濃的地區。隨著近代外來移民的不斷增加，城市中移民的聚居點增多，人們之間的溝通與交往增強，於是人口密度比較高的地方就開始了商業的發展。由於外來移民數量巨大，近代香港歷史上的不同規模的商業區也隨著移民的流入而先後形成。本節選取了香港島的中西區做為香港地區商業中心的代表。通過分析該地區的商鋪開業和經營情況，來看其商業中心形成的過程；同時還分析了商鋪的選址特點，得出結論是外資大財團的公司主要選址中環一帶，上環和西環一帶則大量分佈華人經營的酒樓、商鋪等。

工業在近代香港起步較晚，但是發展比較迅速。本節對所掌握的材料中的近代香港的工廠的開設情況進行梳理，並總結出近代香港工廠選址分佈主要是香港島東區和九龍半島東西兩側；香港島的華資工廠和外資工廠交叉存在，九龍半島則主要是華資企業在此開設工廠。

綜上，我們會發現無論近代香港的商業中心的商鋪的分佈特點，還是近代香港工業中心的工廠的選址傾向性，二者和近代香港外來移民的分佈特點都是相吻合的。

小　結

在 1841 年開埠時，香港還只是一個只有為數不多的村莊的海島。近代一百年間，香港的城市發展在所有外來移民的努力下已經經歷了質的飛躍。

一個城市的發展其實包含很多方面，比如政治地位、經濟發展、市政建設、交通設施等等。本章則根據香港地區臨海的地理特點和重商的城市氛圍，選擇了香港港口的發展、香港交通系統的形成、以及香港商業中心的形成三方面來討論近代香港外來移民與香港的城市建設的關係。

首先，近代香港由開埠初期的漁港發展成一個重要的國際轉口貿易港，一方面是天然的地理位置和優良的海港條件造成的，更重要的則是外來移民

對港口的建設。港口從荒蕪的海旁地變成貨倉林立。爲滿足外來移民的聚居地需求，港口經歷數次填海造地，並且在新填地上修建了多個碼頭和船塢。港口設施的改善源於外來移民的經濟投資和豐富的勞動力投入。完善的港口設施吸引了更多的商船到港進行交易，港口的經濟隨之發展。

其次，我們分析了近代香港的外來移民在香港的交通運輸系統的形成過程中發揮的作用。近代香港的交通系統的形成始於水路運輸。香港地區三面環水，優良的海港條件，外來移民帶來的充足的勞動力資源，以及一些商人的投資，使得近代香港的港口設施逐步完善，多條外洋航線和內河航線的開闢吸引和加強了水路運輸的商貿往來。港九兩地的外來移民的溝通運輸的需求也推動了港口內部的輪渡交通的發展。

近代香港的道路交通較之水路交通，發展較爲緩慢。但是在經過初期的香港島的道路建設的探索期後，九龍半島的城市道路建設顯得比較成熟。新界的現代化道路建設沒有香港島和九龍發展的完善，只是爲了殖民地管制的目地，由南向北開闢了一些道路。這些道路把新界的主要人口聚居地聯繫起來，利於近代香港外來移民的溝通。

水路和道路是近代香港交通運輸系統的基本組成部分。除此之外，二十世紀以後，香港出現了鐵路運輸、航空運輸以及電纜通信等。這些都成爲近代香港的交通系統中的一部分。

近代香港的交通運輸系統是在廣大外來移民的溝通需要和城市商貿發展需求下應運而生，並且逐步形成的。這種交通運輸系統體現出了多元化和現代化的特點。

最後，本章探討了近代香港的工商業中心的形成與外來移民的關係。英國人佔領香港的目的就是將香港打造成一個商業港口，使之成爲英國在遠東貿易鏈上的一個中轉站。因此，在開埠後的城市發展中，香港一直是一個商業氣息極濃的地區。隨著近代外來移民的不斷增加，城市中移民的聚居點增多，人們之間的溝通與交往增強，於是人口密度比較高的地方就開始了商業的發展。由於外來移民數量巨大，近代香港歷史上的不同規模的商業區也隨著移民的流入而先後形成。本節只是選取了香港的中區以及九龍半島的油麻地和尖沙咀爲代表。通過分析該地區的商鋪開業和經營情況，來看其商業中心地位形成的過程。近代香港的工業發展較晚，時間上主要在二十世紀二三十年代，地域上主要分佈在香港島東區和九龍半島東

西兩側。通過分析，我們看到商鋪的分佈和工廠的分佈與外來移民的聚居點的分佈是相吻合的。

　　除以上三個主要方面外，近代香港的外來移民在香港的城市建設中還有諸多推動作用。首先近代香港外來移民的增多從側面也帶來了香港的經濟增長。人口不斷增加，造成人多地少，因此地價持續上漲，史書有云：「港地為海所限，不能擴充，若拓展地基，非新填海面不可。新填地者，灣仔移山倒海成之地也……聞初時以海填成地每英尺僅港銀五角，迄今每英尺已漲為五元。足見香港人口眾多，而地價隨之而昂也」〔註149〕。香港人口劇增引發的住宿缺乏問題，直到導致房屋租金上漲。同時另據一項調查顯示，從1914年到1920年之六年間，租金上漲33.5%，食品價格上漲25%，衣服價格上漲10%，米價上漲100%〔註150〕。從某種角度說，這種人口的增多帶來的地價、租金和消費品價格的上漲也帶動了香港的經濟發展。

　　其次，近代香港的市政工程的發展也是和近代香港外來移民分不開的。比如香港的自來水工程。香港島為一海島，九龍為一半島，淡水資源及其缺乏。1860年以前，香港的食用水基本是是靠山泉或是打井獲取。隨著人口的增加，以及井水不潔引發的疫病的威脅，港島的食用水開始緊缺。這促使香港政府不得不想辦法解決這個問題，於是開始在香港島的一些地方修建水庫，以儲水供居民使用。人口飛漲帶來的壓力依然很嚴峻。澳門的《鏡海叢報》曾報導幾次關於香港用水難的新聞。其中1895年1月16日有載：「港之食水不敷，官紳籌議將大潭水池增高十二尺六寸，計可多儲一月之水。今以興工承造人係灣仔陳某。」〔註151〕同年4月17日又報導：「香港各屋限制每人每日食水又五加侖以至二十加侖不等，逾額須照定價補銀與官。」〔註152〕由此可見，人口壓力造成的香港的食用水困難非常大。這也推動了香港政府而後又開始一系列的食用水工程建設，比如在港九之間鋪設管道，使得新界、九龍的水可以輸送到香港島等。最終，在強大需求的推動下，以及香港政府的鉅額經濟和技術投資下，香港和九龍終於解決的缺水的困難。

〔註149〕〔清〕賴連三：《香港紀略（外二種）》，廣州：暨南大學出版社1997年，第50頁。

〔註150〕蔡榮芳：《香港人之香港史》，香港：牛津大學（中國）出版社有限公司2010年，第107頁。

〔註151〕《鏡海叢報》，1895年1月16日。

〔註152〕《鏡海叢報》，1895年4月17日。

此外，近代香港的外來移民在某種程度上還對港英政府的法例的健全起了推動作用，比如 1919 年爆發的糧荒，除了當時在大米供應環節的原因，香港的人口增多也是造成糧食緊缺的重要原因。這次風潮平息之後，港府自我檢討，認爲問題主要是政府沒有管制食米的法例。因此，隨後的立法局會議上提出徵收私人食米的法案，後來成爲正式法例〔註153〕，由此掀開了港英政府調控食米市場的歷史。

綜上，我們可以看到近代香港的外來移民和城市建設的方方面面都是緊密關聯的。近代香港的城市建設的成就可以說是一個鄉村地區快速城市化的奇迹。鄉村向城市的轉變過程中最根本的因素是人。近代香港成千上百萬的外來移民正是推動香港城市發展的原動力。

〔註153〕鄭宏泰等：《香港米業史》，香港：三聯書店（香港）有限公司 2005 年，第67 頁。

第五章　近代香港外來移民與香港城市社會文化變遷

　　近代香港的外來移民來自於不同的地方，之前都有各自固有的社會文化習俗。當他們彙聚香港時，不同族群和不同階層的文化就融入了香港，經過交融貫通，形成了近代香港特有的城市文化。本章主要從語言、宗教、教育和地名幾方面來探討近代香港外來移民對城市社會文化的塑造。

第一節　近代香港外來移民與香港城市語言變遷

　　近代百年間的香港經過不同族群的移民的共同努力，已然由一個村莊發展成一個國際都市。香港經濟的高速發展吸引了眾多學者對其進行研究探討，但在經濟發展的背後，香港的語言，文化也經歷著演變。

　　語言是文化的載體，是社會的一個重要組成部分。目前學術界有關香港語言的研究的文獻與著作大都從以下幾個角度進行論述：語言教育（從教學法出發探討香港語言教學策略），語言學（包含詞彙研究，語義研究和方言研究等），語言政策，專題研究（如報刊語言，影視語言等），語言史等。相比較前幾個研究方向，香港語言史的研究成果略顯單薄。李德培在《香港史研究書目題解》一書的序言中曾指出「……有關……語言史……，雖有涉獵，但尚未步入成熟階段」[註1]。在他的這本書中也沒有提到關於香港語言的任何文獻。筆者認為，香港是一個移民城市，多個族群和不同國家的人聚集或

〔註 1〕李培德：《香港史研究書目題解》，香港：三聯書店（香港）有限公司 2001 年，
　　　　第 29 頁。

留居在此，帶來的是不同的方言和語種。這些語言必然相互影響和滲透，成爲香港特色文化的形成因素之一。探討香港語言的歷史演變，尋找演變規律及成因，對建構香港的城市文化及城市發展都有很大意義。因此從歷史角度對香港語言進行研究是個重要而且有意義的課題。本章擬呈現近代百年間香港地區出現的語言及其發展變化和不同語言間的相互作用，嘗試對近代香港的語言變遷做一完整的梳理。

一、近代香港的語言種類

語言的載體是人。香港自 1841 年被英國佔領後，來自不同地區和國家的移民湧入這裏，同時也就帶來了他們各自的語言文化。這之中有的語言曇花一現，隨著移民的流動而消失；有的始終在小範圍內使用；有的在眾多語言的競爭中取勝成爲社會的主流語言……不管結果如何，他們的出現都爲香港的語言文化塡塗了各自的一筆。

近代在香港出現過的語言主要可以分爲三大類：漢語方言、外國語和混合語〔註2〕。

1、近代香港的漢語方言

傳教士施美夫在遊記中曾提到香港不適宜做傳教基地，是因爲香港的方言太多。他寫道：

> （1844 年香港）人口雖然只有 1.9 萬人，卻來自各地，自然通行各自的方言。香港島上主要的方言有三種，說一種方言的人聽不懂另一種方言。在這三大方言體系之下，還有各種分支……香港有來自廣東省東北地區的移民約 3,500 人，他們說一種方言，叫『客家話』。這一類『本地話』，又可分爲當地土著和澳門來的移民所說的的新恩話、黃埔來的移民所說的番禺話以及南海話。除此之外，還有福建傳來的鶴佬以及其他一些分支。〔註3〕

〔註 2〕 混合語，又稱皮欽語（pigin），是指兩種或幾種語言，在一定社會條件下，互相接觸而產生的混雜語言。洋涇浜語在一定條件下，被社會採用作爲主要的交際工具，有孩子們作爲母語來學習。這種情況下，洋涇浜就變成了混合語。混合語就會在一個社會的全體成員的口中紮根，並且擴大詞彙，嚴密語法，迅速地豐富發展起來，最後變得和其他語言一樣完備。

〔註 3〕 〔英〕施美夫：《五口通商城市遊記》，北京：北京圖書館出版社 2007 年，第 405 頁。

以上記載顯示，近代香港的外來華籍移民中，本地（廣府）族群和疍家（疍民）族群使用粵方言，客家族群使用客家話，福佬族群使用閩方言，三種族群語言差別巨大，彼此完全不能夠通話。三種族群語言在溝通各自族群內部的同時，不可避免地展開族群語言間的相互競爭以爭奪更大的語言空間，並進一步爭奪成爲這個新的華人社會的共同語、通用語。實際上，這是形成一個內部統一的華人社會的必然的語言過程。

（1）粵語

根據前文第二章第二節的近代香港外來移民的族群構成中，我們可以看到近代香港經過短暫的初期以後，華人中的廣府人的人數就開始占上風，粵語因此成爲近代香港華人使用範圍最廣的方言。在近代香港使用粵語的華籍移民主要有三類：近代期間移入香港的廣府人、香港的原居民中的「本地人」、以及一部分疍民。

近代香港的廣府人的方言是粵語。他們主要是在十九世紀五十年代大批湧入香港的。他們移民香港的原因主要是當時廣東省內遭受紅兵之亂等社會動亂，使得很多廣府人的富商攜帶財物來到香港，因此廣府人很快成爲早期香港主要的經濟力量。一些廣府人成爲近代香港社會中的政界和商界的領袖。廣府人的這種社會影響同時也推動了粵語的推廣。

香港原居民中的「本地人」主要指在 1898 年以前就來到新界定居的居民。香港歷史上屬於寶安縣，在唐代以前沒有正式的歷史記載。雖然一些史書〔註4〕（如《晉書》、《輿地紀勝》等）中載有移民來到香港的記錄，但是始終沒有正式的、常住人口的記載。到了宋代，江西吉水人鄧符協，也就是錦田鄧氏的祖先，被錦田的風水吸引，於是卸職後來到錦田定居。這一點在《錦田鄧氏族譜》中有明確的記載：宋朝開寶元年，江西吉水人，承務郎鄧漢黻宦遊至粵，定居於東莞圭角山下的岑田（今香港新界的錦田），爲鄧族遷粵始祖。」〔註5〕同時期的內地移民，還有上水的侯氏、粉嶺的彭氏，宋末又有移居新添的文氏，加上明初來到上水的廖氏，他們合稱新界五大家族。他們一直認爲自己是「本地人」〔註6〕，並且佔據了新界西北部肥沃的土地，人口比較集中，

〔註4〕《晉書（卷一百）》提到過東晉盧循起義的餘部曾定居大嶼山；《輿地紀勝》提到南漢王朝在今香港境內設鹽場，由此招來工人。詳細內容可參照本書第一章第一節的香港前代的移民活動記載。

〔註5〕《錦田鄧氏族譜》，影印手抄本，香港大學圖書館藏，出版者缺。

〔註6〕劉義章主編：《香港客家》，桂林：廣西師範大學出版社 2005 年，第 100 頁。

生活也比較富裕。這些早期的移民講的是一種類似廣州話的土粵語方言，又叫「圍頭話」。圍頭話與香港市區的粵語雖然有口音上的差別，但仍然可以溝通。

香港過去的政策一般只將陸地上的居民算爲正式居民，漁民是沒有地位的。其實，香港在英國人沒有來之前，港島周圍就有蜑民存在。蜑民主要分爲兩個方言群，說粵語和說閩語的蜑民。由於在廣東省和福建省都有蜑民，他們也都構成近代香港蜑民的源流。因此由廣東地區來到香港的蜑民講粵語。同原居民的「圍頭話」一樣，蜑民使用的粵語在一些詞彙上和香港市區的粵語有差別，但是口音已經趨同於香港市區的粵語，完全可以溝通。

（2）客家話

近代香港當然是客家人講客家話。但是近代香港的客家人還可分爲原居民中的客家人和近代來到香港的客家人。

香港的客家人和客家話是隨著「遷界事件」來到香港的。清代初年，滿清政府不堪鄭成功在東南沿海的武裝騷擾，命令沿海居民分兩次後撤 50 華里（約 30 公里），到八年後的 1669 年才「復界」，准許居民回去。但由於遷界時造成不少人口傷亡，很多居民不願回去。到了 1700 年以後居民的數目還是偏低，嚴重影響廣東珠江口以東海岸幾個縣份的生產秩序。1727 年，署理兩廣總督何克敏建議從其他地方招來人口恢復耕種。結果大批居民從廣東東北的五華、興寧和梅縣等地來到寶安、惠陽和東莞一代開墾。〔註7〕由於在考試名額上不能占本地名額，只能採用一個被歧視的「客籍」名額〔註8〕，土客的矛盾開始產生，而且在十九世紀以後演化成身份認同的矛盾。

相比起來，客家族群缺乏類似的經濟、社會精英，不俱如此高的經濟、社會地位。一方面，正如上文所述，客家只在他們所居住的村落才可能較有影響，其領導人只是在該村落才有若干社會地位，鮮有人能夠成爲社會賢達。另一方面，客家族群在當時也不是香港主要的經濟力量，最成功的富有人士也只不過是靠土地所屬關係而變成爲小地主、小業主，對本港的經濟並無舉足輕重的作用。實際上，終香港一百六十多年的被異族統治的歲月，客家人

〔註7〕 張一兵：《深圳古代簡史》，北京：文物出版社 1997 年，第 187～189 頁。
〔註8〕 陳永海：《作爲中國國族事業的客家言說——從香港看近代客家文化認同性質的變遷》，載於劉義章編《香港客家》，桂林：廣西師範大學出版社 2005 年，第 25～27 頁。

始終未能成爲權力中心、經濟中心，不是社會的領導者，不具最高的社會地位。這也是客家話未能得到更大範圍的推廣的原因之一。

據 1911 年的人口統計，香港客家人大約占當時人口的 15%〔註9〕。因此和粵語相比，客家話在早期是比較弱勢的，但是客家人有著「寧賣祖宗田，不棄祖宗言」的骨氣。族群的的內部認同感很強烈，因此早期客家話的使用範圍雖不及粵語，但是始終未受影響和同化地在族群內使用。

至於經過近代時期以後，進入戰後的二十世紀六七十年代起，香港客家話的地位已經開始動搖了。由於從事工作等關係，新一代客家人除家庭外已經在慢慢淡化自己的「祖宗言」，越來越少的年輕人會講客家話了，客家話因此面臨著消失的危險。因此語言學界和歷史學界中很多學者〔註10〕開始進行大量關於客家話的研究，想要在香港保留和挽救這門語言。但語言於社會中，也好比是動物於自然界中，是被自然淘汰掉的。學者劉鎮發在他的研究中對香港客家話的發展作如下論斷：「將香港客語界定爲『瀕危語言』是符合現實的，一個沒有小孩子作爲母語使用的語言，很快便會在地球上蒸發。就算我們開始搶救，沒有政府的參與，客家人沒有使用客語的動力。更沒有使用客語的時間和空間，只靠幾個熱心人士的呼籲，本質就像環保、動物保育問題一樣寸步難移。」〔註11〕

（3）閩方言

在近代香港，另一個可以和粵語及客家話進行比較的南方語言是福建話，在香港，福建話以前也被稱爲閩南語。在近代香港，講閩南語的主要是福佬人和一部分疍民。

近代香港的福佬人講的閩方言和他們家鄉的幾乎是一樣的，可以說是原滋原味的閩方言。

近代香港的疍民講的閩方言就有些不同。近代香港的疍民基本屬於廣東海陸豐閩南話的一個分支。由於香港漁民早期多與客家人共處，上年紀的人

〔註 9〕 Hong Kong Sessional Paper，1911，No. 17.（香港政府 1911 年的人口統計報告）
〔註10〕 研究香港客家話學者和成果主要有周柏勝、劉鎮發：《香港客家話向粵語轉移的因素和趨勢》，載於《方言》1998 年第 3 期；劉鎮發：《香港的客家話》，劉義章編《香港客家人》，桂林：廣西師範大學出版社 2005 年，第 99～126 頁；詹伯慧：《廣東境內三大方言的相互影響》，載於《方言》1990 年第 2 期等。
〔註11〕 劉鎮發：《香港原居民客家話──一個消失中的聲音》，香港：香港中國語文學會 2004 年，第 84 頁。

都會說客家話，一些個別的年輕人又接受了粵語教育。所以漁民的福佬話夾雜不少客家話和粵語的詞彙。

香港的福建話在公開場合也同樣被廣東話排擠。1911 年顯示的人口統計中香港的福佬大概占人口的一個百分點。〔註 12〕一般香港主流社會並不特別關注福建話的問題，其發展條件未必比客家話好。由於福佬人口比例小，福建話在香港式微是避免不了的，但福建話在福建人的圈子當中仍不致消失，可能是因為福建人在香港還保留著福建人的認同。

（4）三種語言的相互作用和競爭

以上提到的三種主要的漢語方言，即粵語、客家話和閩語在近代香港同時並存，但是由於講各種方言的人數的不同，也就顯示出語言的排位狀況。歷年的人口統計數據都顯示廣府人在近代香港的華籍族群中是占絕對多數的，因而粵語一直以來都是主要使用語言。客家話緊隨其後，閩語使用者相對最少。

2、近代香港的外國語

（1）英語

由於香港是英國殖民地，英語在近代香港一直官方語言和主要語言。日常生活中使用英語的當然主要是歐美人以及印度人等。加之香港政府在近代開始推行精英教育和英語普及教育，因此在香港的大部分學校中都設有英語課程或者是英文授課。普通民眾只要能有機會進入學校，都會習得一些英語，然後利用該語言找到比較好的工作。英語分佈的區域主要是城區等貿易比較發達和歐美人比較集中的地方。

（2）葡萄牙語

近代香港的葡萄牙人數量在外籍族群裏並不是少數，但是葡萄牙語的使用並不廣泛。在一篇回憶葡萄牙人在近代香港生活的廣播稿裏，葡萄牙語的使用狀況是這樣被描述的，「很遺憾的是葡萄牙語在當地的社區中幾乎被忽視了。在這塊英國的殖民地上，無論在學校、遊樂場還是辦公室，聽到的幾乎只有英語。而且葡萄牙人的子女也沒什麼動力去學習他們的母語。葡萄牙語是一種很美麗的語言，而且很多史詩巨作都是用葡萄牙語寫作的，真是希望有人能夠做一些真誠的努力，讓香港的葡萄牙人能在日常生活中講他們的母

〔註 12〕Hong Kong Sessional Paper，1911，No. 17.（香港政府 1911 年的人口統計報告）

語。」〔註 13〕由此我們可以看到，在近代香港的葡萄牙人因爲大都在歐美的公司裏做事，或是文員，或是翻譯，在日常工作中都還是講英語的；他們的子女大都是上的英文學校，因而也是以英語爲主要使用語言。由於子女不說母語，家庭內使用葡萄牙語的程度也是有限的，因此葡萄牙語在近代香港的使用範圍非常狹窄。

（3）印度語

印度在成爲英國殖民地前，就是一個語言多元化的國家。一個國家裏不同的邦（印度行政單位）使用不同的官方語言。在成爲英屬殖民地後，英國政府要求英語是唯一通用官方語言。在近代來到香港的印度人也就秉承著這種語言特色。在香港的印度商人中，帕西人講 Gujarati 方言，錫克人講 Hindu 語等。但是他們的語言只是在自己的小規模的社區和家庭中使用，在工作和社會交往中用的更多的還是英語。

（4）日語

近代香港的日本移民保持了其社區的穩定性，自我認同清晰，因此日語是被完整的移入並且在社區內由始自終的被使用。

3、混合語

民族之間的貿易往來、文化交流、移民雜居、戰爭征服等各種形態的接觸，都會引起語言的接觸。語言的接觸就會產生「皮欽語」、「混合語」等特殊的語言現象。混合語即皮欽語，俗稱洋涇浜，或洋涇浜語，它是根據中國人發英語 business（別琴）這個詞的訛音而給這種語言現象起的一個學名，叫pidgin（洋涇浜）。

（1）廣州洋涇浜英語

皮欽語最初源自廣東英語的稱謂，是華人、葡萄牙人和英國人在廣東從事貿易的聯繫語言。從純粹語言學的觀點看，只是語言發展的一個階段，指在沒有共同語言而又急於進行交流的人群中間產生的一種混合語言，屬於不同語言人群的聯繫語言。皮欽語一旦作爲母語傳遞，成爲一個社會交際語，它就開始逐步擴大詞彙，嚴密語法，迅速地發展豐富起來，最後成爲共同交

〔註 13〕 J. P. Braga，O.B.E：Portuguese Pioneering：A hundred years of Hong Kong，Hong Kong Centenary Commemorative Talks 1841～1941：the collection of the broadcast「talks」from the Hong Kong studio of ZBW，page55.

際語言或獨立語言，與其他語言同樣完備。早在十七世紀，隨著英國等歐洲國家對外擴張，在許多國家或地區的商業城市中，本地商人為與歐洲商人開展貿易，就產生和形成了一種以本地母語為主，夾雜了許多英文詞彙的語言，被叫作 pidgin（皮欽語）。明初開始，中國實行海禁政策，只允許外國商人在廣州一口岸開展對華貿易，於是中國首先在廣州出現了皮欽語。

這種「廣州英語」主要以口語的形式存在，在發音、造句等方面深受漢語、廣州方言和澳門葡語的影響，與正宗的英語相距甚遠。十九世紀三十年代後，出現了若干種用作教材和詞典的廣州英語詞彙書的刻本，標誌著中西交往持續發展背景下廣州英語應用範圍的擴大。廣州英語在一個多世紀的中西關係中扮演了重要角色，充當了「中國人與外國人之間的共同語言」。

鴉片戰爭前，廣州洋涇浜英語已經傳播到香港，不過只限於走私鴉片的極小區域使用。英占香港後，廣州的外國人遷到香港，依賴外國人為生的一些華人也隨之遷港。最初流入的多是疍民，1842 年時占全部流入華人人口的三分之二、全港華人人口的近一半，疍民因而在傳播廣州英語方面起了重大作用〔註 14〕。1856 年，廣州等地華人相繼避亂來港，自此形成了香港華、洋兩大社會。這兩大社會都缺乏通曉對方語言的人才，廣州洋涇浜英語繼續充當雙方行政、商業、日常甚至司法溝通媒介，直到 20 世紀中葉它才退出。但至今仍留下一些印記，如把「L」念成「elo」，「Z」念成「iset」，等等〔註 15〕。此外，由於各自的方言迥異，早期來港華人也有借助廣州洋涇浜英語以溝通的。雖然這較為少見，但是中國人之間只有借助廣州洋涇浜英語才能通話，讓不少外國人覺得不可思議，因而他們在著作中數度提及。一位在十九世紀五十年代末來到香港的西方人在遊記中提到香港的「皮欽語」，但是在舉出語言例子之前，他提到：

> 我必須要提一種奇怪的現象。中國的方言有很多，普通話是清朝官話，各省的語言寫法相同，發音卻差異極大。一位英國人的貼身譯員告訴我他經常聽到來自不同地方的兩個中國人用廣州英語交談。Douglas（作者的朋友）也證實廣東人幾乎把從上海或寧波來的中國

〔註 14〕Zhang，Zhenjiang：Language and society in early Hong Kong（1841～1884）（D）.Ph. D. thesis，Department of Linguistics，Hong Kong University，2003，chapter 5.

〔註 15〕張振江：《粵港澳語言關係》，許錫輝、李萍編《粵港澳文化互動關係》，廣州：中山大學出版社 2001 年。

人當成外國人一樣交流，並且告訴我一個他親眼看到的例子，說是
兩位中國護士在一沙灘上碰面後，只能用廣州英語這種雜交語言才
能交流。〔註16〕

另外，1862 年訪港的日本使節團中也有人發現中國翻譯之間卻說英語，他在
日記中記到：

使節詢問：「中國通譯與中國人對應，緣何不用中國語？」通譯答曰：
「中國是大國，各地語音合計有二十七種，我等所學語音，在此地
難以溝通，因此改用英語。」〔註17〕。

這些記載都顯示出當時的廣州英語在香港盛行一時，有很強的溝通功能。
在香港，使用這種語言的主要是傳教士和接受傳教的人之間以及水手和商
人、通事、買辦等。

　　廣州英語的混合性和地方特色主要體現在語音、詞彙和語法上。在廣州
英語的語音中，英語的基本音素受粵語的影響被大大簡化，而且發音極不規
範；詞彙方面，以英國英語為主兼印度和南洋英語以及葡語變體為輔。現在
學術界公認的洋涇浜英語的基本詞彙只有七百個左右，這就導致了很多詞彙
被錯誤的多次重複使用；語法方面主要是不符合英語的語法結構，反而有部
分表達遵循漢語的語法結構。

　　在近代香港也出現了不少用做教材和詞典的學習廣州英語的刻本，這一
點將在本節的第二部分詳細論述。

　　這種洋涇浜英語在香港的主要流行時期是開埠之初的一段時間，後來隨
著香港政府的市政建設走入正軌，開始關心教育時，就推行了英語教育和精
英教育，這就使得英語的語言教育得到普及，老百姓可以通過上學習得地道
的英語，逐漸的以前的廣州英語就消失了。但是這種語言形式在其他通商口
岸依然存在，只是英語不是和粵語相結合了，而是和當地的方言結合，比如
上海的洋涇浜英語。

　　（2）其他本地方言與外語的混合語

　　由於近代香港的外來移民來源複雜，帶來的語言也就呈現多樣化。任何

〔註16〕 Norman，Francis Martin："Martello Tower" in China，and the Pacific in H. M. S.
　　　　 "Tribune，1856～60 London：G. Allen，1902，page 89～90.

〔註17〕 〔日〕市川渡：《尾蠅歐行漫錄》，轉引自陳湛頤《日本人與香港——十九世
　　　　 紀見聞錄》，香港：香港教育圖書公司 1995 年，第 111 頁。

不同中的語言在產生頻繁的交際需要後，就可能產生交叉，最終形成所謂的混合語形態。前文所述的廣州洋涇浜英語是粵語和英語的混合產物，這一混合語在近代香港是使用範圍比較廣的，也是學術界已經重視的一門語言。學術界的很多文章都對當時留下的一些語言注音手冊的文本以及該語言的特點開展了研究，其中以周振鶴先生的成果最爲先。〔註18〕筆者認爲，廣州洋涇浜英語所以重要，主要是它的語言背景是在香港使用人數最多的粵語和當時的官方語言英語的結合。其實除了這兩種主流語言的結合，還有一些其他語言交彙，形成不同種類的混合語。比如根據搜集到的在近代香港出現的語言學習資料中，我們發現除了有用粵語發音標注英語之外，還有用粵語給馬來語注音的小冊子。因而可以推斷出，在近代香港歷史上，各種語言都以各自的形態存在，同時又產生了不同程度的交集，有些是形成了混合語，有的僅限於語言的詞彙互借，比如英語中的不少詞彙是通過香港的葡萄牙籍翻譯吸收葡語詞彙而成的新詞。

二、香港城市語言的多樣化帶來的產物

1、翻譯職業：

城市語言的豐富給近代香港外來的移民的生活也帶來了一些變化。首先是產生了一門新的職業，即翻譯。各種語言不通的人要溝通的需求使得翻譯這門職業應勢而生。翻譯在近代香港也叫「舌人」、「通事」等。從事翻譯職業的人不分國籍，只要能通曉兩種以上語言，均可但此任，但大多是中國人和葡萄牙人。翻譯工作的範圍基本是商務貿易方面的。香港是個自由港，各國商貿往來及其頻繁，因此對翻譯的需求量非常大。由於報酬不低，也就吸引了不少華人的子弟紛紛學習英文，一旦獲得基本的語言表達，就輟學謀職。

除了活躍在商業界的翻譯外，在宗教和教育界也活躍著一批有學之士不求經濟利益，爲中西文化的溝通做出了很大的努力。歐美傳教士在香港開埠後不久就開始籌劃《聖經》的中文譯本的翻譯工作。《中國叢報》(Chinese

〔註18〕周振鶴研究洋涇浜英語文本的作品有《鬼話‧華英通語及其他》，載於《讀書》1996 年第 3 期；《〈紅毛番話〉索解》，載於《廣東社會科學》1998 年第 4 期；《中國洋涇浜英語最早的語詞集》，載於《廣東社會科學》2003 年第 1 期等。

Repository）有報導提到《聖經》中文翻譯的實施方法和工作進展狀況。文章提到「1843 年 8 月，在香港召開了傳教士代表大會上，眾多與會的傳教士商議了《聖經》的修訂工作，並制定了完成計劃等。要求每一處當地的委員會完成自己所分配到的任務，之後把譯文送至高一級站點做進一步修訂，之後再把校正稿返還給最初的修訂者。當全部《新約》部分編譯完成後，每個站點選派最有經驗的一兩個人參加 1864 年 9 月的編譯委員會的代表大會〔註 19〕」，至於工作進展，作者在文中表示出無法按期完成任務的擔憂。傳教士施美夫在他的《五口通商城市遊記》中也提到：整本《新約》修改過的譯文，以及各個傳教基地的傳教士的更正意見，都將送往某個大會的地點，很可能是香港。在那裏，每個基地的代表負責承擔定稿的重要任務。最終爲代表們所同意的譯文將被看成是標準版」〔註 20〕。這些傳教士進行翻譯時要帶上自己的中國教師，還要叫上一些經常參加禮拜的中國老人。傳教士們先在自己中間討論過一段譯文之後，把那段《聖經》的意思講給中國教師聽，從他們那裏得到中文書面語地道的表達方式。〔註 21〕從這些記載來看，當時的《聖經》中譯本的修訂工作是以香港爲主要基地的，因爲翻譯委員會都是在香港召開代表會議。

　　近代香港也有人將中文經典作品翻譯成英語。據日本人森田岡太郎在他的《美行日記》中的記載：「市內西面有書院，即英華書院。雖有書肆，然並無唐本。四書五經之類，用欄頂餘白嵌以英譯〔註 22〕」。可見當時的《四書》、《五經》已有英文譯本。

2、外文報紙的出現

　　由於近代香港是英國的殖民地，又是自由港。在近代香港的外來移民中，除了絕大多數是中國來的華人，還有一部分是來自於歐美，澳門、印度、東南亞等國，這些移民由於大部分不懂漢語，因此基本以英語溝通。爲滿足這部分讀者的需要和香港殖民地政府的宣傳意圖，近代香港從開埠到 1941 年

〔註 19〕 China Repository，15th Feburary，1846.

〔註 20〕 〔英〕施美夫：《五口通商城市遊記》，北京：北京圖書館出版社 2001 年，第374 頁。

〔註 21〕 〔英〕施美夫：《五口通商城市遊記》，北京：北京圖書館出版社 2001 年，第375 頁。

〔註 22〕 森田岡太郎：《美行日記》（六），載於《萬延元年遣美使節史料集成》第一卷，風間書房出版 1961 年，第 257 頁。

間，大量英文報紙創刊。整個香港的報業是呈現中西報並行的局面。這種情況形成了香港與中國內地的報業發展的不同。

事實上，香港開埠後最初的報紙都是以英文出版的，而且早期的報紙都是以英文爲主的。這也大概是因爲早期到港的華人的階層大都文化層次不高，沒有在漢語報業宣傳方面展露頭腳。

香港最早出版的英文報紙是 1841 年 5 月 1 日有約翰・馬禮遜（Morrison, John Robert，1814～1843）創辦的《香港公報》（Hong Kong Gazette），爲半月刊，主要是英國殖民地政府的喉舌。1842 年 3 月 17 日，約翰・馬禮遜又出版《中國之友》（Friend of China），第二期就和《香港公報》合併爲《中國之友與香港公報》（Friend of China and Hong Kong Gazette，改爲半月刊。1843 年《東方地球報》（Eastern Globe）創刊。1843 年 6 月，《香港紀錄報》創刊。該報由廣州遷來，原爲《廣州紀錄報》。1845 年 2 月 20 日，《德臣西報》（China Mail）以周報形式創刊。1857 年 10 月 1 日，《孖剌報》作爲第一家英文出版的日報創刊。它出版後，競爭迫使《德臣西報》也轉爲日報。

後期中文報紙蓬勃興起，但還是有以下英文報創刊：1881 年 6 月 15 日創刊的《士蔑西報》（Hong Kong Telegraph）和 1903 年 11 月 7 日創刊的《南清早報》（South China Morning Post）（後改爲《南華早報》）。〔註23〕

近代香港的英文報以《德臣西報》和《孖剌報》、《南華早報》最爲有名。前期的英文報紙言論比較自由，多以主編的觀點爲重心；後期的《士蔑西報》和《南華早報》在辛亥革命前期創刊，政治氣味比較濃厚。

除英文報紙外，在近代香港還出現了其他語種的外文報紙，比如有記載顯示 1884 年，葡商機地士（Florindo Duarte Guedes）在香港雲咸街開設機地士印字館，經營印刷和出版業務，曾出版發行葡文報刊《中國回聲》（Echo da China）和《遠東》（Extremo Oriente）。〔註24〕

另外據記載，日本人在香港創辦過兩份報紙。一份是日文《香港日報》，創刊於 1909 年 9 月 1 日，創辦人松島宗衛，主編井手元一，地址是中央市場東面印刷廠三樓，四頁小報，發行量 300～500 份〔註25〕。另一份是日文

〔註23〕王廣武：《香港史新編》下卷，香港：三聯書店（香港）有限公司 1997 年，第 497～501 頁，第 512 頁。
〔註24〕黃光域編：《外國在華工商企業辭典》，成都：四川人民出版社 1995 年，第 778～779 頁。
〔註25〕陳湛頤等：《香港日本關係年表》，香港：香港教育圖書公司 2004 年，第 78 頁。又有一說是 1907 年 9 月 1 日創刊。

《南支那新報》，1921 年 6 月創刊，1923 年 10 月停刊。〔註 26〕

3、語言學習資料

由於各個語言或方言的使用人群需要相互交流，在近代香港出現了不少的詞典和文法書籍。主要是英漢兩種語言的比較多。比如中國人編寫的最早的英漢字典之一是 1875 年譚達軒編著的《華英字典錄集》；譚達軒還在 1876 年編著了《通商指南》。十九世紀晚期香港最流行的英語語法書籍是陸敬科的《華英文法捷徑》，該書是雙語形式，從 1897 年到 1904 年已經發行七版；還有羅星流的《英語易讀》，此書也是雙語形式，十九世紀末發行首版，至 1907 年已經是第七版。外國人也是積極學習中文，為此他們編寫了一些詞典。主要有歐德理 1877 年的《廣州方言漢語詞典》、湛約翰 1878 年的《英粵字典》、嘉約翰 1889 年的《粵漢方言成語選》、羅傳列 1864 年的《漢語語法》、以及香港政府公務員詹士波乃耶從 1881 年到 1890 年編寫的一系列字典和文法書〔註 27〕。

除了正式的詞典和文法書籍，還有一些用粵語給外語注音的小冊子出版發行，算是皮欽語的詞典吧，可供普通民眾比較快的掌握一些外語詞彙的發音和對照，減少他們和西方人在溝通時的障礙。這其中有 1904 年在香港出版發行的一本名為 English Made Easy 的小冊子，由一名叫 Mok Man Cheung 的華人編寫。〔註 28〕這本小冊子的序言中注明這本是是給初學英語的人使用的，並說明使用方法。書中有英文字母、英文數字、各國地名的英文表達和一些日常的英語會話，每一個詞都有漢字注音，並標明語調。如字母 A 標為「醫」，B 為「卑」，C 為「思」，D 為「地」，E 為「衣」，F 為「鴉乎」，G 為「芝」，H 為「咽廚」，I 為「挨」等；英語數字 one（壹）標為「溫」，Two（貳）為「吐烏」，Three（三）為「地厘」，four（肆）為「科」，five（伍）為「快乎」，six（陸）為「昔時」，seven（柒）為「些墳」，eight（捌）為「咽」，Nine（玖）為「奶然」，Ten（拾）為「天」等；英文地名中印度（India）標為「煙地亞」，大英（England）為「英倫」，埃及（Egypt）為「衣接」，檀香山（Honolulu）

〔註 26〕陳湛頤等：《香港日本關係年表》，香港：香港教育圖書公司 2004 年，第 99 頁。

〔註 27〕霍啓昌：《香港與近代中國》，香港：商務印書館（香港）有限公司 1992 年，第 53～56 頁。

〔註 28〕Mok Man Cheung：English Made Easy，Hong Kong，1904。詳細內容見本節結尾附錄一。

爲「漢糯路路」，舊金山（California）爲「卡李風尼亞」，德國（Germany）爲「渣文彌」，西藏（Tibet）爲「T 必」等。以上針對英文詞的漢字注音主要是以粵語爲基礎的，同時還有一些符號來表示哪裏需要停頓，以此來區分英語單詞的音節和重讀。爲了讓讀者便於記憶，作者還把每個字母的寫法用一種形狀來描述，比如 A 是金鐘架，B 是雙護耳，C 是茶杯耳，D 是護耳形，E 是唐人空心巨字，F 是半邊花萬字形，G 是西人灣弓銅笛形，H 是雙千里鏡形，I 是線□形，J 是帳鈎形，K 是□木馬，L 是角尺形，M 是四折曲尺，N 是開絞曲尺，O 是一個圓圈，P 是捆蝴蝶袋，Q 是耳圈仔，R 是踢毽形，S 是蛇仔形，T 是船錨形等。有了這些提示，學習者就可以用聯想記憶的方法比較快的習得這些英文字母了。

又如 1917 年出版的《僑旅錦囊》的最後附上了 12 頁的語言學習的小冊子，名爲《巫語指南》。該書的作者爲盧少卿，但是這後面的《巫語指南》分別注明了英語譯者和巫語譯者分別爲盧景燊和恨餘。在序言中作者寫道「自海通以來，華洋雜處。交際日繁。故以習方言爲目下應圖之急務。查諸大外埠，均以英語最爲普通。然南洋新加坡爪哇群島獨以巫語即馬韃語（作者注：即馬來語）通行。有未聞津者抵此，莫不瞠目而缺應酬，繼覓舌人傳譯，尤恐形諸隔膜，□簡譯其日用所必須者，附錄以參考。」〔註29〕全篇分爲 22 個門類，涵蓋數字、食物、顏色、職務、天文、器用、建造對象、五金、地理方位、衣服、房屋、果菜、時令、首飾、身體、鳥獸、貨物、工匠、病症、一字雜話、兩字雜話以及三字雜話等。總之，從內容上來看，這是一份非常之全面的學習手冊。注音方法同前一本一樣，以粵語發音的漢字注音。比如表示時間的「今晚」的英語（tonight）注音是「吐乃」，馬來語注音是「衣釐孖林」；「目下」（即現在）的英語（just now）注音是「只是奴」，馬來語注音是「燕釐」等等。還有很多例子，這裏不一一列舉。但是從這本學習手冊的詞彙分類，我們可以看出事實上，廣州英語已經不止用於商業貿易這個領域了，而是延伸到了日常生活的領域。

以上只是筆者在查閱資料中找到的兩份近代香港的語言學習材料，相信在當時這樣的印刷物是大量存在的。儘管在現在看來，尤其是對於會讀英語的人來說，這些材料中教給人的英語發音實在是不地道，甚至是好笑，但在當時的香港，這樣的語言手冊具有普及性和實用性。有了這些資料，「在本港，

〔註29〕盧少卿：《僑旅錦囊》，香港：廣發印務局 1917 年，第 161 頁。

連轎夫和車夫也懂多少英語」〔註 30〕。這些出版物幫助很多人能夠很快就和西方人進行交流，從而進行商業交易。這種出版物的實用性，而並非準確性，才是它們能夠流行於近代香港的原因。

近代香港的語言構成的一個主要特點就是城市語言多元化。

語言隨著近代香港的外來移民到來而出現在城市裏，這其中主要有漢語和西方語言。在漢語中有有粵語、客家話、福建話等三大方言；近代香港出現的西方語言就更是不勝枚舉了，語言的種類和國籍的種類幾乎是重合的，但是其中使用人數比較多的有英語、葡萄牙語、日語等。由於外來移民需要互相交流，語言的交彙還導致了混合語在近代香港的出現，這應該是近代香港不同於很多城市的語言文化特色。由於使用者的不同，每種語言在近代香港的社會中也處於不同的地位和發揮不同的功能。

多元的語言文化爲近代香港帶來了很多文化產物，比如翻譯行業的誕生、外文報紙的創辦，以及爲滿足中西移民的交流需要，方便人們互學語言的語言學習出版物和語言字典等的問世。

設想一下，如果穿越時空，走在近代香港的街道上，我們一定會感到新奇，身邊的人使用的語言都是不同的，有些甚至聽不出是哪國的標準語言。語言體現出一個城市的文化。移民流出地的不同導致了近代香港的城市語言的多樣性。近代香港是一個包容性很強的語言大熔爐。

第二節 近代香港外來移民與香港城市宗教文化

自開埠以來至 1941 年淪陷的這一百年中，香港這個城市接納了數百萬的外來移民。不同來源地和不同種族的移民也帶來了各種各樣的宗教信仰。近代香港的宗教因而形成了紛繁交雜的格局，集中表現爲各種系統化的宗教和形形色色的民間信仰交錯的局面。

由於宗教信仰的多樣化，教堂和寺廟分別作爲西式和中式宗教進行崇拜活動的主要場所，在近代香港各地紛紛興建。宗教活動是人們重要社會生活的一部分，因此宗教建築必然位於移民的聚居點上。從宗教建築選址的分佈，我們可以大致看出近代香港的中外移民的聚居分佈情況。

〔註30〕 〔日〕矢野文溪：《矢野文雄通報》，陳湛頤《日本人與香港——十九世紀見聞錄》，香港：香港教育圖書公司 1995 年，第 187 頁。

　　本節筆者將先對近代香港主要的宗教信仰做簡單的梳理，以此爲基礎分析宗教建築分佈和移民聚居分佈的關係。

一、近代香港的主要宗教信仰

1、佛教

　　佛教是香港歷史最悠久、信徒最多的宗教，其傳入可追溯到 5 世紀。《新安縣志》記載「杯渡禪師，不知姓名，當嘗木杯渡水，因而爲號……遂以木杯渡海，憩息屯門山，後人因名曰杯渡山。」〔註 31〕後人在這位杯渡禪師曾經修道的地方建造了杯渡庵，後來改爲青山古寺，至民國初年改建成青山禪院。此後又修建了不少寺廟，著名的有宋代的靈渡寺，明代的凌雲寺，佛教活動逐漸開展起來。1841 年香港淪爲英國的殖民地，大批人口湧進香港，佛教各宗也相繼傳入，但主要以大乘漢地佛教爲主。這一時期出現了一些佛教的鬆散組織，如 1916 年由潘達微、吳子芥、陸逢仙等人創辦的佛學會；1918 年出現了專以頌經念佛爲業的極樂院。特別是 1920 年中國現代著名僧人太虛法師應香港佛教徒的邀請，在港湧名園弘法講經，影響了大批香港民眾，使佛教在香港得到了極大發展。在太虛法師的推動下，大批佛學組織紛紛建立，如 1925 年成立的真言宗居士林，1928 年成立的哆哆佛學社，1929 年成立的香港女子佛學院，1930 年成立的香港佛教聯合會，1931 年成立的香港佛學會以及 1932 年的佛教青年會和 1935 年的東蓮覺苑和香海蓮社等等。此後又不斷有內地的高僧大德如茂峰、洗塵、通一、芝峰和盧雲等人應邀赴港講經弘法，一時間使香港佛教呈現出欣欣向榮的景象，信眾大增。到 1940 年，香港本地已有佛教寺院精舍上百座，佛教徒 10 餘萬人，僧侶 100 多人，佛教在港島初具規模〔註 32〕。1941 年日本佔領香港後，佛教的發展受到遏制。

2、道教

　　道教作爲中國本土的宗教何時傳入香港，目前沒有明確的考證。但早在

〔註 31〕〔清・嘉慶〕舒懋官：《新安縣志》，卷二十一〈人物志・仙釋〉，《深圳舊志三種》，深圳：海天出版社 2006 年，第 994～995 頁。
〔註 32〕趙紅宇：《香港宗教的傳播與發展》，載於《世界宗教研究》1997 年第 2 期。

南宋時期，香港就有了頗具規模的天后廟，俗稱「大廟」〔註33〕。到明清時期，道教各派在香港民間廣爲流行，宮觀廟堂隨處可見。

據現有資料分析，英國 1842 年奪取香港島和 1860 年奪取九龍半島南部時，所得地區都只有民間祠廟，沒有正規的道教宮觀。據香港立法局所存的 1881 年人口調查資料，當時港九華人居民有 11 萬 3000 多，其中登記爲道教信仰者爲 183 人，連 2％ 都不到〔註34〕。而且，這 183 位道教信仰者也未必是英國佔領前的原居民，而極有可能是其後從內地來的移民。1911 年的數據顯示，登記爲道教信仰者爲 977 人，占華人總數的 2％ 多一點〔註35〕。至於新界地區，1898 年被英國強租以前，已經有了道教宮觀「青雲觀」，這就是現在所知的最早的道教宮觀。〔註36〕從人數和觀址上可以看出，香港道教的主要源頭並不是傳統道教，而是民間新興宗教組織陸續傳入香港。但是進入香港的一些傳統教派中的全眞派道士、居家修行者和俗人全眞團體，對香港道教認同全眞教派起到了催化作用。民國初期，一群晚清遺老因不肯接受民國政權而避居香港。其中有陳伯陶，張學華、黃佛姬等人，長束髮作道髻，以道教信仰作爲宗教寄託，自稱傳承羅浮山酥醪觀的道脈。

香港現在認同全眞派的教堂中，成立最早的有三所，是 1921 年的抱道堂，1929 年的蓬瀛仙館、1932 年的玉壺仙洞。

3、孔教

孔教，又稱儒教，是指尊孔子爲教主，以「仁」爲中心教義，四書五經爲教典，推行儒家思想的一種宗教，是香港六大宗教之一。該教將推崇儒家思想的人均視爲孔教徒，每年農曆 8 月 27 日和 4 月初二舉辦孔子和孟子誕辰的盛大典禮，孔教沒有入教儀式，因此信徒數字無法統計。香港的孔教團體

〔註33〕香港西貢佛堂門天后古廟是俗稱「大廟」，是香港有碑刻可考的最早一間廟宇。據廟後一面刻鑿於一二七四年的摩崖石刻記載，佛堂門天后廟始建於南宋咸淳二年（一二六六年），是福建林氏家族移居香港的第三代林道義擴建。因此它一直以來被林氏家族視爲祖廟，過去一直由他們掌管，直至一九三九年才由華人廟宇委員會接管。

〔註34〕鍾國發：《香港道教》，北京：宗教文化出版社 2010 年，第 23 頁。

〔註35〕鍾國發：《香港道教》，北京：宗教文化出版社 2010 年，第 23 頁。

〔註36〕數據來源於鍾國發的《香港道教》，北京：宗教文化出版社 2010 年，第 25 頁。

中以孔教學院最為活躍。孔教學院 1930 年由陳煥章〔註 37〕博士創立，以興學育才，弘揚孔道為宗旨，名為學院，實際是一個宣教機構，經常舉辦學術講座、講演、出版報刊書籍、立孔子像等宣教活動〔註 38〕。

4、基督教

香港的基督教新教與天主教一樣，也是在鴉片戰爭爆發後從澳門傳入的。1842 年 1 月美國浸信會牧師叔未士和羅孝全首先踏上香港的土地，並於 7 月 21 日在中環建立了香港第一個基督教新教教會「皇后道浸信會」〔註 39〕。1843 年倫敦傳道會勢力深入香港，先後建立了「真言堂」和「福音堂」，並將其在馬六甲的總部遷至香港。同年德國人原荷蘭會教士郭士立〔註 40〕赴港任香港總督的中文秘書，在港建立「福漢會」，發展華人教徒，積極向中國內地傳教。同時他給德國三巴傳道會寫信要求派遣傳教士到華工作。1847 年三巴傳道會（今禮賢會、崇真會、信義會）先後派出傳教士到港發展勢力。隨著第二次鴉片戰爭的爆發和《南京條約》、《天津條約》等一系列不平等條約的簽訂，各國傳教士紛紛湧入香港，並將其作為向中國內地傳教的大本營。到 1883 年為止，香港已有各派系組織 13 個，教會學校 18 所〔註 41〕，在香港社會產生了不小的影響。基督教新教傳入香港的近代一百年間，其發展可分為以下三個時期：

（1）西方教士治會時期（1842～1883）。這一時期是新教各派在香港的初創階段。各教派如浸信會、美部會、倫敦傳道會、聖公會、禮賢會、崇真會、巴陵會等先後在港設立教堂、學校和傳教機構。西方傳教士掌握著香港新教各派教會的領導權，華人傳教士很少。據統計，1880 年香港總人口 16 萬，華人基督徒有 800 餘人。〔註 42〕

〔註 37〕陳煥章，字重遠，甲辰科（1904）聯捷成進士，乙巳歲（1905）由學務大臣奏派為遊美學員，隨同考察政治大臣赴美，肆業於紐約哥倫比亞大學，辛亥年（1911）以英文論著《孔門理財》一書，獲得哲學博士學位。後於壬子年（1912）著手建立全國孔教會於上海，以後又遷往北京，復籌劃建立孔教大會堂，並聯合同仁與全國許多省市設立孔教支會百數十處。於癸亥年（1923）創辦孔教大學，後又於庚午年（1930）赴香港創辦孔教學院以及孔教中學，並任院長及校長。

〔註 38〕趙紅宇：《香港宗教的傳播與發展》，載於《世界宗教研究》1997 年第 2 期 c

〔註 39〕李亞丁：《華人基督教史人物詞典——叔未士》
http://www.bdcconline.net/zh-hans/stories/by-person/s/shu-weishi.php。

〔註 40〕郭士立 http://baike.baidu.com/view/247756.htm。

〔註 41〕趙紅宇：《香港宗教的傳播與發展》，載於《世界宗教研究》1997 年第 2 期。

〔註 42〕據 1880 年香港政府的人口統計報告。

（2）華人教會成立時期（1884～1914）。在港的華人基督教徒因長期受制於西方傳教士的欺凌，發出了要求中國牧師自己主持教務，建立中國人的教堂的呼聲。1884年聖公會華人鄺日修被按立爲首任中國牧師〔註43〕，負責處理華人教務。同年梁安統牧師自澳大利亞回港，創立了「循道衛理聯合會香港堂」華人教會。第二年倫敦會華人基督教徒推舉禮賢會王煜初爲主任牧師，並建立了「華人自理道濟會堂」〔註44〕。自此中國基督教徒開始自立，香港華人開始自己管理教會。到1914年香港華人教會組織已達25個，分屬於聖公會、倫敦會、巴色會、循道會、禮賢會、公理會、浸信會、巴陵會、美以美會等9個大公會〔註45〕。至此香港基督教進入了一個新的時期。

（3）華人教會自理時期（1915～1940）。1914年第一次世界大戰爆發，世界局勢動蕩不安，香港也備受影響。爲適應形勢的需要，1915年4月8日正式成立了香港基督教聯會〔註46〕，聯會章程規定凡參加聯會的組織，必須有3年以上的歷史，有教徒50人和擁有自己的教堂、主任牧師或主任傳道。聯會的建立改變了香港基督教界存在的各據一方的混亂局面，加強了各派之間的團結與合作。基督教在香港繼續穩步發展。隨著香港進入日治時期，香港的基督教受到嚴重打擊。

香港基督教新教可謂教派林立，組織繁多，但基督教沒有統一的領導機構，只設立一些跨機構的教會聯合組織。

近代香港地區的基督教的傳播不同於其他教派的是在有些地區，基督教義用客家話來進行傳播。比如基督教的崇眞會在清朝末期，在大埔區就是以客家話來傳播教義的〔註47〕。這一點和天主教在馬來西亞檳榔嶼也是以客家話傳教的方式類似〔註48〕。其實是把華籍族群習俗和客家話引進宗教生活，是一種東西方的交融。

5、天主教

香港的天主教最早是由澳門傳入的。隨著鴉片戰爭的爆發，英軍佔領了

〔註43〕曠日修 http://baike.baidu.com/view/355930.htm
〔註44〕俞強：香港掌故（4）道濟會堂，2005年12月7日，
　　　　http://yuqiangcuhk.blog.163.com/blog/static/266126620051171111145847/
〔註45〕郭少棠：《東區風物志》，香港：東區區議會2003年，第53頁。
〔註46〕趙紅宇：《香港宗教的傳播與發展》，載於《世界宗教研究》1997年第2期。
〔註47〕蕭國健：《大埔區風物志》，大埔區議會2007年，第16頁。
〔註48〕王琛發：《西方信仰與東方習俗的交談——對十九世紀檳榔嶼與客家人天主教歷史的文化考察》，載於《中華心·客家情——第一屆客家研討會論文集》。

香港，第一批傳教士也於 1841 年由澳門進入香港。同年 4 月 22 日香港脫離澳門教區成爲監牧區，由瑞士籍教區司鐸、傳信部駐澳門代表若瑟神父任宗座監牧，主要爲抵港英軍中的愛爾蘭天主教徒服務。根據趙紅宇的研究〔註 49〕，天主教傳入到近代香港一百年間，香港天主教的發展大約經歷三個時期：

（1）監牧時期（1841～1874）。這一時期是香港天主教會的初創階段，教徒、傳教士都很少。1842 年 1 月 22 日，西班牙籍聖方濟會納華路神父到港，成爲第一位居港的天主教司鐸。6 月 7 日香港第一座教堂奠基，定名爲聖母無原罪堂〔註 50〕。1846 年成立了第一所本地修院。1847 年 10 月 5 日本宗座代牧、巴黎外方傳教會科蒙席被委任爲香港代監牧，由此開始在香港大力傳播天主教。1848 年 9 月 12 日，第一個女修會沙爾德聖保祿女修會抵港，負責照顧棄嬰、老人和病人的工作。1860 年 4 月 12 日，第一批嘉諾撒修女到達香港，開始從事教育和社會服務工作，不久華籍女子加入，成爲該會第三會會員（後爲耶穌寶血會修女）。1861 年道明會神父抵港進行傳教工作。這個時期天主教各傳教團體相繼進入香港，傳播天主教教義，擴大天主教影響，在香港居民中發展教徒。

（2）代牧區前期（1874～1910）。1874 年 11 月 17 日香港監牧區升爲代牧區，範圍擴展到包括新安縣、惠陽縣和海豐縣。高神父（FrTimolen Raimondi）被委任爲首任宗座代牧，並於同年 11 月 22 日祝聖爲主教。1875 年 5 月 9 日代牧區首次召開會議，將香港代牧區劃分爲 5 區，擴大傳教範圍。1877 年 9 月香港天主教英文周刊創辦。次年 12 月 7 日無原罪總堂落成祝聖〔註 51〕，成爲主教座堂。這一時期，香港天主教發展迅速，各地紛紛建立教堂，到 19 世紀末，在香港約 30 萬人口中，天主教徒達到 8000 人。

（3）代牧區後期（1910～1941）。這一時期是香港社會動蕩不安的時期。中國國內的辛亥革命、建立民國、軍閥割據以及抗日戰爭等戰亂也波及到香港，引起香港的混亂。這期間，天主教會開始注重向華人社會傳播教義，促使教會本地化。1928 年 8 月 4 日中文《公教報》由意大利籍顏思回（A. Granelli）神父創辦。最初每月出版一次，發行約八千份，並發送到中國大陸及海外華

〔註 49〕趙紅宇：《香港宗教的傳播與發展》，載於《世界宗教研究》1997 年第 2 期。
〔註 50〕劉蜀永等：《香港歷史圖說》，香港：麒麟書業有限公司 1998 年，第 156 頁。
〔註 51〕http://zh.wikipedia.org/wiki/聖母無原罪總堂

人團體。〔註52〕。1941 年 12 月 25 日至 1945 年 8 月 15 日日本佔領香港期間，教會活動陷入癱瘓狀態，大批天主教傳教士或被拘捕或被驅逐，教徒也紛紛逃離香港，使香港天主教遭到極大破壞。

6、伊斯蘭教

伊斯蘭教傳入香港最早可追溯到 17 世紀中葉。1605 年，英國東印度公司的船隻抵達香港，隨船而來的許多印度籍穆斯林商人和海員，成為最早踏上香港的穆斯林。1830 年 4 月 19 日，英國派遣 6 艘汽船首次強行在香港停泊，船上的海員大部分由在印度孟買、加爾各答和孟加拉等地招募的穆斯林擔任。這部分人後來定居下來，其宗教信仰和生活習慣也留傳下來。1841 年，英國軍隊佔領香港島，當時約有一個師的印度軍隊作為英國軍隊駐紮香港島。這些印度軍人中，有相當一部分是穆斯林。此後，又有不少印度籍的穆斯林陸續來香港謀生並定居，他們大部分從事警察、看更（保安）、海員、清眞小食店等職業，也有少數富商開辦公司和商行。早期來港的穆斯林及其家眷，主要聚居於現香港島中環地區的摩羅上街和下街。1870 年香港的外籍穆斯林在些利街興建了香港最早的清眞寺〔註53〕。1880 年前後，英國從印度旁遮普地區招募大批印度士兵來港駐防，駐紮在九龍尖沙咀的印度兵房。這一批印度軍人大部分是穆斯林，出於宗教生活的需要，他們向港府申請在九龍興建禮拜場所，於 1896 年在當時稱為「奧斯汀路和內森路」之間的懷特菲爾德兵營附近建起了一座簡陋的清眞寺，這是九龍半島第一座清眞寺〔註54〕。

華人穆斯林進入香港的時間比外籍穆斯林稍晚。十九世紀 80 年代前後，中國內地廣東省廣東、廣西等省的回族穆斯林陸續來到香港謀生，並逐漸形成自己的穆斯林社團〔註55〕。早期進入香港的回族穆斯林，除少數人從事商業活動外，大多數人都靠打工謀生。抗日戰爭時期，中國內地大批穆斯林逃往香港，使香港回民劇增，刺激了香港伊斯蘭教的發展，並壯大了華人穆斯林社團的力量。

總之，香港穆斯林主要有兩大系統組成，一是外籍穆斯林，其包括三部分，一是英國及其原殖民地的穆斯林海員，他們逐漸在「摩羅廟」一帶形成

〔註52〕香港《公教報》慶祝八十週年，信衆期望強化社會培育角色，2008 年 10 月 6 日，天主教長青家園網站

　　　　http://www.tianzhujiao.org/forum.php 敪 mod=viewthread&tid=19167。

〔註53〕趙紅宇：《香港宗教的傳播與發展》，載於《世界宗教研究》1997 年第 2 期。

〔註54〕趙紅宇：《香港宗教的傳播與發展》，載於《世界宗教研究》1997 年第 2 期。

〔註55〕趙紅宇：《香港宗教的傳播與發展》，載於《世界宗教研究》1997 年第 2 期。

聚居區，按照教法和教規在港過宗教生活；二是許多信奉伊斯蘭教的士兵，他們多是從印度、巴基斯坦、孟加拉等殖民地招募來的攜家眷在港居住；三是被香港當地人稱爲「摩羅」的穆斯林，大多來自東南亞、南亞，在香港以當警察和守門人、小商人爲生，在港定居，並逐漸形成穆斯林聚居區。另一大系統就是華人穆斯林。

在近代香港比較活躍的穆斯林宗教團體有 10 多個，其中華人穆斯林宗教團體有 4 個，其中有香港中華回教博愛社、香港中國回教協會等。香港華人穆斯林社會團體成立以來，一直同祖國內地、國外穆斯林團體以及香港地區各大宗教團體有十分密切的聯繫，通過教務活動、參觀訪問、會議研討等多種形式，促進了相互之間的來往和交流。〔註 56〕

7、猶太教

猶太人踏上香港這塊土地的最初年代幾乎與英國殖民主義者佔領香港的年代同步。十九世紀來到香港和在那裏居住的猶太人基本上是出於經商的目的。近代香港著名的猶太家族沙遜家族香港開埠初期就來到香港，開設沙遜洋行，由此開設洋行公司經商是當時在港猶太人的主要活動。除了沙遜洋行外，其他於 1850 年至 1860 年在香港開設經營的猶太人商行有猶大洋行（Judah & Co，1855～1870），摩西洋行（Moses & Co，1860～1870），約書亞及葛培洋行（Joshua，Gubbay & Co，1862～1872），貝利里奧斯洋行（E. R. Belilios Firm，1862～1900s）等〔註 57〕。

二十世紀的最初 10 年可視爲香港猶太社團的定型和鞏固時期。到 1900 年，香港猶太社團已擁有成員 165 人〔註 58〕。在這十年中，有三件事成爲一個永久性猶太社團在香港建立的標誌。第一，是猶太人出資在中環的羅便臣道建造了一座永久性猶太會堂。第二，1904 年在馬修斯・彌敦爵士（Sir MatthewNathan）出任香港總督期間促成了猶太公墓（原建於 1857 年）的擴大。該問題得到了解決。彌敦爵士是歷史上唯一擔任香港總督的猶太人。擴大後的猶太公墓一直延用至今。第三，香港猶太人之間的一個最重要的社交場所——猶太俱樂部的建立。這一系列事件顯然爲香港猶太社團奠定了一個有形而堅實的基礎。

〔註 56〕馬建釗：《香港華人穆斯林的歷史來源與社團活動》，載於《回族研究》2010年第 2 期。

〔註 57〕趙紅宇：《香港宗教的傳播與發展》，載於《世界宗教研究》1997 年第 2 期。

〔註 58〕據 1900 年香港政府人口普查報告。

8、錫克教

十九世紀中葉，錫克教徒從印度旁遮普邦到香港，以擔當警察和公務員謀生，此後不斷有錫克教徒留駐香港。1901 年在灣仔皇后大道建立一座錫克教廟，使其成爲錫克教徒的活動中心。該廟由 600 人投票選出 13 個小組，負責廟內事務，小組委任的錫克教主祭，必須出身於旁遮普望族，通曉錫克教教義，並懂得樂理和彈奏樂器。〔註59〕

9、襖教

襖教，又稱白頭教。十九世紀初一些教徒到港經商將其傳入香港。1842 年創立了「港澳白頭教慈善基金會」，後又成立了「白頭教聯合會」，並修建了一座襖教活動場所——灣仔白頭教中心〔註60〕，作爲香港襖教徒的主要活動地點。「白頭教聯合會」由 5 名信託人組成一委員會，是襖教信徒中的代表人物，該委員會自給自足，負責支配基金的使用。教會內有一名祭師，該祭師由白頭教聯合會委任。香港的襖教組織與印度教組織有密切聯繫。

10、民間信仰

在近代香港，隨著移民的到來，除了居民居住的房屋不斷興建，還有就是在居民區中的各色教堂以及用來拜謁不同神靈的廟宇不斷興起。近代香港民眾除了一部人信仰以上提到的宗教外，還有很大一部分人，尤其是中國人，會選擇民間信仰。雖然說民間信仰沒有宗教有系統性和派別性，看似沒有宗教正規，但是在民眾的社會生活中它起著非常重要的作用。有不少廟宇甚至成爲華人聚集商量重要事情的地點，或者是成爲當地辦學的中心。廟宇或祠堂成爲華人活動的中心地。

香港地區傳統的神靈主要有洪聖大王、天后元君、文昌帝君、關聖帝君、觀音大士和玄天上帝等。近代香港的華籍移民由於來自於不同的地方，還有一些神靈是隨著移民的到來從外地遷移而來的。比如來自惠州的客家人供奉譚公師爺〔註61〕，來自揭陽的河婆人供奉三山國王，蜑民一般供奉天后和洪聖，三行工人一般供奉魯班先師等。

〔註59〕趙紅宇：《香港宗教的傳播與發展》，載於《世界宗教研究》1997 年第 2 期。
〔註60〕趙紅宇：《香港宗教的傳播與發展》，載於《世界宗教研究》1997 年第 2 期。
〔註61〕譚公師爺是醫藥之神，1905 年傳來香港，並在筲箕灣建立廟宇。

近代香港地區的華人還有一種特別的民間宗教活動，即「打醮」。《北區風物志》對「打醮」有以下簡要說明：

> 港九新界和離島地區，不少家族和社團都有舉行「打醮」儀式，目的是祈求降福消災、風調雨順、合境平安、和驅邪、祭祀陰人、酬謝神靈庇祐等。

> 「醮」的種類有很多，「太平清醮」是其中一種，目的是祈求地方上的平安。建醮時多請道士開壇作法。其過程十分複雜。祭祀工作由「緣首」負責，緣首的選任和建醮日期多由擲杯而決定。

> 建醮儀式多以道教方式進行，也有兼用佛教方式的。醮期有三日、五日，甚至長達數星期不等。年例有一年一次，兩年一次，五年一次，十年一次，甚至六十年一次的。村民於啟壇時間開始齋戒；啟壇後，每天皆有早朝、揚幡、午朝和晚朝；神像之前放置蔬果肉食等祭品，神桌上燃點香燭；主祭者誦經禱告，並擲筊以問神明之降臨；然後焚化金銀衣紙，奉祀神明。期間還有祭小幽、分燈、迎榜、迎聖和禮斗。最後一天的儀式有走文書、放生、謝幡、祭大幽。打醮完畢，便舉行籌神、拉鴨扒船、最後送神回鑾，然後便是開齋。

> 建醮期間或完畢，多會安排戲班上演「神功戲」，也有舉行神像巡行、會景巡遊，或搶包山等。打醮期間，一般都在村內安放巨型花牌，並張燈結綵。空地上蓋搭戲棚，供村民欣賞娛樂節目，有些更備有素筵供村民享用。〔註62〕

由此可見，『打醮』在香港從開埠到現在一直都是華人鄉村的重要而且隆重的宗教活動。每到醮期，村內熱鬧非凡，彷彿一場盛事。《申報》曾有關於香港醮會的記載：

> 港地連日醮會之舉恭迎列聖鑾輿。鎮遊車巷，絲竹管絃之盛則有洋洋盈耳之笙歌，衣冠錦繡之儀則為落落大觀之人物。二龍飛舞將欲躍淵見田，五鳳跨遊恒願凌霄接漢。西曆紫薇之巷燕舞翩翩，東過蘭桂之芳馬騰簇簇歷亂，真堪耀目炫神，翡翠迷離亦足賞心快志。〔註63〕

〔註62〕梁炳華：《北區風物志》，香港：北區區議會 1994 年，第 134 頁。
〔註63〕《申報》，1872 年 9 月 5 日，第三版。

這段報導眞是香港樵會極其生動傳神的描寫，讓人有身臨其境的感覺。

　　不同的族群、不同的行業、不同的祖籍的人信仰的神靈都不一樣。但是隨著人們之間的溝通越來越多，民間信仰也在不同的族群中開始融合。比如本來來自惠州的客家人從家鄉帶來了譚公師爺來供奉，但之後這個信仰的範圍擴大到了全香港的普通市民。另一方面，惠州客家人也入鄉隨俗，積極參加農曆三月二十三日的天后誕辰。這一點也顯示了民間信仰的界限沒有宗教派別那麼嚴格，人們可以根據自己的夙求與願望去拜謁不同的神靈，以得到它們的保護。

二、宗教建築的分佈與外來移民聚居點分佈的關係

　　外來移民來到香港這塊土地上的同時帶來了他們文化中的神靈，在日常的社會生活中，拜祭神靈是民眾的一項必要的活動。無論是中國傳統的宗教，還是西方宗教，或者是民間信仰，信徒都要有一個固定的場所來進行禮拜活動或拜祭活動，因而人們會修建寺廟、教堂等建築來進行宗教活動。隨著移民的增多，移民的這種拜祭和崇拜的需求也就增加。要滿足這種宗教需求，就要新修廟宇和教堂。廟宇和教堂的興建和維持是需要一定的財力和人力基礎的，因此有廟宇的地方一般會是移民比較聚集的地方，而且經濟狀況比較好的地方。

　　基於以上所述移民和宗教場所分佈的關係，以下筆者將從近代百年間香港新增教堂和廟宇的地址分佈來看外來移民在香港的聚居分佈情況。

　　我們將資料的搜集設定在 1841 年至 1941 年間在香港地區新建的教堂和寺廟。這其中香港島應考察的時間段落爲 1841 年至 1941 年，九龍半島應爲 1860 年至 1941 年，新界應爲 1898 年至 1941 年。

　　有關教堂的新建數據和信息相對比較清晰，因爲在香港開埠前，香港島或是整個香港地區是基本上沒有教堂的。西方宗教是在開埠後開始傳入香港的。但是說到寺廟，就比較複雜了。香港島、九龍半島和新界在 1841 年前就有華人居住，在香港前代就有廟宇修建。1841 年以後來的移民，可能和原居民或是之前的外來移民共用一處廟宇，也可能在新的聚居點新修廟宇。我們無法統計哪些廟宇是僅供舊移民繼續使用的，還是新舊移民共用的，但是新修的寺廟大都是新移民的聚集點。因此在下面的有關寺廟的討論中，我們主要關注後者，即各地區在相關時段內的新修廟宇。

資料來源主要是一些文檔資料，如《入廟拜神》、《大埔風物志》、《南區風物志》、《屯門風物志》以及本人經田野調查獲得的香港中式廟宇的相關資料。同時還參照一些網站的信息，如香港地方網站（http://www.hk-place.com）、香港宗教網站等。筆者深知關於近代香港廟宇的資料非常多，並且散佈於各處，這裏的資料是遠遠不夠全面的，但是從中可以大致分析出宗教建築分佈的趨勢，以此來探討其與移民分佈的關係。

1、近代香港興建教堂的選址

我們先來看 1841～1941 年間在香港地區興建的教堂的情況。由於有些小的教堂可能在這期間興建，之後又廢棄不用，所以以下表格中所示的主要是現存的建於近代的仍在使用中的教堂。

表 5-1　香港地區 1841～1941 新建基督教和天主教教堂〔註 64〕

教堂名稱	位置	簡介
崇眞會救恩堂	西區	瑞士巴色傳道會在一八六一年建成的救恩堂位於高街及西邊街交界，曾在一九三二年作大規模的擴建。建築物為歌德式風格，北端更有一個塔樓。
聖母無原罪主教座堂	半山	位於半山堅道的聖母無原罪主教座堂，又稱天主教總堂，於一八八三年奠基，一八八八年落成，為一幢哥德式，呈十字架型的建築物，地基為花崗岩，外牆為磚及石，而內部則以三十八支花崗柱支撐。二次大戰時，座堂受到破壞後重修，其後亦多次進行修建，一九五二年更在高塔加建兩層。堂內小堂的聖若瑟祭臺原為已於一八八六年拆卸的香港第一座座堂威靈頓街座堂的祭臺，為當時意大利的國王送贈。現時教堂為一級歷史建築。
合一堂	半山	位於般咸道及西摩道交界，前身為道濟會堂，建於一九二六年，教堂為歌德式設計，現在為中華基督教會合一堂香港堂。
香港祐寧堂	半山	教堂原位於荷李活道，一八八九年搬遷至堅尼地道現址。現有新堂於一九四九年重建完成，並在一九七一年擴建至現今面貌。
禮賢會香港堂	半山	由德國禮賢差會建立的教堂，位於般咸道及漢寧頓道交界，建於一九一四年，一九七九年教堂曾進行擴建。

〔註 64〕表中教堂的信息來源於香港地方網站
　　　　http://www.hk-place.com/view.php 敘 id=269。

教堂名稱	位置	簡　介
嘉諾撒仁愛女修會教堂	半山	位於堅道 36 號，教堂又名聖心教堂，建於一九零七年，曾在一九三七年及一九八零年擴建。教堂旁則爲嘉諾撒聖心商科學校。
聖保羅堂	半山	位於己連拿利，建於一九零九年，創辦人爲林護，最初教堂是和聖保羅書院合建的。教堂分別於一九一六年、一九二二年及一九三四年進行擴建及重修。教堂爲哥德復興主義風格，窗成尖拱型，入口塔樓則有尖塔，甚具特色。
聖約瑟聖堂	半山	在花園道的聖約瑟聖堂，歷史可以追溯至一八七一年。曾於二十世紀初重建。
聖約翰座堂	中環	聖約翰座堂於一八四七年奠基，並於一八四九年落成，爲香港最古老的西式教會建築物。座堂本身於一八四七年落成，以哥德式設計，副堂及辦公室則是後來加建。日治期間曾經被用作日本人會所，而現在座堂已爲香港聖公會香港島教區的主教座堂。座堂已被爲列爲法定古蹟，而其所處土地爲香港唯一一塊自行保有的地皮。
聖馬加利堂	跑馬地	位於樂活道，建於一九二五年，由意大利建築師幹尼那設計，爲一所以麻石建成的天主教聖堂。
聖光堂	銅鑼灣	聖光堂座落在東院道 7 號，建於一九二七年。前身爲位於燈籠洲道濟會支堂。爲一所紅色西方修院式建築物，其中頂部更建有鐘樓。
聖馬利亞堂	銅鑼灣	位於大坑道 2A 號，建於一九三七年，建築物中西合壁；正面外牆仿照中國宮廷，而建築物內部則採用西方傳統教堂的設計。
聖保祿修院基督君王小堂	銅鑼灣	在聖保祿修院內，建於一九一四年，教堂範圍亦會和聖保祿書院共有。
香港墳場教堂	跑馬地	香港墳場原名紅毛墳場，是香港最早的墳場之一。現時跑馬地的香港墳場建於一八四五年，內裏亦建有一座小教堂。
天主教聖彌額爾墳場教堂	跑馬地	天主教聖彌額爾墳場於一八四七年，內裏有一座建於一九一六年的小教堂。
聖十字架堂	西灣河	最初一間教堂建於一九一四年，於一九五九年重建爲現在模樣。
巴色差會崇眞堂	筲箕灣	德國的巴色差會在一八六零年來港傳道時，聯同香港的客家人在筲箕灣建立了崇眞堂，教堂曾於一九三三年及一九九零年重修。
伯大尼小教堂	薄扶林	在建於一八七五年的伯大尼修道院內建有一所小教堂，屬新哥德式建築風格。現在小教堂連同修道院成爲香港演藝學院的第二校舍，可以用作舉行婚禮、電影拍攝等用途。

教堂名稱	位　置	簡　介
玫瑰堂	尖沙咀	位於柯士甸道及漆咸道南交界，建於一九零五年，初時為外籍天主教徒進行彌撒的地方，由葡萄牙人甘曼斯及其夫人海倫捐款興建。此教堂一直為天主教在九龍的「母堂」。教堂及後曾在一九一三年及一九九零年作多次擴建及重修。
聖安德烈堂	尖沙咀	聖安德烈教堂位於彌敦道九龍英童學校後面，於一九零六年落成，為一座兩層高的哥德式建築，正面建有鐘樓。教堂以南的聖安德烈基督中心原址則為建於一九一三年的禮堂。
九龍祐寧堂	佐敦	位於覺士道及佐敦道交界，建於一九三一年，由遮打爵士捐款興建。戰時曾被用作馬槽，戰後曾作多次擴建。
諸聖堂	旺角	位於白布街及豉油街交界的聖公會諸聖堂建於一九二八年，之前堂址曾設在油麻地、廟街及彌敦道。諸聖堂除了教堂外，毗連亦有建於一九三四年學校。
聖依納爵小堂	旺角	位於華仁書院內。
聖德勒撒堂	旺角	在一九三二年建成的聖德勒撒堂，位於太子道西／窩打老道交界，為九龍主要教堂之一。教堂由荷蘭格寧神父設計，建有圓頂、拜占庭式尖塔及科林斯的石柱。教堂側原為舊禮堂，後期改建為明愛中心。
聖三一堂	九龍城	聖三一堂於一九零一年建成，最初位於宋王臺山，及後至一九三七年因為政府需要收回附近土地興建宋王臺公園，聖三一堂搬至馬頭圍道現址。中式設計的聖三一堂一直保留至今，唯現在四周皆被後來加建的教會高樓大廈圍繞。
聖公會基督堂	九龍塘	聖公會基督堂座落在窩打老道／火石道交界，建於一九三八年，由 LeighandOrange 設計，屬意大利文藝復興建築風格。
聖方濟各堂	石硤尾	石硤尾的聖方濟各堂，最初源自於一八六零年代，在九龍城沙地園的傳教站。因應擴建啓德機場，該傳教站搬至隔坑村道，直至日治期間才被拆卸。一九五三年，為服務石硤尾邨的新居民，聖方濟各堂正式搬至石硤尾現址。
道風山基督教叢林教堂及信義會道風山堂	沙田	道風山基督教叢林位於道風山，由挪威艾香德牧師在一九三零年為傳揚基督教而創立。叢林在建成後，隨後陸續建立教會、招待所、研究部、出版部、圖書館及退修中心等。一九九九年側堂曾發生大火，及後整個基督教叢林進行重修。毗鄰基督教叢林為信義會道風山堂，由信義會、禮賢會及崇真會等教會建立。

教堂名稱	位置	簡　介
大埔聖母無玷之心天主堂	大埔	在大埔墟運頭街，爲天主教大埔堂區的主堂，教堂建於一九二二年，並於一九六一年重建至今天模樣。
赤徑聖家小堂	赤徑	早在一八六六年，穆神父已在赤徑村傳教，後來在一八六七年建成聖家小堂。此小教堂曾在日占時期爲東江縱隊港九獨立大隊駐守基地。
深湧三王來朝小堂	深湧	建於一八七九年，現在爲青年營地。
白沙澳聖母無玷之心小堂	白沙澳	建於一八八零年，現在爲公教童軍協會活動中心。
蛋家灣聖伯多祿小堂	蛋家灣	建於一八七三年。
崇謙堂	龍躍頭	位於龍躍頭崇謙堂村，村落也是因爲早期有崇謙堂堂友聚居而成。崇謙堂曾名松山堂，是在一九零一年才改名。而現存的崇謙堂舊堂則於一九二六年十月由巴色會布道所建立。堂址曾用作幼稚園校舍，至一九八三年因爲崇謙堂本身日漸殘破因而在其附近另建新堂。
大浪聖母無原罪小堂	大浪	聖母無原罪小堂座落在大浪西灣的大浪村，建於一八六七年。由於想容納更多教友，小堂曾於一八七三年擴建，當時西貢最大規模的教堂。一九三一年，教堂建成現在模樣。此小教堂曾在日占時期爲東江縱隊港九獨立大隊駐守基地，現在由大埔聖母無玷之心堂區管理。
浪茄聖母聖誕小堂	浪茄	位於浪茄村基督教互愛訓練中心內，建於一九一八年。
糧船灣小堂	糧船灣	建於一九一零年。
北潭湧聖母七苦小堂	北潭湧	建於一九零零年，現在爲公教童軍協會水上活動中心。
黃毛應玫瑰小堂	北潭湧	位於大網仔黃毛應村，建於一九二三年。二戰期間，俗稱「東江縱隊」的廣東人民抗日游擊總隊港九獨立大隊在此成立。由於村中居民漸少，小教堂現在爲公教童軍協會活動中心。
鹽田梓聖若瑟小堂	鹽田梓	位於西貢鹽田梓，即鹽田仔的聖約瑟堂，建於一八九零年。小教堂由當地居民興建，並曾得到已獲教廷封聖的福約瑟神父祝聖。教堂曾在二零零五年進行復修，並在同年獲頒聯合國教科文組織的亞太地區文化遺產優異獎。
屯門贖世主堂	屯門	位於屯門鄉事會路。
金錢圍聖母七苦小堂	錦田	聖母七苦小堂在一九三五年，由金錢圍村民集資建成建成。教堂新堂在一九六七年建成，現教堂已經廢棄。

教堂名稱	位置	簡　介
長莆聖若望小堂	八鄉	在八鄉長莆村內建有聖若望小堂，在一九二八年祝聖，至八十年代停用。

以上主要是天主教和基督教的教堂，除此以外，還有幾座其他教派的教堂興建於近代年間，列表如下：

表5-2　1841~1941年間香港地區興建的其他西方宗教的教堂
〔註65〕

教堂所屬教會	地　點	修建時間
伊斯蘭教	中環	1870
	九龍半島	1896
猶太教	中環	1901（前身是1870和1881的教堂）
錫克教	灣仔皇后大道	1901
襖教	灣仔	1842創立基金會，應該在1900年前建立教堂

綜合以上兩表中的數據可以得到以下結果：

香港島在1841~1941年間興建教堂22座；九龍半島在十九世紀興建猶太教堂一座，二十世紀興建基督和天主教堂9座；新界在1890年之前修建教堂5座，1890年之後11座。

2、近代香港新建廟宇的選址

我們再來看近代年間香港的廟宇的興建情況。據筆者在香港所作田野調查的結果，目前已經在香港地區註冊的廟宇情況如下：香港島61間，九龍半島59間，新界228間。這裏的數字當然包括1941年以後修建的廟宇，但是我們可以把這個數據當成基數來進行參考。

香港城市網站也顯示中式廟宇的分佈情況，具體數據參考下表：

〔註65〕根據趙紅宇：《香港宗教的發展與傳播》，載於《世界宗教研究》2008年第2期。

表5-3　香港地區主要廟宇一覽表〔註66〕

廟　宇	簡　介	位　置
天后廟	天后，又稱媽祖，是保護海上安全的神靈，生前是福建人士，名字是林默娘。由於香港曾是漁港有關，全港共有五十多間天后廟，是香港最多的廟宇。	西貢天后古廟（大廟） 西貢墟天后廟 西貢糧船灣天后廟

〔註66〕表中信息主要來源於香港地方網站　http://www.hk-place.com/view.php　敘id=227。

廟　宇	簡　介	位　置

廟　宇	簡　介	位　置
洪聖廟	洪聖是一名海神。洪聖即是洪熙，為唐代重臣，官至番禺刺史，通曉天文地理，常常幫助商旅漁船，漁民在他死後廟供奉。	大澳洪聖廟 粉嶺洪聖廟 長洲洪聖廟 滘西洲洪聖廟 孔嶺洪聖廟 河上鄉洪聖廟 鴨脷洲洪聖廟 灣仔洪聖廟 坪洲洪聖廟 分流洪聖廟 西貢布袋澳洪聖廟 東龍洲洪聖宮 西貢大蛇灣洪聖宮 梅窩洪聖廟 大角咀洪聖廟 屯門曾咀洪聖廟 元朗屏山洪聖宮 元朗沙江圍洪聖公廟 南丫島石排灣洪聖廟
把港古廟	建於大嶼山沙螺灣，由於沙螺灣風高浪急，村民特地興建一座廟宇，供奉新安茅洲大王，以保平安，廟宇取名為把港古廟。	沙螺灣把港古廟
侯王廟	侯王即是南宋末年楊太后的弟弟楊亮節，宋末元兵追殺宋帝時楊亮節仍勇敢護駕，患病時仍留在軍中指揮，及後病逝，因而被封楊侯王。	九龍城侯王廟 元朗楊侯宮 東涌侯王宮 大澳楊侯古廟 沙田大圍侯王宮
觀音廟	觀音是佛教其中一位菩薩，叫「觀世音菩薩」。觀音初時以男性裝辦出現，至武則天後卻變成女性造型。現在常見以白衣造型出現的是水月觀音，因而部份觀稱作水月宮。另外，由於傳說觀音坐在蓮蓬上修道，所以亦有部份觀音廟叫作蓮花宮。	粉嶺鹿頸楊屋觀音廟 大嶼山羗山觀音寺 春礖角觀音廟 西貢白沙灣觀音廟 長洲觀音廟

廟　宇	簡　介	位　置
		石硤尾觀音廟
		旺角大石古觀音廟
		紅磡觀音廟
		慈雲山觀音廟
		上環水月宮
		鴨脷洲水月宮
		北角觀音廟
		大坑蓮花宮
		元朗東頭村觀音古廟
		龍躍頭龍山寺
		南華莆觀音古廟
關帝廟	關羽字雲長，為三國時代蜀漢君主劉備之大將。傳說關羽在麥城被殺後，魂魄飄蕩至荆州玉泉山，常常顯靈護民，因而立廟。關帝廟亦名協天宮或武帝廟。	屯門掃管笏關帝廟 大埔樟樹灘關帝廟 西貢關帝古廟 荃灣關帝廟 大澳關帝廟 長洲關公忠義亭 深水埗武帝廟 蓮麻坑關帝宮 荔枝窩協天宮 元朗輞井圍玄關帝廟
文帝古廟	文昌即是晉朝張亞子。元朝時受封為文昌帝君」，歷代均受朝廷加號封贈，是專掌人間祿籍。	大埔南華莆文帝古廟
文武廟	文武廟同時供奉文帝張亞子以及武帝關羽。	大埔文武二帝廟 上環文武廟 梅窩文武廟
二帝古廟	二帝古廟即是大王古廟，供奉茅洲大王及楊侯大王。茅洲大王即是南海廣利茅洲大王。相傳清初元朗鄉民因受遷界政策所影響，遷至茅洲，而南海廣利茅洲大王就是當地的神祇。復界後，元朗鄉民便將南海廣利茅洲大王請到新建立的元朗舊墟供奉。	元朗舊墟玄關二帝廟
車公廟	車公是宋朝大將，平亂有功，晉為元帥，死後封神。	沙田車公廟 西貢蠔湧車公古廟

廟　宇	簡　介	位　置
福德廟	福德即是土地公，正名爲福德正神，客家人則稱作伯公，福德廟是專門供奉土地公的廟宇。	大坑東福德廟 筲箕灣福德廟 尖沙咀福德廟 牛頭角伯公古廟
呂祖廟	呂岩是唐朝人，又名呂洞賓，號純陽子。六十四歲參透玄機得道。	屯門青松觀 粉嶺蓬瀛仙館
黃大仙祠	黃大仙即是晉人黃初平，八歲時替人牧羊，十五歲時在金華赤松山遇僊人，得成正果。	黃大仙嗇色園
城隍廟	城隍即是守護城池的神，前身爲水庸神。	油麻地城隍廟 灣仔城隍廟 觀塘城隍廟 九龍城城隍廟 筲箕灣城隍廟
三山國王廟	宋初劉張興起爲亂，太祖興師南征。有官員赴三山求神，後來劉張軍隊受到暴風吹襲而降，太祖認爲有神明相助，因而出現三山國王。	東湧三山國王廟 牛池灣三山國王廟 觀塘茜草灣三山國王廟 南丫島北角三山國王廟 大澳散石灣三山國王廟
大王爺廟	廟內供奉的是李文忠。宋末一位李姓將軍將李文忠的神主牌安置在老虎岩，李文忠經常向當地的居民顯靈，於是當地居民立廟供奉。	黃竹坑大王爺廟 大埔元洲仔大王爺廟 觀塘大王爺廟 元朗舊墟大王古廟
北帝廟	傳說北帝是王子，幼時已修道，後來統領天兵天將戰伐有功，於是元始天尊封他爲玄天上帝。	元朗舊墟北帝廟 赤柱北帝廟 紅磡北帝廟 梅窩北帝廟 長洲玉虛宮 灣仔玉虛宮 粉嶺三聖宮
樊仙宮	供奉陶瓷業祖師樊仙。	大埔碗窰樊仙宮

廟　宇	簡　介	位　置
百姓廟	開埠初期，不少單身漢從中國來港謀生，有些因遭逢不幸而客死異鄉。華人團體發起興建義祠，供奉不同姓氏的人。	太平山街百姓廟（廣福義祠）
魯班廟	魯班廟由三行工人集資興建。魯班名公孫般，為春秋戰國時人，由於善長木工，故死後被尊為木匠的祖師。	西環魯班廟
三太子廟	供奉三太子哪吒。	深水埗三太子廟
二聖宮	供奉洪聖及車公。	元朗橫洲二聖宮
三聖宮	供奉儒釋道三教先師孔子、釋迦牟尼以及老子。	屯門三聖宮
眞君廟	眞君本姓吳，見義勇為。眞君曾剿滅賊寇，使地方重得安寧，因而立廟。	青衣眞君廟
上帝古廟	位於馬頭圍的古瑾圍圍內曾有石砌小廟，供奉狀如帝皇與皇后的神像，據說是古瑾圍趙氏之祖。現在遺址只剩下古廟石門，而石門附近空地則變成露明道公園。	馬頭圍上帝古廟
譚公廟	譚公原名譚峭，是元朝時的歸善（廣東惠州）人，相傳十二歲就得道。他經常幫助漁民和船家預測天氣及治療疾病。	筲箕灣譚公廟 跑馬地北帝譚公廟 東平洲譚公廟
岳王廟	南宋初年精忠報國、領軍英勇抗擊南侵金兵的岳飛，被秦檜以莫須有罪名誣陷處死。後來獲追封鄂武穆王，通稱岳王。	銅鑼灣岳王廟

這個表格列出的也不局限於近代新建的廟宇，但是我們可以粗略地看出，全香港地區，新界的廟宇最多，港島次之（此表列的有 20 餘處），九龍半島最少。這個現象與前文提到的已於各地註冊的廟宇的情況是相符合的。

在尹國棟經歷田野調查所著的《入廟拜神──遊走香港神廟》一書中，提到了香港現存的一些著名廟宇。書中共提到 55 間寺廟，其中港島 19 間，14 間是修於 1841 年以後，2 間修於前代，在近代都經過修繕們還有三間是 1941 年以後興建的；九龍半島只提到 7 間，只有 3 間修於 1860 年以後，2 間建於香港前代，2 間建於 1941 年以後；新界和離島區 29 間，只有 6 間是在 1890～1941 這個區間修建的，8 間是 1941 年以後興建的，15 間都是香港前代修建的古廟〔註 67〕。由此我們列出表格，以便更清晰的看出近代年間修建廟宇的選址情況：

表 5-4　近代香港修建廟宇分佈統計

地　區	近代年間修建廟宇數量（間）	1941 年以後修建的廟宇數量（間）	香港前代時修建的廟宇數量（間）	廟宇總數（間）	近代年間修建的廟宇占全區的廟宇總數的百分比
香港島	14（1841～1941）	3	2（～1841）	19	74％
九龍半島	3（1860～1941）	2	2（～1860）	7	43％
新界	6（1898～1941）	8	15（～1898）	29	21％

　　儘管尹國棟的書中提到的不是香港所有的廟宇，但是足夠以一斑而窺全豹。比較看來，香港地區三地的廟宇數量是新界最多，港島次之，九龍最少。這與前面提到兩處材料顯示的廟宇數量的排序是一樣的。這種橫向比較的數據的一致性允許我們繼續分析各個區的情況。

　　之後我們來進行縱向分析。香港島的廟宇主要是在香港開埠後修建的（比例高達 74％），九龍半島的廟宇相比其他兩區，數量最少，而且看似近代期間修建的廟宇數量和其他時段的比例差不多；新界的廟宇在被納入香港版圖後至 1941 年間修建的廟宇占總數量的百分比很小，數據顯示新界的廟宇最多，但大都是前代時修建的。這樣的結論同樣體現在香港各區風物志〔註 68〕中提到的宗教建築的情況。

〔註67〕尹國棟：《入廟拜神──遊走香港廟宇》，香港知出版有限公司 2009 年。筆者根據尹國棟書中所列廟宇的興建時間，進行排列總結得出以上數據。

〔註68〕梁炳華：《南區風物志》，香港：南區區議會 2009 年；劉智鵬：《屯門風物志》，香港：屯門區議會 2007 年；蕭國健：《大埔風物志》，香港：大埔區議會 1999年，郭少棠：《東區風物志》，香港：東區區議會 2003 年等。

現在我們再把之前得到的教堂的數據拿來一起分析：香港島近代修建教堂22間，九龍10間，新界1898年以後有11間（1898年前有5間）。

3、宗教建築的選址與移民聚居分佈的關係

我們把香港島、九龍半島和新界三區的教堂和廟宇的數據綜合，得出以下結論：

香港島在近代期間增加的廟宇（14間）和教堂（22座）的總數是最多的。這說明香港開埠後，外來移民移入香港島的人流量最大，人口最密集。教堂主要集中在半山、銅鑼灣、中環一帶，圍繞開埠初期的維多利亞城區。這也說明當時西方人來港後主要聚居的地方就是香港北岸維多利亞城一帶，隨著港島的開發，半山區成為高尚民居區，大都是西方的富有的商人和政府的工作人員居住於此，因此教堂主要分佈在這一區域。廟宇主要分佈在赤柱、筲箕灣等海灣處，這是因為華人中的蛋民大都居於港灣，他們的拜祭地點也就設在此處；還有一些位於上環和西環的廟宇，這顯示出當時有一批華人（廣府人和福佬）聚集於此，開辦商行等。

九龍半島在1860～1941年期間增加的教堂（10座）和廟宇（3間）都是最少的。相比港島，可以說外來移民到九龍的人數、聚居點數量、人口密度都是遠遠低於港島的。和新界相比，新界幅員遼闊，聚居點分散，但是九龍的人口密度是要比新界高的。九龍的教堂主要分佈在尖沙咀和旺角一帶，廟宇主要分佈在九龍塘和油麻地一帶。由此我們可以清晰的看出華人和西人的聚居地的分佈。

新界是1898年被納入香港版圖的。在此之前，新界一直是中國大陸的一部分。這裏的居民的宗教歷史淵源長，因此這裏的廟宇最多，而且很大一部分是在1898年前修建的。1898年以後新建廟宇地址大都是新移民湧入形成的聚居地，如大埔、粉嶺、沙田等地。新移民和原居民都是華人，在宗教信仰上有同樣的文化源流，因此一部分外來移民會選擇共同或相近信仰的聚居點，在附近或周邊建立新的居住點，但是在宗教拜祭上和原居民共用一間廟宇；還有一部分新移民會選擇再建廟宇。新界的廟宇基數已經很大了，外來移民的主體又是華人，之前的宗教資源因此可以共享。不像香港島，原本就沒什麼人，一下子充斥了大量的移民，很多新的設施都要相應跟上，宗教建築也是一樣的。這就是為什麼新界的外來移民並不少，但是在近代新建的廟宇數量卻不多的原因。新界的教堂在1898年前就已經有數座了，這也是不同於港島和九龍的一點。港

島和九龍的教堂分別始建於 1842 年和 1860 年以後。這一點應該可以解釋爲，在英國佔領九龍後，就可以慢慢向九龍的腹地──新界滲透了。地域上的便利使得傳教士比較容易遊走新界各地進行傳教，因而在 1898 年前，新界還沒有被英國佔領時，那裏就出現了教堂。1898 年以後，教堂的興建速度加快了。但是在數量上是遠遠不及香港島的。這也可以看出，新界始終是華人的地盤，西方人聚居區比較少，新修建的教堂大都也是服務於華人教徒的。

　　綜上所述，近代香港的宗教文化具有多元化和宗教間的合作與融合兩個特點。

　　近代香港的外來移民把自己的宗教信仰也帶到了這片土地上。由於外來移民的種類繁多，近代香港的宗教信仰和民間信仰呈現百花齊放的特點，非常多樣化，香港就像一個廣闊的胸襟，接納各種神靈的供奉。這其中既有系統化的宗教，也有形形色色的中國民間信仰。系統化的宗教主要是指中國傳統的佛教、道教和孔教（儒教）；由西方傳入的基督教和天主教；來自其他地區的伊斯蘭教、猶太教、錫克教、巴哈依教、襖教等。各宗教內部大都有分爲若干派別，其中以基督教最多，有浸信會、倫敦傳教會、聖公會、循道會等 30 多個教派。形形色色的民間宗教信仰在香港也是種類繁多，其中以保祐漁民和海員平安的天后娘娘的香火最旺盛；對武功蓋世義薄雲天的關帝的崇拜，對長洲守護神北帝、司天氣的南海之神洪聖、文昌帝、黃大仙的信奉也很普遍。

　　近代香港的城市宗教文化的另一特點是信仰融合。不同的族群、不同的行業、不同的祖籍的人信仰的神靈都不一樣。但是隨著人們之間的溝通越來越多，民間信仰也在不同的族群中開始融合。比如在一些新界的一些客家村落，向大埔的井頭村〔註69〕，香港島的筲箕灣村〔註70〕等，由於當地的村名大都講客家話，基督教的傳教士適應當地的情況，改用客家話傳教，在這個過程中，西方宗教中融入了中國文化的一些元素。再比如本來來自惠州的客家人從家鄉帶來了譚公師爺來供奉，但之後這個信仰的範圍擴大到了全香港的普通市民。另一方面，惠州客家人也入鄉隨俗，積極參加農曆三月二十三日的天后誕辰。這一點也顯示了民間信仰的界限沒有宗教派別那麼嚴格，人們可以根據自己的夙求與願望去拜謁不同的神靈，以得到它們的保護。

〔註69〕蕭國健：《大埔風物志》，香港：大埔區議會出版社 2007 年，第 110 頁。
〔註70〕郭少棠：《東區風物志》，香港：東區區議會出版社 2003 年，第 53 頁。

在近代香港的民眾的日常生活的溝通中，宗教與當地文化（註71）、民間信仰之間都在原來的定位後，開始逐漸轉變和融合，找到自己新的位置。

正如貝格爾（Peter Berger）提出的宗教「世俗化指針」（註72）（secularization paradigm）所指出的，在多元化的社會中，這種多元化的現象不單沒有削弱宗教的權威性，反而給宗教帶來生機（religious vitality），為宗教打開了一個自由的市場（a free market），使宗教可以因應不同人的需要而產生多元化的宗教來，這樣更能突顯出現代宗教的活潑常新的生命力來。民間信仰作為一種特殊的宗教，可以同理得出一樣的結果。香港的情況正是這樣。因而我們可以得出結論：近代香港的宗教信仰和民間信仰呈現一種多元化的特點，各種信仰彼此合作與融合，這為香港的民眾提供了更多的信仰選擇，同時也為宗教和民間信仰帶來了活力。

第三節　近代香港外來移民與香港城市文化教育的發展

教育是社會和文化的重要環節，其發展和演變和政治經濟有著相互的影響。香港本屬中國國土和歷史的一部分，自鴉片戰爭後，香港島、九龍半島及新界相繼在不平等條約下，劃歸為英國的殖民地。但因為香港一向是中國的領土，在歷史、社會、民族及文化均與中國有不可分割的關係，所以在香港開埠後，這塊英屬殖民地的發展在政治、經濟和社會文化各個方面都和中國密切相關。同時，在另一方面，香港又直接受英國殖民地的政策、西方制度、文化和思想等影響。在中西不同因素的互相衝擊下，香港社會和文化的組成有很多獨特的特點。這些對香港的教育的發展和演變產生重要的影響。在近代，除了中英兩國的政治制度和文化政策上對香港教育有重要的影響外，我們還應該看到外來移民對推動香港教育發展的影響和作用。每一次移民潮的湧入，都帶來了不同的文化影響和教育與被教育的需求，香港政府根據不同時期的情況也在由嘗試到慢慢成熟的展開自己的文化政策。

〔註71〕這裏的宗教與當地文化的融合也就是宗教世俗化，關於客家文化和基督教的融合問題，比如信徒用客語中的華人信仰的詞彙來表達宗教用語等

〔註72〕貝格爾：《神聖的帷幕》，上海：上海人民出版社1991年版，第128頁。

　　香港社會的組成特色是香港的絕大部分人口是外來移民，這其中華人人口一直在 95％以上，統治階層的英國人不到 1％。華人大部分由內地遷入，大都是爲謀生來到香港，也有因中國內地社會動蕩而逃難香港。有很多都是打算賺得錢後或是中國的政局穩定後再返回家鄉的。這種沒有把香港作爲永久居住地的心態，不僅在華人中有，在英國人及其他來港經商作業的外籍移民中也是非常普遍的。

　　一名外國學者曾這樣描述英國佔領香港的最初一年裏的狀況：

　　　　在香港成爲英國殖民地的第一年裏，沒有任何關於辦學的記載。香港政府和歐洲人的團體只是忙於把資產和人員從澳門遷往香港，然後在香港選地皮，建民房、辦公室和倉庫等。百廢待興，根本還想不到改善居民的受教育條件。在 1841 年早期以及隨後的幾年裏聚居在香港維多利亞城一帶的中國人大都是社會最底層的難民，主要有蛋民、勞工、石匠、鐵匠以及供貨商。這些人來香港都是違反中國禁令的，他們只是打短工，並不想在這裏定居，因而大都把家人留在大陸家鄉，根本不會考慮年輕人在香港的受教育問題。〔註73〕

晚清著名思想家王韜在給友人的信中是這樣描述十九世紀六十年代的香港的：

　　　　香港就是一個小島，人們來到這裏的唯一目的就是做買賣。滿大街都是找錢賺的商人。在這樣的環境下你怎麼期望能找到一個文化人。我沒事可做，也無人講話。除了偶爾去聽聽歌女唱歌，就是整天待在屋子裏。〔註74〕

前任中國駐英國大使鄭天錫在他的著作中提到香港到了十九世紀末依然是教育形勢不容樂觀，

　　　　……那個時代的香港只是一個做貿易的地方而不是學習的地方。比如，英文學校裏數學學到最高級也就還是歐幾里德的第五冊；第一本英語書是這樣開頭的：「湯姆一天吃了兩個雞蛋，你看他有多肥。」

〔註75〕

〔註73〕E.J. Eitel：Materials for a History of Education in Hong Kong，The China Review XIX（5），1891，page310.

〔註74〕Anthony Sweeting：Education in Hong Kong pre-1841 to 1941：Fact and opinion，Hong Kong：Hong Kong University Press，1990，page 33.

〔註75〕鄭天錫：East and West：Episodes in a Sixty Years' Journey，London：Hutchinson，1951，page 42.

可見這位曾在香港讀書的後來的外交官對當時的香港英文學校所用的課本的難易程度是多麼不滿。對於當時的中文學校，他的評價是：

> 中文學校的水平當然要高的多，而且依傳統辦學；但是當地的需求卻是不同的。大多數學生家長是商人，他們並不想自己的子女成爲有學之士，只是希望他們學好中文，然後學點英文能夠繼承家業或開辦新產業就行了。因此學習所謂的「國學經典」的環境根本沒有。〔註 76〕

在肯定當時中文學校水平的同時，他也對生源表示出擔憂。

從以上的一些記載，我們可以看到近代香港開埠後的教育發展狀況的一些方面。香港在開埠前的社會結構是沒有士大夫階層的，只有香港的原居民，而且人數少，多爲以漁業或農業爲生的勞動者或小地主。香港開埠以後，其社會階層中地位較高的是統治者或是生意上比較成功的商人，知識分子地位是不高的。社會價值取向也就趨向於功利和務實。

香港政府在近代時期的教育政策上，基本上是追隨英國的傳統，把教育事務交給教會或私人辦理，但是沒有像其他殖民地一樣，政府沒有推行馬可尼記錄（Macaulay's Minutes）所提及的同化政策〔註 77〕。原因可能是香港和中國的關係是不可分割的，中國文化在香港的影響是沒辦法完全被英國文化覆蓋的。因此，香港政府在經過初期的忽視教育後，在十九世紀後期開始推行精英教育，重點發展英語教育，以務實和功利的角度爲香港的發展以及英國在香港或中國的活動所需培養人才。

儘管近代香港的教育在開埠初期發展的比較緩慢，但是縱觀近代一百年，大批的移民到來還是促成了教育發展的加速。根據香港政府的統計數據，香港的學校從 1844 年的 5 所增加到 1930 年的 323 所〔註 78〕（這裏只包含官立學校和教會學校，不包含民間私塾和私人辦學），這些數據體現出了近代香港的教育的長足進步。一個城市或社會教育的發展體現在很多方面，辦學數量的多少是其中一個指標。學校開辦的越多，說明教育越普及。

〔註 76〕 鄭天錫：East and West：Episodes in a Sixty Years' Journey，London：Hutchinson，1951，page 42.

〔註 77〕 馬可尼記錄倡議在印度推行英化教育，目地在於培養出一批有印度血統和膚色，但是志趣、道德及思想都完全英化的知識分子。印度總督於 1835 年接受此倡議作爲印度教育發展的指引。

〔註 78〕 Historical and Statistical Abstract of the Colony of Hong Kong，1841～1930，3rd edition，Noronha & Co.，Government Printers，1932.

在近代香港，外來移民的到來首先是爲香港提供了人的資源，同時帶來的還有這一大批人的需求。受教育是人的需求之一。隨著人口數量的增加，要求受教育的人數也在不斷增加。滿足這種受教育的需求的辦法就是開辦學校。因而我們可以說移民的到來使近代香港勢必發展教育，興建學校。那麼在哪裏開辦學校？開辦什麼樣的學校呢？本書以下將嘗試解答這兩個問題，討論移民和近代香港教育的關係。一是外來移民聚居點與學校校址分佈的關係；二是外來移民的不同的受教育需求與辦學模式的關係。

一、外來移民聚居點與學校校址分佈的關係

早在英國佔領香港島之前，在島上已經有一些中文學校了。這在 Eitel 的著作中也提到過，「至少在英占香港一個世紀前，在港島上的黃泥湧、香港仔、赤柱等地的村莊裏就已經有一些小型的中文學校了。這些學校大約每年招收 10 個左右的學生。就學率低於全島人數的 1%。」〔註 79〕從本書第一章的 1841 年香港華人人口統計表格中可以見到黃泥湧、香港仔〔註 80〕和赤柱都是當時人口比較多的大村莊。

一位傳教士及翻譯在給香港總督 John Davis 的信中寫道：「去年（1844 年）中國人開辦的學校一共有八所，分別是維多利亞城一所、黃泥湧一所（外國人資助）、掃竿浦一所、鯉魚門一帶三所、香港仔一所、赤柱一所。」〔註 81〕除了前面提到的黃泥湧、赤柱和香港仔三地，這裏增加的維多利亞一所是因爲維多利亞城是港島的新城，也是當時主要的商業區和外來移民比較集中的地段；鯉魚門一帶有三所學校大概是因爲鯉魚門海港靠近筲箕灣等一些大村莊，這一帶也是主要的採石場，在港島開埠初期，採石業發達，工人多聚居在這一帶，因此學校的數量也比較多。

圖 5−1 中的三幅地圖顯示出 1841 年前以及 1843 年至 1860 年間香港島興建學校的校址分佈情況。

〔註 79〕E.J. Eitel：Materials for a History of Education in Hong Kong，The China Review XIX（5），1891，page309.

〔註 80〕1841 年香港華人人口統計表上標注的是香港，改名的原因是在這周圍登岸的英軍聽當地人說此村名爲香港，以爲是整個島嶼的名稱，便稱呼整個島嶼爲香港。後來因這個村名和整個島的名字混淆，便將原來的香港這個小村莊改名爲香港仔或小香港。

〔註 81〕Anthony Sweeting：Education in Hong Kong pre-1841 to 1941：Fact and opinion，Hong Kong university Press，1990，page25.

　　由圖 A 可見，開埠前，學校主要分佈在人口數量比較多的漁村裏，大都靠在岸邊。圖 B 顯示的是 1843 年～1860 年之間興建的教會學校；圖 C 顯示的 1848～1859 年之間的政府資助學校。從圖 B 和圖 C 我們可以看到，1843 年至 1860 年間，無論是教會辦學還是政府資助學校，學校選址比較集中的地段都是港島北部的維多利亞城一帶。我們分析原因是在香港開始城市建設的最初 20 年裏，香港政府在北岸興建維多利亞城，之後選擇商業區向西推移。因此在港島北岸的中西部是當時的商業最發達的地方，也就是人口最密集的地方，學校分佈也就比較密集。

　　綜上可以看出，在香港開埠的最初 20 年裏，凡是興建學校的地方，大都是人口比較集中的地方。人口數量多導致受教育需求增加。興建學校時，也會考慮老師和學生的方便，不會把學校修建到離聚居點很遠的地方。後來香港經歷 1860 年英國佔領九龍和 1898 年佔領新界，擴大了版圖，直至香港被占前，隨著移民的巨幅增加，香港的學校數量也一直在增加。而且始終遵循學校辦在移民聚集點這個規律。學校校址的分佈和移民聚居地的關係是非常緊密的。

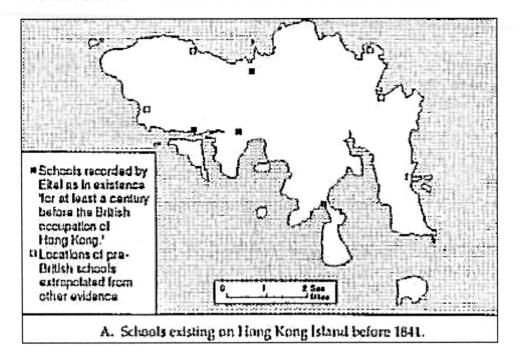

A. Schools existing on Hong Kong Island before 1841.

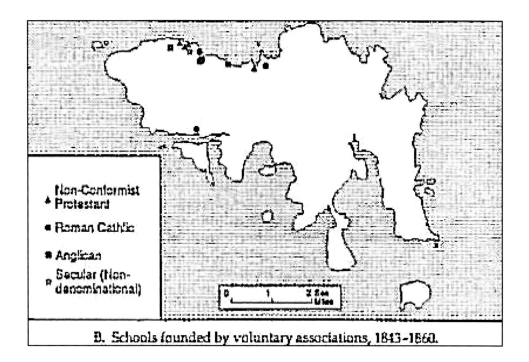

B. Schools founded by voluntary associations, 1843-1860.

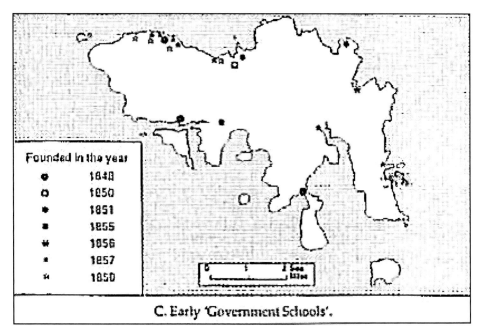

C. Early 'Government Schools'.

圖 5－1　香港島早期學校分佈圖〔註82〕

〔註82〕Anthony Sweeting：Education in Hong Kong pre-1841 to 1941：Fact and opinion，Hong Kong university Press，1990，page160～161。

二、外來移民的不同的受教育需求與辦學模式的關係

出現在近代香港歷史上的辦學模式比較多樣化，主要有以下幾種：民間學塾、政府資助鄉村中文學校、教會學校和官立學校。每一種辦學模式的出現都有它的淵源，也有各自的發展趨勢。以下一一討論：

1、民間學塾

這裏的學塾主要是指教授中文的學校。學塾教育是香港開埠前就存在的教育方式，其實這種方式不僅在建埠前存在，而且在開埠後整個近代一百年間都以不同方式和其他種類的教育共同存在和發展著。總體來說，十九世紀是近代香港的書塾教育的穩步發展時期，而二十世紀是其蓬勃發展時期。

書塾教育是十九世紀中國科舉制度下的基本教學階段。教學方式是基本每一塾館由一名老師主持，有老師就學生的個別程度分別授之識字、背誦、作對等課程。上課時間大都很長，普通時間由上午六時至下午四時，中間有早餐及午餐時間。初學課本為《三字經》、《百家姓》、《千字文》等，然後有《龍文鞭影》等，進而《四書》、《五經》。預備參加科舉考試的則必須學習八股駢文〔註83〕。

在香港開埠前，隨著廣東、福建等省的早期移民的移居香港，他們開地謀生，建立宗祠廟宇，興辦教育，傳統中國文化已經植根本地。其中新界的鄉村教育是香港開埠前教育發展的最興旺之地。當地居民或於祠堂或廟宇辦學，或開設私家書塾。根據前輩學者王齊樂和吳倫霓霞在新界的實地考察〔註84〕，先後發現超過五十間舊書塾遺址，分佈於錦田、屏山、廈村、上水、大埔及新田、泰亨村等地的較多，這些地方是新界的望族如鄧氏、廖氏和文氏等的居住地。這些書塾有些規模宏大，可容學生超過一百餘人，有些比較簡陋，只容學生20人左右。在這些書塾中，現在已經被列為古迹的有屏山的觀廷書室和沙頭角的鏡蓉書屋。前者建於道光年間，規模龐大，有書房六間，可容納一百五十餘人；後者是李氏族人1872年建成，設有宿舍，使遠地學生也可以來就讀，這是當時新界區內的唯一「高等學府」。這些書塾的興辦，使

〔註83〕王賡武：《香港史新編》（下卷），香港：三聯書店有限公司1997年，第418頁。

〔註84〕王齊樂：《香港中文教育發展史》，香港：三聯書店（香港）有限公司1982年，第47～68頁；吳倫霓霞：《清代新界地區的學會與科舉》，載於《明報月刊》，1982年7月（No. 199），第53～36頁。

得新界約有 65％的男丁曾入讀書塾，其中上水一代 7～15 歲兒童的入學率更是高達 75％〔註85〕。由此可見當時新界的傳統中文教育非常興盛。

再看開埠初期的香港島，水、陸居民一共只得五千左右〔註86〕，基本以打漁和務農爲生。根據歐德理（E.J.Eitel）所存的香港早期教育的史料的記錄〔註87〕，當時島上只有書塾四所，都在簡陋的屋室內，沒有在新界所見的那些較有規模的書室或祠堂。教育情況和新界相比，顯然很落後。

書塾教育作爲香港早期的主要教育方式，在香港開埠初期呈現的就是北盛南衰的情況。其實這種學塾教育貫穿香港的整個近代一百年，只是後來和其他教育方式並存而已。由於政府資助和教會辦學一直只是占近代香港教育的一部分，因此華人社團或私人舉辦的私塾教育一直有發展空間。這種學塾或是由塾師在家設館招生，或是由富人招塾師於家中授課，或是有華人社團、商會等舉辦的義學。其中華人慈善團體中最大的是東華醫院，於 1880 年在文武廟成立免費義學，初時僅能容納數十人，後來至 1898 年已發展爲六間塾館。從香港島被英國佔領初期的四所私塾到 1883 年的 100 多所〔註88〕，可見這種辦學方式在十九世紀的香港是穩步發展的。

二十世紀初，民間塾館出現了蓬勃的發展。即使在 1905 年中國內地廢除科舉和經過多次教育改革後，國內很多書塾已經被新式學校取代的時候，不僅是新界，整個香港地區，學塾教育都一直以不同形式繼續和發展。到二十世紀初，更加顯得特別發達。

二十世紀初香港的學塾教育主要有以下特點：首先，學塾和學生數量都明顯增加。主要原因是國內政局的變化和香港社會情況的變化。1898 年的戊戌變法，1900 年的義和團運動和 1911 年的辛亥革命，導致香港附近省份的大批人口移居香港這次移民潮中的移民中除了富有的商人外，還有一批受過海外教育的知識分子，維新分子，也有滿清官吏和遺老，其中不乏一些思想保守但是國學卓越者。這些知識分子來到這塊思想自由的狹小之地，爲了生存

〔註85〕 Ng Lun，Ngai-ha，Village Education in Transition：The Case of Sheung Shui，Journal of the Hong Kong Branch，The Royal Asiatic Society，Vol. 22，page 253.
〔註86〕 數據來源於香港官方 1841 年的第一次人口統計結果。
〔註87〕 E.J. Eitel：Materials for a History of Education in Hong Kong，The China Review XIX（5），1891，page309.
〔註88〕 王賡武：《香港史新編》（下卷），香港：三聯書店有限公司 1997 年，第 429 頁。

或是為了傳揚自己的學識，於是設館授課。加之當時的移民帶來了大量的學齡兒童，還有政府彼時重視英文教育，忽略中文教育，這也引起了一些愛護中國文化的華人積極提倡中國的儒學。有了師資，生源，加上華人對祖國文化的熱愛，二十世紀初，香港的學塾教育的發展是必然的。其二，當時的不少學塾是由德高望重的名師主持的。其中有為翰林院國史館纂修的賴際熙和區大典太史，還有陳伯陶、朱汝珍等。賴際熙等人先於 1920 年在香港中區半山堅道 27 號樓下，設壇講學，隨後獲資助購下堅道 20 號，創立學海書樓，並聘請「通儒」、名宿分期講課〔註89〕。其三，女子學塾開始出現。這一時期私塾教育將傳統教育普及到女性。二十世紀初在香港有多所專為女子設立的書塾，著名的有群德女子學塾、王氏女塾等。在早期著名的女弟子中，有冼玉清〔註90〕等都成為香港女子中文教育發展的中堅人物。最後，這一時期的香港的學塾教育對課本和課程有所改良。二十世紀初香港的塾館在師資和辦學規模上都是參差不齊的，在教學上並沒有一貫的墨守陳規，一些改良課本和新課程被引入學塾教育。其中一些有名的私塾，如子褒學塾、湘父學塾和陳氏家塾等，在 1920 年代已經成為在政府註冊的新式學校。這也說明這一階段的學塾教育並不是一貫守舊的發展，而是不斷隨時代的發展而進步的。

在國內很多地方都在廢舊制、立新制之時，香港卻在蓬勃發展這古老的學塾教育。一方面是由於人口劇增和老師宿儒的到來，另一方面是收費低廉，學制靈活。

總體說來，不論學塾以何種形式在演變，它是唯一一種從香港前代開始。一直貫穿整個近代香港歷史的辦學方式。它旺盛的生命力來自於移民不斷增長的需求。我們知道香港九成以上是華籍移民，無論從教學模式，教學內容，還是文化淵源來講，這種辦學方式是最為華籍移民所接受的。因此，隨著華籍移民的不斷增加，學塾的生源也就不斷增加，最終是開辦更多的塾館，擴大招生規模。

2、政府資助鄉村中文學校（1847～1900）

前文已述，在英國人登陸香港島時，島上的私塾只有 4 所，教育顯然落

〔註89〕區志堅：《香港學海書樓與廣東學術南下》，載於陳明銶編《嶺南近代史論——廣東與粵港關係 1900～1938》，商務印書館 2010 年。

〔註90〕冼玉清 http://baike.baidu.com/view/931696.htm。

後於新界，就學兒童低於島上人口的1%〔註91〕。英國人佔領香港後，重點經營開山修路，為拓展貿易進行建設，對於人口的迅速增加引發的教育問題，只是採取不干預政策。其時，來香港的外來移民大多為單身男性，多是體力勞動者，為謀生而來，因此需要接受教育的人口的數量並沒有隨著人口總數的增長成正比。1847年，港督戴維斯（Davis，John）接受中文秘書郭士立牧師的意見，委任一教育小組們調查島上人口較多地區的學校情況，以便給予少量資助。根據該小組的調查報告，當時島上中文私塾八所，學生人數4～28人不等。學費2～6元不等。所學課本為《三字經》、《百家姓》、《千字文》等蒙學課本，注重背誦。後來政府選出三所私塾，分別位於人口最多的香港仔、赤柱及維多利亞城，每所每月給予十元的資助，學生可以免費入學。這一項政策所謂是顯示英殖民地政府對當地傳統的重視，或者是安撫中國居民以鞏固其殖民統治的一種手段。其實是因為當時英國本土的教派在教育的經費分配問題上尚未解決，港府也不能擅自將款項隨意下撥給某一教派的學校，在這種情況下，港府轉眼於在紛爭之外的中文學塾，這種資助其實在政府的開支中其實是非常少的，直到1853年，花在中文私塾的資助費用占當年政府總支出的不到0.3%。〔註92〕

　　政府雖然給這些私塾以財務上的資助，充當了辦學者的角色，在某種意義上這也算是香港公立教育的開始。但是政府並沒有承擔起管理者的角色，而是成立了一個教育委員會，由這個委員會來負責這些政府資助學塾。按照英國傳統，地方教育事務是交由教會處理的，香港的這個教育委員會的絕大部分人都是教會人士。結果就是這些政府資助私塾〔註93〕逐步成為了教會傳福音的工具。教育委員會保持原有的教學方式，只是在教學內容上逐步增加一些誦經內容，直至最後半天都是學習聖經等科目，中國蒙學的課本只占半日。由於同一時期，香港島上由教會開辦的學校非常不受歡迎，多數倒閉，因此教會人士對於這些政府資助學塾非常熱心，借這些學校達到文字傳教的目地。

〔註91〕E.J. Eitel：Materials for a History of Education in Hong Kong，The China Review XIX（5），1891，page309.

〔註92〕王賡武：《香港史新編》（下篇），香港：三聯書店（香港）有限公司1997年，第423～424頁。

〔註93〕1854年改稱為官立土語學校或官立鄉村學校。

1848 年～1859 年期間，這樣的受資助的學校已經達到 19 所〔註94〕，看似政府資助的面更寬了，受惠的學生更多了，但其實連教育委員會本身都意識到這種辦學是一種失敗。原因大概是師資差，學生及家長對科目不感興趣。當時就讀免費政府塾館的學生都是家庭非常貧窮的，稍有能力者，就會將孩子送往私人開辦的中國傳統塾館。這一點可以在《〈遐邇貫珍〉輯錄》中得到見證。

> 大英自開港以來，皇家每於該處村場，設立義學，以啓發童蒙……
> 近聞香港赤柱等處，竟多有不在義館就學者，詰其所由，乃因其父
> 母不喜其子佫誦耶穌經書，且嫌館內不安文昌帝君云云。〔註95〕

1862 年至 1865 年期間，在理雅各的建議下，一些情況最差的管理鄉村學校逐步被關閉。後來，政府改變做法，降低補助，和當地村民聯合辦塾館，政府只有監管作用。結果實際教學情況依然不理想。1870 年，英國國內教會的經費紛爭已經解決，香港殖民政府開始著手與教會合作，將經費轉向下撥到教會學校。至此，政府已經集中教育經費籌辦中央書院（見英文教育部分），對這些中文學塾已經是不甚理睬了。在十九世紀末，隨著香港政府推行英語教育政策，這些政府資助的中文學塾終於在二十世紀初全部關閉〔註96〕。學塾及中文教育的發展只能是私人和和團體辦理。

政府資助鄉村中文學校的失敗說到底還是辦學的模式和教授的內容不符合華籍移民的受教育需求和文化背景，因此對華籍移民來說這種學校即使是免費的，也無法吸引他們。沒有生源，學校當然只能關門大吉。

3、教會學校

重視宗教教育是西方傳統。西方國家殖民地所在，教會亦多率先開設學校，藉以推向宗教教育和傳播福音。在香港開埠之時，久候在澳門和南洋的教士接踵而至，在島上展開活動。這些教士包括美國浸信會的羅孝全（Rev. Issacher J. Roberts，1802～1871）、叔未士夫婦（Jehu Lewis StucK，1812～1863）、何顯理（Henritta Hall，1817～1844）、粦爲仁（William Dean，1837～1920），倫敦傳道會的麥都思（W.H.Medhurst，1796～1857）、理雅各（James Legge，1851～1879）、合信（Benjamin，Hobson，1818～1873）等；聖公會

〔註94〕 王齊樂：《香港中文教育發展史》，香港：三聯書店有限公司 1983 年，第 129 頁。
〔註95〕 〔清〕賴連三：《香港記略（外二種）》，暨南大學出版社 1997 年，第 138 頁。
〔註96〕 王廣武：《香港史新編》（下篇），香港：三聯書店（香港）有限公司 1997 年，第 428 頁。

的史丹頓（Vincent John Stanton）、四美教主（Bishop George Smith，1803～
1851）；美部會裨治（Elijah C. Bridgman，1801～1861）以及獨立傳教士郭士
立（Charles Gutzlaff，1803～1851）等。

在這些教會學校中，其中影響力比較大的有馬禮遜紀念學校，英華書院、
聖保羅書院等。

馬禮遜紀念學校原由馬禮遜教育會（Morrison Education Society）所創
辦。該會為紀念第一位來華傳教士馬禮遜（Robert Morrison，1782～1834）
而設，1835 年創立於澳門，並以推介英語、西學及基督教信仰為教育目標。
稍後與 1839 年成立學校，由美國公立會鮑留雲（Rev. S. R. Brown）牧師出
任校長。英國佔領香港後，該校於 1842 年 11 月由澳門遷往香港，同行學
生 11 人，均為寄讀生。遷港後，得到首任總督缽甸乍撥地建校，位於現在
的灣仔的摩利臣山。1844 年學生增至 32 人，分授中英文、歷史、地理、數
學等科。後因生源不足，1849 年政府取消資助，經費拮据而停辦。學生轉
往聖保羅書院就讀。鮑留雲則於 1847 年回國時率領該校學生容閎、黃勝、
黃寬三人返美留學，這三人成為近代中國留學生的先鋒。〔註 97〕

英華書院（Anglo-Chinese School）為 1818 年倫敦傳道會馬禮遜及米憐
（William Miline，1785～1822）創辦於馬六甲，由米憐出任校長。開辦後學生
人數穩步上昇，至 1839 年由開校初的 7 人增至 30 多人。馬禮遜之子馬儒翰（John
Robert Morrison，1814～1843）也是該校的畢業生。1843 年，理雅各將英華書
院由馬六甲遷往香港，同行者有傳道人屈昂、梁發、印刷工人何亞新及學生何
進善（福堂），吳文秀、宋佛儉，李金麟等四人。理雅各在港出任校長期間（1840
～1856），將英華書院設於鴨巴甸及史丹頓街交界，並決定以溝通中西文化和傳
播基督教為教學目的，稍後發展為神學院。教學內容包括中英語文、翻譯、聖
經等，並引入天文學、代數、幾何、物理、歷史、音樂及繪畫等科目。該書院
還設有印刷館、以銅膜印刷聖經，出版《遐邇貫珍》、《智環啟蒙塾課》（西學入
門書籍）等。學生人數有初期的 33 人增至 62 人。至 1856 年由於中英衝突時局
緊張，生源減少，外商不願捐助經費拮据，最終停辦。〔註 98〕

〔註 97〕吳義雄：《馬禮遜學校與容閎留美前所受的教育》，載於《廣東社會科學》1999
　　　　年第 3 期。
〔註 98〕蘇精：《從英華書院到中華印務總局》，林啟彥等《王韜與近代中國》，香港：
　　　　香港教育圖書出版公司 2000 年。

聖保羅書院則由英國聖公會所開辦，目地在於培訓華人傳道。1843 年聖公會派遣第一位香港殖民地牧師史丹頓來港，已計劃辦學，並進行募捐。於 1845 年經費具備後，開始動工建校，並歸由聖公會香港教區管屬，於 1849 年正式於中環建立了一所專門為訓練華人傳道的神學院，是為聖保羅書院（St. Paul's College），由詹姆森馬士（James Summers）為首任校長，彼時剛好馬禮遜紀念學校停辦，7 名學生轉學聖保羅書院，開辦時學生人數為 3 人，共分三班，學習中英文及接受基督教教育，稍後或港府資助，協助培訓翻譯人才。至 1851 年改回第一任主教四美時，建於鐵崗的新校舍正式落成，至 1860 年學生人數增至 53 人。並由日後翻譯西書著稱的傅雅蘭（John Fryer，1839～1928）出任該校校長，而近代著名外交家伍廷芳即畢業於該校〔註99〕。

在 1842 至 1859 年間，教會在港開辦的學校先後不下十多所，其中最大可容納三四十人，最小也有十名左右〔註100〕。早期的教會辦學由於英國本土的政策原因得不到政府資助，主要經費由教會或商行資助。學校為了傳教的方便，多設在中國人和外國人聚居地中間的中環和上環地區。由於傳教士在中國還是想依靠中文傳教，因此很多傳教士努力學習中文，在這些教會學校的課程中，除聖經教義課程之外，為拉攏中國學生，還保留了中國的蒙學課本。

早期教會辦學到了 1859 年，就只剩下三所了〔註101〕，應該說是比較失敗的。其原因有多種。大概是學生尤其是中國學生對教會學校的目的不配合，對其所安排的課程不是很感興趣。當時如果是家境還可以的學生都會到傳統的中國私塾中去就讀，只有貧窮家庭的子女或者是孤兒才會到教會學校讀書，他們的背景使得他們一旦學會一些英文，能夠找到一份工作就輟學了，學生對所謂的基督教義實在是不感興趣。加之 1855 年至 1859 年間，英國再度進兵中國，引起香港島中國居民的反英情緒，強烈抵制外國人辦的學校，很多學生退學。再就是香港政府在教會辦學的態度上上聽之任之，沒有政策和經濟上的支持。這些都使得很多早期的教會學校被迫關閉。但是有個別學校在 1860 年以後又復辦，經過政策上的改變後，獲得重生，繼而成為香港歷史上的名校，如聖保羅、拔萃、英華等學校。

〔註99〕聖保羅書院 http://baike.baidu.com/view/207216.htm#sub207216。
〔註100〕王賡武：《香港史新編》（下篇），香港：三聯書店（香港）有限公司 1997 年，第 432 頁。
〔註101〕王賡武：《香港史新編》（下篇），香港：三聯書店（香港）有限公司 1997 年，第 432 頁。

　　早期教會在港辦學，雖然不是很成功，但是由於他們以英語作爲教學媒介，使英語教育在本港得以萌芽。除了聖經教義和中國的蒙學，他們加入算術、地理等格致西學，使入讀的華人子弟拓寬了學識，學貫中西，進而留學英美。成爲專才，學成後回港，爲促進香港及中國的現代化作出了極大的貢獻。其中比較著名的有馬禮遜紀念學校的容閎、黃勝、黃寬、唐廷樞；香港聖保羅書院的伍廷芳；以及英華書院的何昆山、梁柱臣等。

　　此外這些學校的領軍人物在教學中做了很多溝通中西方文化的工作，例如施美夫（又譯爲「四美」）等人在會內多位傳教士及中國老師的共同努力下完成了《聖經》的漢語翻譯〔註102〕，還有人將《四書》、《五經》等中國經典著作翻譯成英文等〔註103〕。

　　這些都爲中西文化的交流起到了重要的作用。

　　香港政府在 1870 年英國本國內的宗教紛爭結束後，於 1873 年制定補助法規，由政府資助教會辦學，該法規幾經修改，至 1903 年，補助法規進一步將資助劃撥給規模較大，辦學設施較完善的教會學校發展中學課程。至 1930 年代，香港的聖保羅書院，英華書院、拔萃書院、喇沙書院、華仁書院等已經成爲著名中學。

　　補助制度的建立和實行，在香港的教育發展中佔有重要地位，與香港政府在公共教育中推行的重英語及精英政策，相輔相成。

　　一幅圖表〔註104〕清晰的顯示出 1844 年到 1865 年教會學校學生入學人數的這種變化趨勢。圖中黑色柱形爲教會學校招生人數，白色柱形爲官立學校招生人數。（橫軸是年份，縱軸是學生人數。）

　　早期教會辦學由於以傳教爲最終目地，課程設置不能吸引華人；經濟上得不到香港政府的資助，以及中英關係一度緊張導致民族情緒，使得教會學校的生源一度下降，很多學校最後關閉。後一階段，在香港政府教育政策改變後，教會學校得到了港府的支持，建新校的同時，一些舊的教會學校復辦，改善教學設備，完善了課程設置，這樣逐漸吸引了生源，教會辦學這種模式才有了生機。

〔註102〕〔英〕施美夫：《五口通商城市遊記》，北京：北京圖書館出版社 2001 年，第 374～380 頁。

〔註103〕〔日〕森田岡太郎：《美行日記》第六，1860 年 9 月 12 日，陳湛頤《日本人與香港——十九世紀見聞錄》，香港：香港教育圖書公司 1995 年，第 87 頁。

〔註104〕Anthony Sweeting：Education in Hong Kong pre-1841 to 1941：Fact and opinion.，Hong Kong：Hong Kong university Press，1990，page 192.

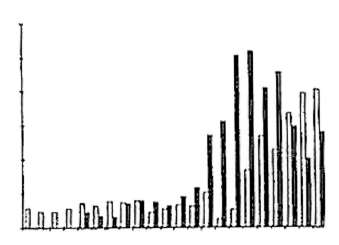

4、官立學校

在早期教會學校的相繼關門後，曾經創辦過英華書院的理雅各意識到中國的儒家文化不會輕易被基督教文化取代，因此在十九世紀 50 年代，他主張官辦教育應放棄傳教目的，以訓練香港所需的實用人才為主。1861 年，政府接受理雅各建議，設立中央書院。兼授中英文課程，由政府直接管轄。這是香港政府參與教育事務的第一步。中央書院不但是政府辦理的第一所中學，他的早期發展與演變，還為香港的培養通曉英語的精英這一教育政策奠定了方向。

創辦於 1887 年的香港西醫書院（Hong Kong College of Medicine for Chinese），便是早期中西文化在港島交融會通的結晶與典範。該書院不僅是香港高等教育事業的肇始，亦是中國近代醫學高等教育的發端，在中國高等教育近代化的進程中具有重要的歷史意義。

香港西醫書院的創立和倫敦傳道會及會友何啓有密切關係。何啓是香港倫敦傳教會何福堂牧師之子，畢業於中央書院，留學英國，獲取醫學和法律學位，娶英人雅麗氏為妻。回港後，何啓深受港府重視，成為本港華人領袖。1887 年其妻雅麗氏因病去世，何啓為紀念亡妻，捐資興建雅麗氏紀念醫院，醫院設在荷里活道，並交由倫敦傳道會管理。該院針對華人提供西醫治療，開辦後反應良好。何啓與醫院的志願醫生都感覺有必要在香港開辦醫學院，為香港培訓華人西醫醫護人員。這個想法和建議得到了港督德輔的支持，本地中外紳商熱心捐資，稍後更獲得直隸總督李鴻章的支持，並成為榮譽讚助人。1887 年十月，香港西醫書院成立，雅麗氏紀念醫院成為該院的教學和實習醫院。〔註105〕

〔註105〕劉蜀永：《香港的歷史》，北京：新華出版社 1997 年，第 108 頁。

香港西醫書院的體制和英國的大學相似，首任校長是前中央書院的校長史釗活，何啓任名譽秘書。教師則是當時著名醫生或是私人執業醫生，或者來自軍醫監或是雅麗氏紀念醫院。學制是五年制，課程編制與內容同英國醫學院相同。〔註 106〕

作爲香港高等教育史的開端，香港西醫書院自 1887 年開辦至 1913 年結束，併入香港大學成爲香港大學醫學院。前後入學 128 人，畢業者爲 50 人。孫中山成爲第一屆畢業生。〔註 107〕

至於香港的第一所綜合性大學香港大學則建立於 1911 年。在香港設立一所高等學府的建議早在 1880 年就有港督軒尼詩提出了，但當時的教育委員會認爲香港需要的是商業人才，沒有建立大學的必要。二十世紀初，港督盧押（Luard Road）再次提出在香港建立大學，動機是在中國訓練人才，將來爲中英關係及英國在中國的活動服務。這一次獲得了政府的認同。香港大學的建立得到多方面的支持，尤以香港的華人領袖及其他各國商人、商號最爲積極。政府的大力資助開始於 1920 年，當時香港大學從募捐得來的錢已經嚴重不足，政府首年一次性注入基金一百萬元，之後每年遞增，到了 1929 年，政府補助津貼達到三十五萬元。〔註 108〕

香港大學是一所英式大學，大部分教員來自英國或英屬殖民地。學生的來源除香港本地外，還有新加坡、馬六甲、廣州和其他中國沿海商埠。香港大學在日占前一直是英國在遠東的唯一一所大學。

香港的官立學校是近代香港辦學的主要構成。由於政府的「精英英語」的辦學理念以及來自官方的財力支持，官辦學校的辦學模式比較接近成熟的西方教育而且在教學設施和師資方面比較完善和優秀。這類學校一直是近代香港社會上層人士的求學選擇。

5、新式中文學校（1920～1941）

在英語及精英教育政策的指導下，香港政府對香港的中文教育發展所採

〔註 106〕王賡武：《香港史新編》（下卷），香港：三聯書店有限公司 1997 年，第 448 ～449 頁。

〔註 107〕陳才俊：《香港西醫書院的創辦及其歷史意義》，載於《高等教育研究》2005 年第 8 期。

〔註 108〕王賡武：《香港史新編》（下卷），香港：三聯書店有限公司 1997 年，第 445 頁。

取的態度是不夠積極的。在二十世紀二十年代初，對於一些教會或團體所辦的中文學校只是給以小額資助，對新界的部分鄉村學校給以極少的津貼，以及依法巡視在教育署登記的私立學校。

在這一時期內，由於國內動亂，來港移民數量劇增，基於國內新文化運動和五四運動對中文學習的影響，以及 1922 年香港海員罷工和 1925 年的省港大罷工帶來的反英情緒，香港政府不得不對中文教育的發展採取一些比較積極的態度和措施。

香港政府開辦中文學校始於 1920 年的官立漢文男子師範學校，目的是培養可以信任的中文老師，以免一些從內地來的有政治傾向的教師在課堂上進行政治宣傳，不利於政府的統治。1921 年，政府開辦了官立漢文女子師範學校，1925 年增設大埔官立師範學校。以國學為基礎的三所官立漢文師範學校培訓出來的學生，至 1941 年已經達到三百多名〔註109〕。

1925 年至 1926 年間，政府開辦了第一間官立漢文中學。這所中學是在當時的港督金文泰和華人領袖紳商等共同的號召和合作下創立的。

1926 年港督金文泰及教育司活雅倫（Wood，A.E.）提出有關在港大設立中文系的建議。籌辦中文系的經費部分來自香港商紳的捐贈，但大部分來自港大校長康寧與賴際熙前往南洋各地募捐而來。1927 年，香港大學正式成立中文學系。其學科內容以一般的中文詞錄和經史的研習為主，輔之以翻譯及為外國人學習的中國語言科。中文系的建立在香港掀起了一股推廣中國文化之風。香港大學中文系先後彙集了多名名師，前期有賴際熙、區大典、朱汝珍等，後期則有許地山、陳寅恪等。

香港大學中文系的建立開始提供了以研讀中文為志的學生在香港升讀大學的機會。對高等教育的發展而言，中文系開拓了實現中西方文化交流理想的一個新的途徑。

在開辦學校的同時，香港政府在這一時期還在立法及相關規定和條例中做了相應的調整，以顯示出政府對中文教育的關注。比如 1922 年在教育咨詢委員會設立中文教育小組；1929 年香港政府任命中文課程委員會，定制中文課程標準；1932 年至 1933 年間，政府增訂教育法案，著重加強對中文學校的

〔註109〕王賡武：《香港史新編》（下卷），香港：三聯書店有限公司 1997 年，第 447～449 頁。

管理。政府對給予中文學校的津貼與補助在最高峰曾達到政府公共教育總支
出 10%，後來維持在 6%～7%。〔註 110〕

　　這一階段的香港政府對中文教育的關注，並非根本的改善了當時香港的
中文教育的教育水準和素質，只是爲了緩和由於一些政治事件帶來的強烈的
反英情緒以及開始施行對由私人辦理的中文教育的監視和管制。政府的重視
英文及精英教育的政策始終沒有改變。

　　在 1920 年代以來，由於來港人口增加，香港人口數量由 62 萬增加到 1931
年的 85 萬，學生人數由 3.5 萬增加到 6.5 萬左右，其中中文學校的學生由 1.8
萬增加到 4.8 萬左右。在 1931 年至戰前，就讀中文學校的學生約 8.3 萬，比
十年前又增加了一倍，占當時香港學生總數的四分之三〔註 111〕。這麼多的學
生單靠政府開辦的幾所中文學校顯然是不夠的。在中文教育中，主要的教育
資源還是有私人提供的教育設施或開辦的學校。這其中的小學教育階段，我
們之前提到的塾館教育繼續起著重要的作用。此外就是義學在平民教育中佔
有相當重要的地位。義學中以東華醫院所辦的歷史最爲悠久。據 1935 年的一
個統計，由慈善團體或私人所辦完全公開招生的義學共三十四所，學生約 3000
人〔註 112〕。

　　由於新文化運動在國內的興起對香港的影響，來港移民的增加，以及受
到香港政府開辦官立師範學校和中學的鼓勵，私立中學直到二十世紀二三十
年代才開始蓬勃發展。據 1939 年的一項調查〔註 113〕，全港當時有 211 所私立
中學。其中較爲著名的可以大概分爲以下四種：一、早期塾館轉變新式中學。
這些中學一多由國學名家執教，以舊學素質高著稱。其中著名的有孔教中學、
湘父中學女校等。二、本地知名人士創辦或與海歸人士合辦。這些學校以新
學制、新學科爲宗旨。教員大多是歐美大學畢業生。其中著名的有仿林中學、
崇蘭中學、西南書院等。三、1930 年代避居香港的教育界人士開辦，如華僑
中學、知行中學等。所用課本一般是中華書局或商務印書館所編，學校的主

〔註 110〕王賡武：《香港史新編》（下卷），香港：三聯書店有限公司 1997 年，第 448
　　　　～449 頁。
〔註 111〕王賡武：《香港史新編》（下卷），香港：三聯書店有限公司 1997 年，第 455
　　　　～457 頁。
〔註 112〕王賡武：《香港史新編》（下卷），香港：三聯書店有限公司 1997 年，第 457 頁。
〔註 113〕該項調查爲香港中華時報及香港華僑教育會主辦，搜集所得資料，由趙世銘
　　　　主編出版《港澳學校概覽》，香港：香港中華時報社，1939 年。

持人辦學經驗豐富。四、抗戰爆發後，國內一些著名而且歷史悠久的中學來港開設分校或全校遷港。這些學校有培正、培英、眞光等。

官辦學校有政府政策和經濟的支撐，加上辦學理念的先進，課程設置的相對科學和全面，師資的豐富等，這些條件都吸引了移民中的一批有識學子。尤其是十九世紀 70 年代以後來港的華籍移民的身份和社會地位已經改變，不再主要是社會最底層的民眾，而是有文化或是有財力的移民人數增加，這樣無論在思想上還是經濟上都會向更容易接受官辦學校的理念，因而生源的增加使得這樣的學校煥發生機。

從以上的分析可以看出，近代百年間來到香港的移民在香港教育的發展上做出了不可磨滅的貢獻。在這一批批移民中，有些是教育政策的制定者和建議者，有些是爲傳播文化發展、致力於香港教育的知名人士，更多的人則是香港教育的參與者。由於香港的政治環境比較寬鬆，各種階層都可以來到香港各展所長；同時由於移民的來源地不同、種族不同、信仰不同導致的受教育需求的差異也造就了近代香港辦學的靈活性，使近代香港的的教育發展呈現出多樣化的局面。同一時期裏，既有最新式的，也有最古老的教育形式。我們不能忽視近代香港政府的文化政策對其發展教育的作用，但是更爲關鍵的是移民對近代香港教育發展的巨大推動力。

第四節　近代香港外來移民與香港地名

地名是一種文化現象，是人們在社會中給地理實體、行政區域或居民點所起的名稱。它眞實地反映了族群的地理、歷史、語言文化，同時也反映出族群的心態和風俗等。在語言的發展中，地名的變化相對較慢，它的頑強的延續性和穩定性較好地保存了文化史的某些本來面目。

在香港歷史發展進程中，移民是帶動社會發展的主要因素。移民一方面造成文化傳播，另一方面又使不同地域的文化相互交流，產生新的文化。這些變化情況從香港流傳下來的地名可以反映出來。因此地名和移民的關係是非常緊密的。以下我們將就三個方面探討近代香港的外來移民與香港地名的關係。

一、地名反映移民活動的迹象

在英國殖民主義者到來之前，香港島和九龍半島及新界的人口數量並不

多，而且分佈不夠均勻。香港島上只有一些漁村和幾個務農的小村莊，九龍半島和新界也是散佈著以務農為主的村莊。離海岸線比較近的地方，有些小漁村。由於居民數量不多，村與村之間由於交通的不便利。如果距離稍遠，幾乎是老死不相往來的。加之香港島的地形陡峭，以山地為主，因此很多地方沒什麼人涉足，也就沒有人為一些地址命名。這就是為什麼在早期描繪香港的地圖中，地名的指示是比較單一的。如在1819年的《新安縣志》中的香港地圖只是用「紅香爐」一詞標明了香港島的位置。在其他的一些更早期的官私文獻中，香港並不是香港島的總稱，只是和黃泥湧、筲箕灣、赤柱、大潭等不足十個村莊的名字並列的出現的〔註114〕，在英國接管香港島後，據1841年5月15日的《香港轅門報》（Hong Kong Government Gazette）所載香港島在開埠伊始時的人口分佈情況，島上除去已無人居住的廢村，共有16條村，其中包括了「紅香爐」，有居民 50 名，是一條小村，論人口，它的排名如下（村莊名稱後面括號內為該村人數）：赤柱（2,000），筲箕灣（1,200）、黃泥湧（300）、香港村（200）、亞公岩（200）、石澳（150）、土地灣（60），紅香爐（50），群大路（50），掃杆甫（10）、西灣（30）、石塘咀（25）〔註115〕。由此可見，人口的多少和地名的數量也是有關係的。

地名是由人來命名的，因此地名和人就有著不可分割的關係。早期香港有些地名也體現了一些來此的移民活動過的痕跡。比如扯旗山，西營盤等地名就是嘉慶年間，在香港地區稱霸一時的海盜張保仔在香港島留下的。扯旗山，以前名為「香爐峰」，是港島的最高峰。嘉慶十一至十五年間（1806～1810年），張保仔佔據香港島，在太平山下設東西營盤，並利用最高峰做瞭望臺，看到海上有商船經過，就用旗號通知山下營寨，出動船隻攔截，「扯旗山「的名字因此得來〔註116〕。「西營盤」是當時海盜駐紮在山下的營寨，至於「東營盤」應該座落於北角和筲箕灣附近的七姐妹道附近，現遺迹不可考。

香港開埠後，英國殖民者的到來改變了香港島在中國歷史上一貫的只是一個有軍事作用的島嶼的角色。英國人看中的是它的有利的地理位置帶來的

〔註114〕萬曆年間（1573～1620）郭棐編撰的《粵大記》所附海圖，標示了港島上七條村的名字，其中包括香港、筲箕灣、赤柱、大潭、黃泥湧等，說明了在明代，港島上已有多條村落，後在遷界事件中，這些村莊受到很大的影響。

〔註115〕Hong Kong Government Gazette，1841 年 5 月 15 日。

〔註116〕扯旗山 http://baike.baidu.com/view/2373597.htm。

經濟效益。英國政府授意香港政府把香港建設成為一個轉口貿易港。在此宗旨下，香港政府開始開山填海，大興土木建設，力求將小島變成一座西方的都市。在這個建設過程中，大批的移民參與其中，島嶼本來的面貌大加改變。在將村莊和荒野逐步演變為城市的過程中，港島的地貌也有了改變。填海增加了平地面積；前來香港避難或投身建設的移民不斷增加，形成遍佈各處的聚居點；交錯縱橫的道路把這些聚居點之間以及它們和港口之間連接起來。這些新的移民聚集點或是道路需要被命名才能便於民眾之間的溝通，這也就直接導致了香港地名的增加。

香港有不少地名是開埠後來港移民留下的烙印。比如「石塘咀」的地名的由來，和移民的遷入就是密切相關的。在香港開埠之初，島上開山劈石，大興土木建設，需要大批的採石工。來自五華等地的採石工，取道沙頭角如九龍官富場，渡海到港島。他們選中了島西一帶地近海邊便於運輸，同時用途多又易採鑿的花崗岩岩石，合力採石為生，很快就把那裏開成一個下陷的大師塘。石塘向海一端較為窄而尖，從高處看有如鳥嘴，被稱為「石塘咀」。石匠們在此建村來安頓親屬定居，小村取名石塘咀村。後來該地歷經變遷，但是「石塘咀」的名稱還保留至今。〔註117〕

還有一些村莊的名字也反映出移民活動的痕迹。比如新界屯門的一個村莊叫「礦山村」。該村位於屯門西北，與小坑村為鄰。礦山村原名是「山雞笏」。〔註118〕後來山上礦業發展日盛，礦工於是開村就地居住，是屯門少有的一個以同一職業聚眾而成的鄉村。後來礦場停業，大部分礦工遷往其他地方，僅餘十數戶人家居留此地。但是村莊的名字並沒有更改，從村名我們可以看到之前的礦工們曾經在這裏勞作過。

從以上歷史記載，我們可以看出近代香港的一些地名承載了外來移民活動的記憶。

二、用人名命名地名

香港開埠後，到處開山修路，要給這些新開發的地方命名，因此增加了很多地名。其中很多地名是用人名來命名的。當然其用意是為了紀念某個人。一般來講，這些名字被借來命名地名的人，不是名人，就是富商。

〔註117〕http://zh.wikipedia.org/wiki/石塘咀
〔註118〕劉智鵬：《屯門風物志》，香港：屯門區議會 2003 年，第 96 頁。

　　比如香港仔的英文名 Aberdeen 就可能與一位英國外相有關。往昔英國
於取得新殖民地時，盛行以聲名顯赫的政界要人的名字。據說當時英國取
得香港時，英國外相鴨巴甸勳爵的名字便被選爲香港的英文名稱。後來怎
麼又變成了香港仔的英文名？這是因爲香港仔原名香港，自明朝嘉靖年
間，這個小港灣便以轉運東莞運來的香木而馳名，並以此得名。香港開埠
前後，英國商人和海軍在港島南部登陸，再請當地的蜑民帶他們前往港島
北部的中、上環一帶。據說他們把香港村的名字，誤以爲是全島的名字。
故香港的英語譯音是 Hong Kong，是依蜑民所說的口音拼成的。後來，英
國人發現了這個錯誤，但又不便把島名更改，便把香港村一帶改稱爲香港
仔。鴨巴甸勳爵的名字 Aberdeen 也就「委屈」的從整個港島變成了一個村
莊的名字了。〔註 119〕

　　又如赤柱的英文名稱爲 Stanley，相傳是爲了紀念英國海軍將領 Stanley 率
兵在此登陸，戰勝盤踞附近一帶的著名海盜張保仔的一段事迹。〔註 120〕

　　以上兩例是英文地名用人名命名，香港還有一些英文名轉變爲中文名的
地名。比如卜公花園和卜公碼頭。這兩處地名都是爲了紀念當時的香港總督
卜力（Henry Arthur Blake）。卜公花園的原址本是上環太平街一處華人的聚居
處，有記載稱「一八九四年（光緒二十年甲午）香港鼠疫流行，上環太平山
街死人無算。香港政府盡收回該處民房，縱火焚燒，以絕疫源。事後將其地
建爲公園。由於港人紀念卜力，因名爲『卜公園』。」〔註 121〕卜公碼頭也是在
卜力在職期間，在這位總督的努力和敦促下建成的，因此得名。香港以人名
命名地名很常見，但是以一個人的名字命名兩個地名就不常見了，卜力算是
其中一位，可見他對香港做的實事還是得到了人們的認可。

　　在香港的開發建設中，出現最多的還是新道路，這些道路很多都是用人
名來命名的。早期的道路不少是用殖民統治者總督的名字命名的，如羅便臣
道、爹核里、軒尼詩道等；有以對開發香港有功人士命名的、以軍政要人命
名的，如必列者士街、卑路乍街；有以對成立香港大學有很大貢獻的印度籍
商人麼地爲名的麼地道，還有以立法局議員商人何東命名的何東道等。街道
命名是除了勳章或爵位以外一種廉價的政治酬謝手段。此外有更多的香港街

〔註 119〕梁炳華：《南區風物志》，香港：南區區議會 2009 年，第 19 頁。
〔註 120〕梁炳華：《南區風物志》，香港：南區區議會 2009 年，第 27 頁。
〔註 121〕陳謙：《香港舊事見聞錄》，香港：中原出版社 1987 年，第 10 頁。

道是由地產開發商命名的，如立法局議員地產商人羅旭和自己命名的旭和道，李升的李升街等。

用人名命名地名或路名是香港地名的一種主要構成方式。這種方式使得香港這塊土地像是一個筆記本，把近代在香港有過功勳的外來移民一一記錄下來。

三、與移民文化相關的地名

香港的移民種類繁多，各種族移民的聚居地的地名或者街道名都顯示出該民族的文化特點。比如顯示出英國文化的一些地名：牛津道、蘭開下道、哥和老街等；還有體現華人喜歡吉祥概念的一些街道名：康泰徑、賢美里、九如坊、昭隆街、景福街、興業街等。有時，為了照顧語義，還對其中的地名用字作了更改，如得忌笠街現在改成德己立街；詩哥舞街本來在英語裏是無花果街的意思，但是中國人講究百子千孫，「無花無果」似不吉利，所以改成了音譯名稱。

另外從語言層面上，我們很容易就可以看出香港的地名主要是分為英文命名和中文命名兩類，這也體現出曾在這裏活動的主要移民類別：作為官方的英國人和作為主要民眾的華人。比如香港所有街道名稱都分為先以英語和先以漢語命名兩類。由於街道名稱和其他專有名詞都要同時採用兩種文字，所以先用哪種文字命名應該可以看出哪方的影響較先，或者說在當時哪方的影響較大。開埠後新修街道的命名一般是以英文先命名的，之後中國移民根據自己的文化給這些路名以中文名稱。大部分原有地名還是保留了中文名，但是英國人在其文獻資料中對這些中文地名分別做了意譯、音譯或重新命名。用英文將原來的中文地名意譯的有將青衣島譯為 Green Coat Island，淺水灣譯成 Shallow Water Bay 等；直接把中文進行英文音譯的地名有尖沙咀譯為 Tsim Sha Tsui 等；用英文重新命名的比如香港仔為 Aberdeen，大嶼山為 Lantau Island，青山灣為 Castle Peak Bay，大鵬灣為 Mirs Bay，後海灣為 Deep Bay，赤柱為 Stanley，銅鑼灣為 Causeway Bay 等。

總之，香港地名和中國內地城市的地名相比，不好記憶，源於香港的殖民統治下重視英語教育，雙語地名的存在，使得一條街道有中英文兩個名字（完全不同意義），或者中英文是互相音譯的。這也顯示出，香港是一個中西文化融合的地方。

　　香港在 1841 年開埠以後，英國政府將一個小島逐步開發成一個都市，直至後來將九龍和新界納入版圖。在城市發展的同時也伴隨著大量新地名的出現。城市是外來移民建設的，因此這些地名和移民的活動有著密切的關係。這種密切關係主要體現在地名反映出移民活動的痕迹，記載了一些個人的貢獻，體現出不同移民群體的文化特質。地名就像是一部老舊的照相機，把近代香港的外來移民建設香港的許多片段一一真實地保留下來。

小　結

　　近代香港的外來移民在為香港的經濟發展做出巨大貢獻的同時，也共同塑造了這座城市的特有的文化。

　　由於近代香港的城市人口的大部分是由外來移民構成的，因此外來移民的多樣性造就了香港城市文化的多元性。本章主要從城市的語言文化、宗教文化、教育發展、以及城市地名四個方面來探討近代香港外來移民與香港城市文化發展的關係。

　　近代香港的外來移民的地緣構成複雜，導致各族群的語言不相同。在香港開埠後，先後在這個城市出現的語言不下幾十種。這幾十種語言在近代香港的社會使用中經過競爭，粵語和英語成為近代香港的城市主流語言，其他的語種或方言則只在各族群內部或家庭中使用。近代香港的外來移民之間需要交流，語言的不同導致了多種產物的誕生。

　　首先是混合語的出現。近代香港是一個以商貿為重心的城市。不同的人來到這裏進行貿易就必然需要語言的溝通。於是在港口等貿易頻繁的地段，一些中西混合語就出現了，像廣州英語、廣州馬來語等等。儘管這種語言只是曇花一現，很快就在香港政府的「精英教育」政策下，被越來越多的雙語專業者的出現所排擠了，但是它終究是近代香港語言史上的一筆。

　　其次，香港城市語言的多樣化促成翻譯職業的誕生。由於商人來此交易，必要聘請翻譯，因此翻譯人才非常緊缺和搶手，一時間在近代香港華人中學習英語成為一種熱潮。同時還有一些西方的傳道士為了傳教，也努力學習中文。為了中西方外來移民的溝通的有效性，雙方族群通過互相學習，出現一批精通漢英雙語的人才，成為近代香港政治界和經濟界不可缺少的一分子。

　　第三，近代香港的城市語言的多元化豐富了香港報的報紙印刷業。近代期間，香港先後有英文報紙、中文報紙、日文報紙、葡文報紙等多語種的報紙創刊並發行，大大豐富了各族群移民的社會生活。最後，近代香港的城市語言多元化促成語言詞典類的出版物開始流行。香港的城市語言的多樣性激發了平民百姓學習語言的熱情，近代期間，香港市面上出現了不少中外人士編寫的漢英互譯詞典、語法書籍、以及一些簡單的口語速成手冊等。這些出版物於當時是非常實用的，於今則成爲近代香港語言研究的珍貴史料。

　　近代香港外來移民的每一個族群都把各自的信仰帶來這裏，並繼續保持。因而近代香港的宗教也是形形色色，紛繁多樣的。這些宗教裏既有古典的東方佛教、道教、孔教，也有世界性的天主教和基督教，還有一些民族性的猶太教、伊斯蘭教等。除了系統的宗教類別，近代香港還有更多的中式的民間信仰。宗教在香港各占一席之地，各自發展，互不衝突。但是由於移民的雜居性，各種信仰之間也產生了合作與融合。這使近代香港的宗教界呈現更加多元的特色。外來移民的聚居分佈直接影響到宗教建築的分佈。因此本章還從宗教建築的分佈考察移民分佈的疏密情況。

　　近代香港的城市教育的發展和傳統中國的城市教育不同，和典型英國城市的教育發展也不一樣。在中西方的文化在近代香港發生碰撞時，教育的形式和發展沒有完全偏向哪一方，而是在適應香港外來移民的需求的歷史過程中形成了自己的特色。近代香港辦學多樣化，有傳統私塾、教會辦學、官方辦學等。在學習中國傳統文化的同時，華人學生能夠比較早接觸西方自然科學，拓寬了眼界。比起中國內陸的一些城市，近代香港的文化教育是走在時代前列的。

　　每個城市中都有著數不清的地名。地名作爲城市文化的一部分，體現出在這個城市中曾經出現的人的活動歷史。香港在開埠時，地圖上顯示的地名只是寥寥幾個。近代期間，香港地區的地名的增多不是偶然的，也不是政府的行爲，而是不斷流入的移民的結果。近代香港，尤其是香港島和九龍半島的人口是開埠後才迅速增加的，因此產生的很多新地名都是和移民的活動相關的。本章中主要從反映移民活動的地名、用人名命名的地名和體現移民文化的地名三方面討論了近代香港地名和移民的密切關係。

　　綜上所述，近代香港的外來移民的活動滲透在香港城市的社會文化發展中的每一個階段，在香港的城市文化變遷中發揮著重要的歷史作用。

結語　近代香港外來移民的歷史作用與發展趨勢

　　縱觀香港由開埠至日占時期，一百年期間，香港地區的土地由港島擴大到港島、九龍半島和新界，人口由最初的幾千人增加到上百萬，這種非自然的人口增長是由外來移民的不斷湧入帶來的結果，可以說香港的發展就是外來移民共同建造的。在前文已經闡述了移民的結構、移民對城市建設和城市文化的作用與影響後，這裏我們來做一總結，使香港近代的外來移民的特點和歷史作用更加明晰。

一、近代香港外來移民的特點

　　如果把整個近代期間來到香港的外來移民看成一個整體，我們可以得出這個城市的外來移民的以下特點：

第一，近代香港的外來移民的族群多元性

　　近代來到香港的外來移民總的來說分爲華籍移民和外籍移民。華籍移民中又分爲廣府、客家、福佬和疍民四大族群；而外籍族群中則更加豐富，主要有英國人、印度人、葡萄牙人、日本人、法國人等等。各種族群的人來到香港帶來了各自的語言、宗教等文化習俗。這些文化元素既彼此獨立，又相互交滙，因此使得近代香港的社會文化也呈現多樣化的特點。

第二，近代香港外來移民的移民動因複雜性

　　根據葛劍雄的《中國移民史》中提出的移民類型的劃分〔註1〕，我們可以

―――――――――――――――

〔註1〕 葛劍雄：《中國移民史》（卷一），福州：福建人民出版社1997年，第49～53頁。

將近代香港外來移民的移民動因分爲遷出地的推力、遷入地的拉力和政府的強制力三種。在近代時期的不同階段，湧入香港的外來移民的移民動因也不相同。

受遷出地推力而來到香港的移民主要是指來自於中國內地的華籍移民。對於這些移民來講，遷出地的推力主要就是中國內地不同階段發生的社會動亂、社會變革或大規模的戰爭。十九世紀五十年代，中國的太平天國運動波及到臨近香港的廣東、廣西兩省，以及同時期的廣東省內的紅兵起義和土客械鬥使得很多當地的華人不堪其擾，客走他鄉，其中不少人就來到了香港。二十世紀初的義和團運動使內地很多基督教徒爲免收迫害，來到香港；1911 年的辛亥革命更是推翻中國幾千年的封建帝制，社會制度的巨大變革是讓很多清朝的官吏階層無法適應，最終逃避來到香港這塊不受中國管轄的地域。二十世紀三十年代開始的抗日戰爭更是把全國的難民紛紛推向香港。香港的人口在 1941 年日本佔領香港前以令人難以置信的速度增長。歷史表明，中國內地發生的每一次重大的社會動亂都是近代香港外來移民的推動力。這也說明香港雖然被英國割占，但是它和祖國的命運是始終息息相關的。

近代期間香港外來移民因受到遷入地拉力而來的主要是指各國的商人，早期來港的華人勞工等。香港在開埠初期被定爲自由貿易港，這裏的優惠的政策和巨大的商機從始至終都吸引著各國的商人來此進行貿易往來。在開埠初期，香港的城市建設剛剛起步，需要大量的勞工。豐富的就業機會和薪金吸引了很多華人勞工來到這裏開山闢路、修建房屋。

來到香港的政府強制性移民主要是在清代「復界」時，被清政府招墾來的華人。在近代期間，香港的政府強制性移民應該說是駐紮在這裏的軍隊了。這種動因導致的移民在香港只是少數。

總之，在近代百年期間，來到香港的外來移民都是受著移出地推動和移入地的吸引兩方面的作用，才選擇離開家鄉，來到香港生活的。他們是因不同的原因來到了同一個目地的。

第三，近代香港外來移民的階層多樣性

近代期間，香港的外來移民來自於各個階層，他們在近代香港的城市建設中發揮著不同的作用。

近代香港外來移民主要分爲商人、平民和知識分子三個階層。

香港的商人階層當然包括大財團、大公司的老闆，也包含一些小商鋪，小企業的主人。他們來自於各個國家，在香港投入大筆資金，促進了近代香港的經濟和貿易發展。

近代香港的平民階層包含一般的工薪家庭，也包含有社會底層的勞工、僕人、娼妓等。其中勞工主要來自中國內地，為早期香港的城市建設提供了豐富的勞動力資源。

二十世紀，知識分子才開始大批來到香港。他們或是辛亥革命後來港的滿清遺老、飽讀詩書的名宿，或是抗戰爆發後遷港的高校的教授和學生。這一層次的移民在近代香港的中文教育的發展中發揮了重要的作用。

第四，近代香港外來移民之間的對立統一性

近代香港外來移民之間的關係是比較複雜的。

一方面，近代香港是英國的殖民地，但是城市人口主要由華人組成。因此在統治者外籍族群，尤其是英國族群，和被統治者華人族群之間是時刻存在著矛盾的。正是這些矛盾導致了近代香港的華人為反對統治者，為自己爭取權益的罷工運動等。這些都體現出近代香港外來移民之間存在對立性。

另一方面，總體來看近代香港外來移民，我們會發現這個移民群體的一個共同特點是新移民不斷湧入，但是新老移民之間沒有大的衝突，大家和平共處，各自在香港的城市發展中做出貢獻。

香港在開埠之初迎接的是外國的傳教士與商人、中國的勞工；十九世紀五十年代湧入的是為了躲避中國國內動亂的避難百姓和一些富商以及更多的外國商人；隨後是中國的大社會動盪使得很多落魄的官吏和商人流入香港。

由此我們看出，近代香港的移民地緣構成多樣化，來自於五湖四海。語言不通，文化不同，生活習俗不同，宗教信仰迴異……，這些差異沒有使不同階層的外來移民相互摩擦，發生矛盾，反而是處於一種相互合作的狀態，結果是創造了香港特有的一種交融文化。這一點又體現出近代香港外來移民的統一性。

因此我們說近代香港外來移民之間的關係是對立與統一併存的。

二、近代香港外來移民的歷史作用

我們從前文的分析可以看出，近代香港移民的規律是一旦香港的殖民者

英國有新的政策或命令，或是和香港毗鄰的中國大陸發生大的社會動亂和社會動蕩，就會有移民撤出或者是湧入香港。不同時期來到香港的移民對香港的建設也是起到了不同的歷史作用。

在香港前代的外來移民主要是清初復界是為了生產，由清政府招募來香港地區墾荒的農民。這一批移民在香港這塊土地上開墾出一塊塊良田，改變了復界前香港的荒蕪的面貌。同時也把這塊土地上之前的只靠零星幾處有漁民靠打魚為生的生產結構改變為農業和漁業相結合的生產結構，這對香港地區的發展應該說是一個很大的進步。

香港開埠後，在十九世紀中後期來到香港的移民，可以說是香港作為一個城市的開創者。由於政策和商機的吸引，海外的商人和中國的勞工作為第一批香港的外來移民來到香港島。這批人根據香港政府的城市發展規劃，在城市中心及周邊擇地聚居。移民的生活需求、溝通的需要以及來港經商目的使得香港的交通建設迫在眉睫。外來技術人員的技術支持、商人的投資以及源源不斷的從內地來的勞動力，這些方面的結合使香港的交通短期內得到了迅速的發展。早期到港的工程師、技術人員和中國的勞工在香港島這塊崎嶇不平的土地上蓋起了樓房、修建了基本的道路；早期來到的商人對這裏的投資使得香港的港口設施開始出現雛形，碼頭、船塢一一建立，這就是港口具備了對遠洋輪船的接納能力，使得貿易船隻可以停靠。水路交通和陸地交通系統的初步呈現，使得物資的溝通更加便利，於是外來移民的聚居點成為商品的消耗的中心，這也就形成了城市的商業中心。早期的香港的商業中心主要是港島的維多利亞城，即現在的中環一帶。這些移民的貢獻為香港作為一個自由貿易港打下了堅實的基礎。

二十世紀上半葉來到香港的移民，一部分是外國商人，一部分是中國的難民。前者看到香港的發展和成熟的商機，前來香港經商和投資；後者中很大一部分是清朝的達官貴人和富商。這一時期的中國移民對香港的經濟更是加大了投資的力度，為香港的發展注入了比以往更多的資金。結果就是香港的商業區由原來的中環一帶，向港島的西部發展，至上環石塘咀一帶；九龍半島的尖沙咀、油麻地、旺角等地都成了商貿繁榮的地域。整個香港地區的道路建設更加成熟和科學，甚至出現了鐵路。航運當面，港口的設施更加完善，港口對船隻的吞吐量大大增加。這一時期的移民的主要作用是進一步加強香港的經濟實力。

　　外來移民除了對香港的經濟發展起到了推動作用外，還在香港的城市文化塑造中起到了非常重要的作用。

　　首先近代香港的外來移民對香港的教育發展功不可沒。不斷增加的移民帶來的受教育需求促成了近代香港的開辦學校的可能。移民的多樣化使得香港的學校種類繁多，最初香港的學校是中國傳統私塾和傳教士辦的教會學校，之後是官辦學校，這其中有傳統的中文學校，也有完全的西式英文學校，還有中英教育體制結合辦學模式。最終是移民的教育需求決定了何種辦學模式的長久性和持續性。

　　其次近代香港外來移民來到香港時，不論貧富，都帶來了各自文化中的宗教信仰。他們在香港這塊土地上興建教堂、廟宇，拜謁自己的神靈。香港宗教的多元化特點就此形成。雖然各個宗教信仰的信徒互不干涉，但是在各種移民在香港的生活期間，不可避免的要相互溝通。這種溝通也逐漸滲透到宗教信仰中。不同的宗教信仰開始有某些程度的融合。比如在新界一些地方，西方基督教的傳教士爲適應客家人，用客家話傳教，由此導致客家話和基督教用語先在語言層面上的融合，進而在宗教活動上也有中西文化方面的交融。在香港的一些中式廟宇中，一個廟宇裏不同殿裏安放的神像可能屬於不同的教派。

　　近代香港的外來移民對香港的語言文化的影響更是明顯。由於移民來自於五湖四海，香港的城市語言也就呈現以粵語和英語爲主的多元化的面貌。像宗教文化一樣，香港的語言也是由於移民的相互溝通的需要出現了一些混合語，這些混合語雖然有特定的使用場合（比如商業場合），而且存在的時間並不是很持久，但始終是近代香港語歷史中出現的片段。由於語言的多樣化帶來的一些文化產物，比如字典的流行、外文報紙的興辦等，這些都極大的豐富了近代香港的文化市場，促進了近代香港的城市文化的進步。

　　這裏我們還不得不提到一些在香港短暫停留後，又移出香港在海外生活和工作的那些移民。儘管他們不在香港，但是由於有家人和親戚在香港，因此和香港的關係是不可隔斷的。他們定期的從海外向香港的家中給予經濟方面的支持，這也間接的爲香港的發展做了貢獻。還有一些在海外學成歸港的有學之士，回港後把所學的知識用於香港的市政、文化和醫療發展上。這些都是不可忽略的歷史作用。

總之，近代香港的外來移民是香港城市發展的原動力，為近代香港的城市建設作出不可磨滅的貢獻。

三、香港外來移民的發展趨勢

從近代香港外來移民的特點和歷史作用我們可以看出，香港社會的社會關係和社會文化已近初步成型，香港是一個包容性很強的社會，可以接受和融合各種文化，只要外來移民務實努力，都可以在這裏找到自己的位置。因此香港在近代以後的外來移民的發展趨勢應該依然是多元化移民的湧入的。隨著香港的經濟實力的加強，它將吸引的是具有豐富資本的移民和技術型移民，這樣可以增加投資使得城市能繼續快速發展。還要提到的是，香港將來的外來移民還會有一支是海外移民的回流。香港經濟實力的增強帶來的投資吸引力，加之這些海外移民的歸鄉情結使得這些人願意攜帶積蓄回港投入城市建設。

總體說來，香港是一個由外來移民共同努力建造的城市，從近代開埠之初到現在的現代化大都市，它一直在腳步不停的發展，同時也在吸引更多的外來移民來到這個熔爐城市，為它添磚加瓦。

參考文獻

一、史　料

中文文獻

1. 〔明〕郭棐編：《粵大記》，北京：書目文獻出版社，1990 年。

2. 〔清〕蔡垚爔修，〔清〕譚鑣纂，《新會縣鄉土志》，清光緒三十四年（1908），鉛印本。

3. 〔清〕陳鏸勳著：《香港雜記》（外二種），廣州：暨南大學出版社，1996 年。

4. 〔清〕賴連三，《香港紀略（外二種）》，廣州：暨南大學出版社，1997 年。

5. 〔清〕彭君谷修，〔清〕鍾應元，〔清〕李星輝纂，《新會縣續志》，同治九年刻本。

6. 〔清〕鄭榮等修，〔清〕桂坫等纂，《續修南海縣志》，宣統二年刻本。

7. 〔清〕周之貞等修，周朝槐等纂，《順德縣續志》，民國十七年。

8. 〔宋〕王象之，《輿地紀勝》第六卷，成都：四川大學出版社，2005 年。

9. 〔唐〕房玄齡，《晉書》，北京：中華書局，1974 年。

10. 《錦田鄧氏族譜》，手抄影印本，香港大學圖書館藏，出版年代缺

11. 《鏡海叢報》，澳門：澳門基金會，上海：上海社會科學院出版社，2000 年。

12. 《清實錄》，北京：中華書局，1987 年。

13. 《申報》，上海：上海書店出版社，1983 年。

14. 《深圳舊志三種》，深圳：海天出版社 2006 年

15. 《香港新界金錢村侯氏族譜》，道光壬辰十二年（1832），香港大學圖書館藏。

16. 《香港與中國——歷史文獻資料彙編》，香港：廣角鏡出版社，1981 年。
17. 《星島日報》，1938 年。
18. 《知新報》，澳門：澳門基金會，上海：上海社會科學院出版社，1996 年。
19. 陳瀚笙主編：《華工出國史料》第四輯，北京：中華書局 1981 年版。
20. 陳謙：《香港舊事見聞錄》，香港：中原出版社，1987 年。
21. 廣東哲學社會科學研究所歷史研究室編：《省港大罷工資料》廣州：廣東人民出版社，1980 年。
22. 霍啓昌編著：《香港史教學參考資料》第一冊，香港：三聯書店香港有限公司，1995 年。
23. 盧少卿：《僑旅錦囊》，香港：廣發印務局，1917 年。
24. 陸鴻基等編：《香港碑銘錄編》（1～3），香港：香港市政局，1986 年。
25. 馬沅編：《香港法例彙編》，香港：華僑日報，1936 年。
26. 聶寶璋編：《中國近代航運史資料第一輯 1840－1895》（上、下冊），上海：上海人民出版社，1983 年。
27. 聶寶璋等編：《中國近代航運史資料第二輯 1895－1927》（上、下冊），北京：中國社會科學出版社，2002 年。
28. 王鐵崖編：《中外舊約章彙編》第一冊，北京：三聯書店，1957 年。
29. 蕭國健編：《香港華文碑刻集——新界編》，香港：顯朝書室，1993 年。
30. 姚賢鎬編：《中國近代外貿史資料 1840～1895》（1～3 輯），北京：中華書局，1962 年。
31. 政協廣州市文史資料研究委員會編：《廣州工商經濟史料》，廣東文史資料第 36 輯，廣州：政協廣州市文史資料研究委員會，1986 年。
32. 中國第一歷史檔案館編：《鴉片戰爭檔案史料》，天津：古籍出版社，1992 年。

翻譯文獻

1. 〔法〕August Borget 著，錢林森等譯：《奧古斯特・博爾熱的廣州散記》，上海：上海書店出版社，2006 年。
2. 〔美〕馬士著，張彙文等譯：《中華帝國對外關係史》，上海：上海書店出版社，2000 年。
3. 〔英〕施美夫：《五口通商城市遊記》，北京：北京圖書館出版社，2007 年。
4. 〔英〕亨利著，余靜嫻譯：《港督話神州》，北京：北京圖書館出版社，2006 年。
5. 陳寧生等譯：《香港和怡和洋行》，武漢：武漢大學出版社，1986 年。
6. 胡濱譯：《英國檔案有關鴉片戰爭資料選譯》，北京：中華書局，1993 年。

7. 莫世祥，虞和平，陳奕平編譯：《近代拱北海關報告彙編一又又七——一九四六》，澳門基金會，1998 年。

8. 廣東省文史研究館編譯：《鴉片戰爭史料選譯》，北京：中華書局，1983 年。

9. 廣州海關志編委會編譯：《近代廣州口岸社會經濟概況——粵海關報告彙集》，廣州：暨南大學出版社，1995 年。

英文文獻

1. Fortune，Robert：A Memoir of Mrs. Herietta Shuck：the First American Female Missionary to China，London：Murray，1952.

2. Historical and Statistical Abstract of the Colony of Hong Kong，1841～1930，3rd edition，Noronha & Co.，Government Printers，1932.

3. Hong Kong Government Gazette

4. Hong Kong Sessional Papers

5. J. P. Braga. O.B.E：Portuguese Pioneering：A hundred years of Hong Kong，Hong Kong Centnary Commemorative Talks，1941.

6. Mok Man Cheung：English Made Easy，Hong Kong，1904.

7. Norman，Francis Martin："Martello Tower" in China，and the Pacific in H. M. S.，London：G. Allen，1902.

8. Scherzer，Karl，Ritter von：Narrative of the circumnavigation of the globe by the Austrian frigate Novara，London：Saunders，Otley，and Co.，1862.

9. Tarrant，William：The Hongkong almanack and directory for 1846，Hong Kong：Office of the China Mail，1846.

10. The Hongkong Daily Press，24th July，1938.

11. Zhangxiping ed：Chinese Repository（1932.5～1851.12），Guilin：Guangxi Normal University，2008.

日文文獻

1.〔日〕大塚武松編：《遣外史節日記纂集》，日本史籍協會，1930 年

2.〔日〕教學參議部編纂：《幕末明治中國見聞錄集成》，第十四卷，人文科學書房，1997 年。

3.〔日〕井口醜二：《世界一周實記》，經濟雜誌社，1904 年。

4.〔日〕乃木希典：《乃木大將渡歐日誌》，載於《乃木希典全集》，國書刊行會 1995 年。

5.〔日〕坪谷善四郎：《南清遊記》，載《海外行腳》，東京：博文館，1911 年。

6.〔日〕石川達三：《最近南美事情》（6），中公文庫 1981 年。

7. 〔日〕松井茂：《東洋警察見聞錄》，警察協會出版社，1901 年。

8. 〔日〕佐佐木正哉：《鴉片戰爭の研究：資料篇》，東京：近代中國研究委員會，1964 年。

9. 日美修好通商百年百年紀念行事運營會編：《萬延元年遣美使節史料集成》，第一卷，風間書房，1961 年。

二、專著
中文著作

1. J.M.白樂賈：《香港與澳門》，香港：格拉費科出版社，1960 年。

2. 蔡格：《省港大罷工》，廣州：廣東人民出版社，1980 年。

3. 蔡榮芳：《香港人之香港史》，香港：牛津大學（中國）出版社，2001 年。

4. 陳荊淮：《香港潮商經濟發展略述》，載《潮商俊彥》，廣州：廣東人民出版社，1994 年。

5. 陳明錄編：《嶺南近代史論——廣東與粵港關係 1900～1938》，商務印書館 2010 年。

6. 陳偉明：《明清澳門與內地移民》，北京：中國華僑出版社，2002 年。

7. 陳昕，郭志坤主編：《香港全紀錄》（卷一，遠古～1959 年），香港：中華書局（香港）有限公司，1997 年。

8. 陳湛頤：《日本人訪港見聞錄（1898～1941)》，香港：三聯書店（香港）有限公司 2005 年。

9. 陳湛頤：《日本人與香港——十九世紀見聞錄》，香港：香港教育圖書公司，1995 年。

10. 陳湛頤等：《香港日本關係年表》，香港：香港教育圖書公司，2004 年

11. 陳國成主編：《粉嶺》，香港：三聯書店（香港）有限公司，2006 年。

12. 程超澤：《社會人口學》，臺北：五南圖書出版公司，1995 年。

13. 鄧開頌，陸曉敏編：《粵港澳近代關係史》，廣州：廣東人民出版社，1996 年。

14. 丁又著：《香港初期史話 1841～1907》，北京：三聯書店，1958 年。

15. 馮天瑜：《「千歲丸」上海行——日本人一八六二年的中國觀察》，北京：商務印書館，2001 年。

16. 馮志明：《元朗文物古迹概覽》，香港：元朗區議會，1996 年。

17. 葛劍雄主編：《中國移民史》（全六卷），福州：福建人民出版社，1997 年。

18. 郭少棠：《東區風物志》，香港：東區區議會，2003 年。

19. 郭永亮：《澳門香港之早期關係》，臺北：中央研究院近代史研究所 1990 年。

20. 何文翻：《香港家族史》，香港：明報出版社，1992 年。

21. 黃光域編：《外國在華工商企業辭典》，成都：四川人民出版社，1995 年。

22. 黃宇和：《兩次鴉片戰爭與香港的割讓——史料和史實》，臺北：國史館，1998 年。

23. 霍啓昌：《香港與近代中國》，香港：商務印書館（香港）有限公司，1992 年。

24. 簡又文：《宋皇臺紀念集》，香港：趙族宗親總會，1960 年。

25. 姜道章：《現代地理學的概念與方法》，臺北：文津出版社有限公司，2006 年。

26. 李培德：《香港史研究書目題解》，香港：三聯書店（香港）有限公司，2001 年。

27. 李孝聰：《歷史城市地理》，濟南：山東教育出版社，2007 年。

28. 李新魁：《廣東的方言》，廣州：廣東人民出版社，1994 年。

29. 梁炳華：《北區風物志》，香港：北區區議會，1994 年。

30. 梁炳華：《南區風物志》，香港：南區區議會出版社，2009 年。

31. 梁炳華主編：《香港歷史專題：往昔的追尋》，香港：迪彩印刷（實業）有限公司，1996 年。

32. 廖迪生，張兆和著：《大澳》，香港：三聯書店（香港）有限公司，2006 年。

33. 廖楊：《港澳臺族群與社會文化研究》，北京：中國文史出版社，2005 年。

34. 林炳輝：《本地華人傳統婚禮》，香港：市政局，1987 年。

35. 林炳輝：《本地華人傳統婚禮》，香港：市政局，1987 年。

36. 林國平：《福建移民史》，北京：方志出版社，2005 年。

37. 林啓彦：《王韜與近代中國》，香港：香港教育圖書出版公司 2000 年。

38. 劉國英：《香港百年》，香港：友聯出版社，1941 年。

39. 劉曼容：《港英政府政治制度論（1841～1985）》，香港：香港文教企業出版有限公司，1998 年。

40. 劉潤和：《新界簡史》，香港：三聯書店（香港）有限公司，1999 年。

41. 劉蜀永：《割占九龍》，香港：三聯書店，1995 年

42. 劉蜀永：《香港的歷史》，北京：新華出版社，1997 年。

43. 劉蜀永等：《香港歷史圖說》，香港：麒麟書業有限公司，1998 年。

44. 劉義章，黃文江：《香港社會與文化史論集》，香港：香港中文大學聯合書院 2002 年。

45. 劉義章編：《香港客家》，桂林：廣西師範大學出版社，2005 年。

46. 劉兆佳等編：《市場、階級與政治變遷中的華人社會》，香港：香港中文大學香港亞太研究所，2000 年。

47. 劉兆佳等主編：《華人社會的變貌社會指標的分析》，香港：香港中文大學香港亞太研究所，1998 年。

48. 劉兆佳等主編：《華人社會社會指標研究的發展》，香港：香港中文大學香港亞太研究所，1992 年。

49. 劉鎮發：《香港原居民客家話——一個消失中的聲音》，香港：香港中國語文學會 2004 年。

50. 劉鎮發著：《香港客粵方言比較研究》，廣州：暨南大學出版社，2001 年。

51. 劉智鵬：《屯門風物志》，屯門區議會，2003 年。

52. 魯凡之：《香港——從殖民地到特別行政區》，香港：廣角鏡出版社，1982 年。

53. 魯言：《香港賭博史》，香港：廣角鏡出版社，1978 年。

54. 魯言：《香港掌故》第二集，香港：廣角鏡出版社，1981 年。

55. 羅香林：《客家源流考》，北京：中國華僑出版公司，1989 年。

56. 羅香林：《一八四二以前之香港及其對外交通——香港前代史》，香港：中國學社，1963 年。

57. 馬金科編：《早期香港史研究資料選輯》（上、下），香港：三聯書店香港有限公司，1998 年。

58. 馬長林主編：《租界裏的上海》，上海：上海社會科學院出版社，2003 年。

59. 麥梅生：《反對蓄婢史略》，香港：福興中西印務，1933 年。

60. 麥世源：《華僑商業概況》，香港：南華通訊出版社，1948 年。

61. 麥顯揚：《香港華僑工商業》，香港：南華通訊出版，1950 年。

62. 秦維廉編：《南丫島深灣——考古遺址調查報告》，香港：考古學會，1978 年。

63. 饒餘慶：《香港銀行與貨幣》，上海：上海翻譯出版社，1985 年。

64. 薩本仁：《二十世紀的中英關係》，上海：上海人民出版社，1996 年。

65. 施正鋒編：《各國語言政策：多元文化與族群平等》，臺北：前衛出版社，2002 年。

66. 司徒尚紀：《嶺南歷史人文地理——廣府、客家、福佬民系比較研究》，廣州：中山大學出版社，2001 年。

67. 司徒尚紀著：《廣東文化地理》，廣州：廣東人民出版社，1993 年。

68. 司徒嫣然：《羅衣百變——香港服飾演變》，香港：市政局，1992 年。

69. 宋哲美主編：《香港東南亞研究所三十週年紀念特刊：1960～1990》，香港：東南亞研究所，1990 年。

70. 蘇亦工：《中法西用中國傳統法律及習慣在香港》，北京：社會科學文獻出版社，2002 年。

71. 王賡武主編：《香港史新編》，香港：三聯書店有限公司，1998 年。

72. 王齊樂：《香港中文教育發展史》，香港：三聯書店（香港）有限公司，1982 年。

73. 王宏志：《歷史的沉重》，香港：牛津大學出版社，2000 年。

74. 吳昊：《香港服裝史》，香港：香港服裝史籌備委員，1992 年。

75. 香港博物館編製：《香港歷史資料文集》，香港：香港市政局，1990 年。

76. 香港社會民主黨編：《九龍騷動事件調查報告》，香港：香港社會民主黨，1966 年。

77. 香港中華文化促進中心《香港歷史文化考察》出版小組編：《香港歷史文化考察》，香港：三聯書店（香港）有限公司，1993 年。

78. 蕭國健：《大埔風物志》，香港：大埔區議會，2007 年。

79. 蕭國健：《香港歷史與社會》，香港：香港教育圖書公司，1994 年。

80. 蕭國健：《香港前代社會》，香港：中華書局，1990 年。

81. 謝憤生，盧維亞：《香港漁民概況》，福州：中國漁民協進會，1939 年。

82. 謝劍：《香港的惠州社團——從人類血看客家文化的持續》，香港：中文大學出版社，1981 年。

83. 徐藝圃主編：《香港歷史問題檔案圖錄》，香港：三聯書店香港有限公司，1996 年。

84. 許錫輝：《香港跨世紀的滄桑》，廣州：廣東人民出版社，1995 年。

85. 許錫輝、李萍編：《粵港澳文化互動關係》，廣州：中山大學出版社，2001 年。

86. 薛鳳旋：《香港發展地圖集》，香港：三聯書店（香港）有限公司，2010 年。

87. 薛鳳旋等編：《屯門——古代海港到將來城市之演變》，香港地理學會，1982 年。

88. 楊思賢：《香港滄桑》，北京：中國友誼出版公司，1986 年。

89. 姚奇木，陳兆一著：《香港華僑概況》，臺北：正中書局，1990 年。

90. 姚啓勳：《香港金融 1940 年》，香港：泰晤士書屋，1962 年。

91. 葉靈鳳：《香港掌故》，廣州：花城出版社，1999 年。

92. 尹國棟：《入廟拜神——遊走香港廟宇》，香港：知出版有限公司，2009 年。

93. 余德麟：《保險業的發展》，香港：商務印書館，1997 年。

94. 余繩武、劉存寬主編：《十九世紀的香港》，北京：中華書局，1994 年。

95. 余繩武、劉蜀永主編：《二十世紀的香港》，香港：麒麟書業有限公司，1995 年。

96. 余繩武：《割占香港島》，香港：三聯書店，1995 年。

97. 張連興：《香港二十八總督》，北京：朝華出版社，2007 年。

98. 張壽祺：《蜑家人》，香港：中華書局，1991 年。

99. 張曉輝：《香港華商史》，香港：明報出版社，1998 年。

100. 張曉輝：《香港與近代中國的對外貿易》，北京：中國華僑出版社，2000 年。

101. 張曉輝：《香港近代經濟史 1949～1980》，廣州：廣東人民出版社，2001 年。

102. 張一兵：《深圳古代簡史》，北京：文物出版社，1997 年。

103. 張瑜：《中西合璧——香港居民的社會生活》，北京：中國文聯出版公司，1996 年

104. 張瑜等編：《中西合璧——香港居民的社會生活》，北京：中國文聯出版公司，1996 年。

105. 張玉春主編：《古文獻與傳統文化》，北京：華文出版社，2007 年。

106. 張在元等：《香港中環城市形象》，北京：中國計劃出版社，1997 年。

107. 張正平：《香港學生運動》，香港：香港大學生活社，1970 年。

108. 章洪：《香港海員大罷工》，廣州：廣東人民出版社，1979 年。

109. 趙世銘主編：《港澳學校概覽》，香港：香港中華時報社，1939 年。

110. 鄭寶鴻編：《新界街道百年》，香港：三聯書店（香港）有限公司，2002 年。

111. 鄭德華編：《歷史追索與方法探求：香港歷史文化考察之二》，香港：三聯書店（香港）有限公司，1999 年。

112. 鄭宏泰等：《香港米業史》，三聯書店（香港）有限公司，2005 年。

113. 中國史學會主編：《義和團》（第一冊），上海：上海人民出版社，1957 年。

114. 鍾國發：《香港道教》，北京：宗教文化出版社，2010 年。

115. 周大鳴、何國強主編：《文化人類學新視野》，香港：香港國際炎黃文化出版社，2003 年。

116. 周振鶴，游汝傑：《方言與中國文化》，上海：上海人民出版社，1986 年。

117. 朱宗玉等：《從香港割讓到女王訪華中英關係 1840～1986》，福州：福建人民出版社，1990 年。

118. 莊重文：《香港工業之成長》，香港：三聯書店出版社，1986 年。

譯　著

1. 〔美〕貝格爾：《神聖的帷幕》，上海：上海人民出版社，1991 年。

2. 〔美〕斯蒂芬·洛克伍德著，章克生等譯：《美國瓊記洋行在華經商情況的剖析（1858～1862）》，上海：上海社會科學出版社，1992 年。

3. 〔日〕石橋五朗著，沐朗譯：《人口地理學》，臺北：臺灣商務印書館，1971 年。

4. 〔英〕托馬斯著，陸瑾譯：《帝國的影響》，北京：北京圖書館出版社，2005 年。

5. 陳壽彭譯：《香港澳門古輿圖說》，廣州：廣雅書局。香港海軍海圖官局保存。

6. 劉建輝著，甘慧傑譯：《魔都上海——日本知識人的「近代」體驗》，上海：上海古籍出版社，2003 年。

7. 邁因納斯著，伍秀珊等譯：《香港的政府與政治》，上海：上海翻譯出版公司，1986 年。

8. 饒餘慶著，壽進文等譯：《香港銀行與貨幣》，上海：上海翻譯出版社，1985 年。

9. 施堅雅主編，葉光庭等譯、陳橋驛校：《中華帝國晚期的城市》，北京：中華書局，2000 年。

10. 施其樂著，宋鴻耀譯：《歷史的覺醒——香港社會史論》，香港：香港教育圖書公司，1999 年。

英文著作

1. Anderson Eugene N. ed：Essays on South China's boat people，Taibei：East Culture Company，1972.

2. Anthony Sweeting：Education in Hong Kong pre-1841 to 1941：Fact and opinion，Hong Kong：Hong Kong University Press，1990.

3. Bard，Soloman Matthews：Traders of Hong Kong（1841～1899），Hong Kong：Urban Council，1993.

4. Bedikton：Commercial & industrial Hong Kong：a record of 94 years progress of the coloney in commerce，Trade，industry，& shipping（1841～1935），Hong Kong：Bedicon Co.，1935.

5. Cheng Po-hun & Toong Po-ming，A Century of Kowloon Roads and Streets，Hong Kong：Joint Publishing Company Ltd.，2003.

6. Ching，M.B：Ethnic or Territorial，Liu&Faure，eds：Unity and diversity，Hong Kong：University of Hong Kong Press，1996.

7. Chung，Po-yin Stephanie：Chinese business groups in Hong Kong and political change in South China（1900～1925），New York：St. Martin's Press，1996.

8. Constable Nicole：Guest people：Hakka identity in China and abroad，Seattle：University of Washington Press，1996.

9. Constable Nicole：Maid to order in Hong Kong：stories of Filipina workers，Ithaca：Cornel University Press，1997.

10. Eitel，E.J：Materials for a History of Education in Hong Kong，The China Review XIX（5），1891.

11. Eitel，E. J：Europe in China，The History of Hong Kong from Beginning to the Year 1882，Taibei：Cheng-wen Publishing Company，1968.

12. Frank Welsh：A history of Hong Kong，London：Harper Collins Publishers，1993.

13. Gwenneth Stokes：Hong Kong in history，Hong Kong：Government Printer，1965.

14. Haslewood Hugh Lyttleton：Child slavery in Hong Kong：the Mui Tsai system，London：Shelton Press，1930.

15. Hilton，W. J：Historical & Statistical Abstract of Hong Kong（1841～1930），Hong Kong：Government Printers，1932.

16. Ho，Chun-yuen Henry：The Fiscal System of Hong Kong，Lonon：Croom Helm，1979.

17. J. Chailley-Bert：The colonization of indo-China，London：Archibald Constable & Co.，1894.

18. Jaschok Maria：A social history of Mooi Jai institution in Hong Kong（1843～1938），London University，1991.

19. Jung-Fang Tsai，Hong Kong in Chinese History：Community and Social Unrest in the British Colony，1842～1913，New York：Columbia University Press，1993.

20. K. N. Vaid：The Overseas Indian Community in Hong Kong，Hong Kong：the University of Hong Kong，1972.

21. Lethbridge，H：Hong Kong，Hong Kong：Oxford University Press，1978.

22. Mak，L.F：The dynamics of Chinese dialect groups in early Malaya，Singapore：Singapore Society of Asian Studies，1995.

23. Morse，H.B.，The Chronicles of the East India Company Trading to China1635～1843，London，1929，Vol.IV.

24. Moges，Alfred，Marquis de：Recollections of Baron Gros's embassy to China and Japan in 1857～58，London：Richard Griffin，1860.

25. Norton-Kyshe：The History of the Laws and Courts of Hong Kong from the Earliest Period to 1898，Hong Kong：Vetch and Lee，1971.

26. Pennell，W. V.，History of Hong Kong General Chamber of Commerce 1861 ～1961，Hong Kong，1961.

27. Riedel James：The Industrialization of Hong Kong，Tubingen：Mohr，1974.

28. S. G. Davis：Hong Kong in its Geographical settings，London：Collins，1949.

29. Smith，C.T：Chinese Christians. HongKong：Oxford University Press，1985.

30. Stephan Thernstorm：Harvard Encyclopedia of American Ethnic Groups，Cambridge：The Belknap Press of Harvard University Press，1981.

31. The Germans and their activities in the south China and Hong Kong：supplement to the Canton Daily Sun，Canton：National Publishers，1934.

32. 鄭天錫：East and West：Episodes in a Sixty Years' Journey，London：Hutchinson，1951。

33. T. N. Chiu：The Port of Hong Kong-A Survey of its Development，Hong Kong：Hong Kong University Press，1973.

34. Tsang Yui-sang Steve：A documentary history of Hong Kong：government and politics，Hong Kong：Hong Kong University，1995.

35. Tuner Matthew：Made in Hong：a history of export design in Hong Kong（1900～1960），Hong Kong：Urban Coucil，1988.

36. Winifred A. Wood：A brief history of Hong Kong，Hong Kong：South Morning China Post，1940.

37. Youngson，Alexander John：Hong Kong：economic growth and policy，Hong Kong：Oxford University Press，1982.

日文著作

1. 〔日〕村岡伊平治：《村岡伊平治自傳》，講壇社文庫 1987 年。

2. 〔日〕稻垣達郎編：《明治文學全集（15）‧矢野龍溪集》，東京：築摩書房，1970 年。

3. 〔日〕橫山昭市：《香港工業化的研究》，東京：大名堂，1969 年。

4. 〔日〕可兒弘明：《香港の水上居民ホンコンノスイジョウ キョミン：中國社會史の斷面》，東京：岩波書店，1970 年。

5. 〔日〕下條義克：《香港華僑概説》，東京：東亞研究所，1939 年。

6. 〔日〕小林進：《香港的工業化》，東京：東京經濟研所，1970 年。

7. 日本外務省調查局編：《最近香港的貿易與工業》，東京：外務省，1948 年。

8. 〔日〕金子光晴:《髑髏杯》,載《金子光晴全集》第七卷,中央公社論 1975 年。

9. 〔日〕藤田一郎:《香港往事談》,載香港日本人俱樂部廣告部編《香港: 香港日本人俱樂部創立二十五週年紀念特輯號》,1981 年。

三、論文

中　文

1. 曹必宏:《日據時期的香港殖民教育》,抗日戰爭研究,2006 年(1)。

2. 陳才俊:《香港西醫書院的創辦及其歷史意義》,高等教育研究,2005 年 (8)。

3. 陳代光:《論地理環境對香港發展的影響》,暨南學報,1993 年(1)。

4. 陳開科:《淺析香港宗教的現狀及其發展》,雲夢學刊,1997 年(2)。

5. 陳康棣:《香港人口地理》,經濟地理 1986 年(1)。

6. 崔運武:《劉坤一與廣東同孚洋行招華工案——兼論洋務派對華工出洋的 態度》,廣東社會科學,1994 年(6)。

7. 杜金榜:《論香港的雙語現象和雙語的發展》,廣州師院學報(社版), 1997 年(3)。

8. 房正宏:《香港在全民族抗戰中的歷史貢獻及啟示》,甘肅社會科學, 2007 年(3)。

9. 葛美玲等:《基於 GIS 的中國 2000 年人口之分佈格局研究》,人口研究, 2008 年(1)。

10. 何自然等:《內地與香港的語言變異和發展》,語言文字應用,1999 年(4)。

11. 胡阿祥:《5000 年來香港人口的變遷》,紫金歲月,1997 年(1)。

12. 黃啟後:《儒教在香港宗教中的制衡作用》,昆明師範高等專科學校學報, 2000 年(6)。

13. 建新:《香港高等教育的現狀和特點》,北京高等教育,1997 年(3)。

14. 李國正:《香港語言的特點與規範》,廈門大學學報,1998 年(4)。

15. 李家駒:《清政府對華工出洋的政策》,近代史研究,1989 年(6)。

16. 李家駒:《同治年間清政府對華工出洋的政策》,近代史研究,1993 年(2)。

17. 李金明:《五口通商後從廈門出洋的華工》,華僑華人歷史研究,1996 年 (2)。

18. 李若建:《香港外遷人口研究》,南方人口,1997 年(4)。

19. 李若建:《香港人口遷移及其社會問題》,南方人口,1997 年(4)。

20. 李若建:《中國大陸遷入香港的人口研究》,人口與經濟,1997 年(2)。

21. 李燕，司徒尚紀：《港澳與珠江三角洲文化特色及其關係比較》，人文地理，2001 年（2）。

22. 李燕，司徒尚紀：《港澳文化在珠江三角洲的傳播及其影響分》，熱帶地理，2001 年（3）。

23. 梁元生：《城市史研究的三條進路——以上海、香港、新加坡爲例》，史林，2007 年（2）。

24. 林受千：《晚情北海口岸華工出洋問題初探》，東南亞研究，1993 年（5）。

25. 劉德欽等：《中國人口分佈與空間相關分析》，測繪科學，2004 年（7）。

26. 劉金源：《論香港政府早期華人管制政策的形成》，歷史檔案，1999 年（1）。

27. 劉華：《評年中美〈蒲安臣條約〉——以華工出國及華僑保護問題爲視角》，華僑華人歷史研究，2003 年（1）。

28. 劉曼容：《試論港英政府政治制度演變的性質和特點》，廣東社會科學，2001 年（1）。

29. 劉蜀永：《香港百年政治經濟發展概述》，城市質量監督，1997 年（7）。

30. 劉蜀永：《從港澳關係看葡語世界的影響》，「澳門——葡語世界 2003 學術研討會」，2003 年（9）。

31. 呂勇：《城市史研究述評：意義與方法》，四川大學學報（社科版），2004 年增刊。

32. 呂鐵貞：《晚清外商在華招工法律制度探析》，中州學刊，2003 年（6）。

33. 羅香林：《香港早期之打石史迹及其與香港建設之關係》，載《食貨半月刊》1 卷（1934～1935 年）第 9 期。

34. 馬建釗：《香港華人穆斯林的歷史來源與社團活動》，回族研究，2010 年（2）。

35. 莫世祥：《香港早期城市發展與華人社會的調適》，近代史研究，1996 年（2）。

36. 莫世祥：《香港早期社會發展與華人社會的調試》，檔案與史學，1996 年（3）。

37. 毛立坤：《晚清時期中外貿易的個案——以香港轉口貿易爲例》，中國歷史地理論叢，2006 年（1）。

38. 毛立坤：《晚清時期香港與兩廣的貿易關係》，安徽史學，2006 年（4）。

39. 潘少紅：《從「苦力貿易」到「偷渡活動」》，東南亞研究，2001 年（5）。

40. 丘仔捷：《清末的廣州商人與香港》，中山大學學報，2002 年（2）。

41. 司徒尚紀：《香港歷史地理變遷》，熱帶地理，1997 年（6）。

42. 王建平等：《香港地區家庭住戶結構變遷的探討》，中國人口科學，2003 年（4）。

43. 吳義雄：《馬禮遜學校與容閎留美前所受的教育》，廣東社會科學，1999 年（3）。

44. 夏敏：《香港歷史的地名透視》，南京大學學報，2001 年（4）。

45. 許光烈：《香港語言政策及思考》，廣州大學學報，2005 年（7）。

46. 許桂靈，司徒尚紀：《粵港澳區域文化綜合體形成芻議》，地理研究，2006 年（5）。

47. 許錫揮：《香港在近代中國政治中的特殊角色》，中山大學學報（社科版），1998 年（1）。

48. 徐曰彪：《近代香港人口試析（1841～1941）》，近代史研究，1993 年（3）。

49. 閻曉培等：《穗港澳都市連綿區的形成機制研究》，地理研究，1997 年（6）。

50. 葉彙等：《關於香港人口的分佈與其土地利用問題的意見》，熱帶地理，2000 年（3）。

51. 余定邦：《清朝外交官眼中的攻中英關於香港設領的交涉》，學術研究，1998 年（3）。

52. 余九林：《港英政府對華工出洋的政策（1853～1859）》，社科縱橫，2006 年（7）。

53. 袁易明：《制度性整合：香港與內地經濟關係的未來形態》，深圳大學學報（社科版），2007 年（5）。

54. 詹伯慧：《廣東境內三大方言的相互影響》，方言，1990 年（2）。

55. 張樂育：《香港地理位置及其作用之分析》，港澳研究，1998 年 1～2 合刊。

56. 張脈強：《戰後香港經濟發展的軌跡及因素探析》，世界歷史，1996 年（3）。

57. 張明亮：《香港的印度人及其對兩地經貿的影響》，河南師範大學學報，2006 年（3）。

58. 張曉輝：《從香港華商的興起看海內外華人經濟的交融》，近代史研究，1991 年（6）。

59. 張曉輝：《略論抗戰後期的粵港貿易關係》，暨南大學學報（哲社版），2000 年（3）。

60. 張曉輝：《二十世紀 40 年代後期的滬港經貿關係》，檔案與史學，2000 年（4）。

61. 張曉輝：《滬港近代城市關係史研究之我見》，檔案與史學，2001 年（1）。

62. 張曉輝：《論廣州淪陷後香港在中國外貿中的地位和作用（1938 年（11）～1941 年（12）》，抗日戰爭研究，2003 年（1）。

63. 張曉輝：《新中國成立前後的津港貿易及其歷史地位》，廣東社會科學，2005 年（6）。

64. 張振江：《中國洋涇浜英語研究述評與探索》，廣西民族學院學報（哲社版），2006 年（3）。

65. 張振江：《早期香港華人流出地試析》，南方人口，2008 年（1）。

66. 張振江：《試論早期香港華籍族群的語言競爭與選擇》，中山大學學報（社會科學版），2008 年（2）。

67. 趙炳章：《香港經濟發展的歷程、主因及未來》，當代經濟科學，1997 年（4）。

68. 趙紅宇：《香港宗教的傳播與發展》，世界宗教研究，1997 年（2）。

69. 趙世平：《香港政治體制特徵》，陝西社會主義學院學報，1997 年（3）。

70. 趙世平：《香港政治體制特徵（續）》，陝西社會主義學院學報，1997 年（4）。

71. 周柏勝、劉鎮發：《香港客家話向粵語轉移的因素和趨勢》，方言，1998 年（3）。

72. 周平：《香港政治生態的演變》，雲南行政學院學報，2004 年（1）。

73. 周毅之：《從香港文化的發展歷程看香港文化與內地文化的關係》，廣東社會科學，1997 年（2）。

74. 周振鶴：《鬼話‧華英通語及其他》，讀書，1996 年（3）。

75. 周振鶴：《〈紅毛番話〉索解》，廣東社會科學，1998 年（4）。

76. 周振鶴：《中國洋涇浜英語最早的語詞集》，廣東社會科學，2003 年（1）。

77. 周正偉：《淺論香港十九世紀的教育》，廣東史志，2001 年（4）。

78. 朱英：《論清末民初社會與國家的發展演變》，理論月刊，2005 年（4）。

79. 鄧成鋒：《香港學制的演變──文化角度的分析》，博士論文，華東師範大學，2001 年。

80. 丁心豹著：《香港早期之華人社會（1841～1870）》，博士論文，香港大學，1988 年。

81. 梁炳華：《中英就九龍城寨治權之交涉（1898～1948）》，博士論文，香港中文大學，1993 年。

82. 毛立坤：《晚清時期香港對中國的轉口貿易（1869～1911）》，博士論文，復旦大學，2006 年。

英　文

1. Carton，Gary Wayne：China and Hong Kong（1945～1967），Ph.D. thesis，Harvard University，1971.

2. Chung，Po-yin Stephanie：Chinese business groups in Hong Kong and political change in South China（1900～1925），Ph.D. thesis，1996.（香港大學存本 1996 年）

3. Constable Nicole：Guest people：Hakka identity in China and abroad，Ph.D. thesis，1996.

4. Guldin，Gregory Elliott：「Overseas」at home：the Fujianese of Hong Kong，Ph. D. thesis，University of Wisconsin Madison，1977.

5. Jaschok Maria：A social history of Mooi Jai institution in Hong Kong（1843～1938），Ph.D. thesis，London University，1991.

6. Kani Hiroaki：A general survey of the boat people in Hong Kong，Ph.D. thesis，Institute of Southeast Asian Studies of New Asia College in CUHK，1967.

7. Kwan，Yat-kau Daniel：Deng Zhongxia and the Shenggang General Strike（1925～1926），Ph.D. thesis，London University，1985.

8. Motz，Earl John：Great Britain，Hong Kong，and Canton：the Canton-Hong Kong strike and boycott of 1925～1926，Ph.D. thesis，Michigan State university，1972.

9. Munn，C.C：Anglo-China. Ph.D. thesis，University of Torento，1998.

10. Waldron，Stephen Edward：Fire on the rim：a study in contradictions in left-wing political mobilization in Hong Kong（1967），Ph.D. thesis，Syracuse University，1976.

11. 冼玉儀：The Tung Wah Hospital（1869～1896）：A study of medical，political and social institution in Hong Kong，Ph.D. thesis，Hong Kong University，1986.

12. Zhang，Zhenjiang：Language and society in early Hong Kong（1841～1884），Ph.D. thesis，Department of Linguistics，Hong Kong University，2003.

四、主要網站

1. 香港歷史與社會網站:http://elearn.cunk.edu.hk/history。

2. 廣州文史網站：http://www.gzzws.gov.cn/gzws。

3. 香港地方網站：http://www.hk-place.com。